长 江 经 济 带 高 质 量 发 展 研 究 丛 书 ⑧

总主编 秦尊文 副总主编 李浩

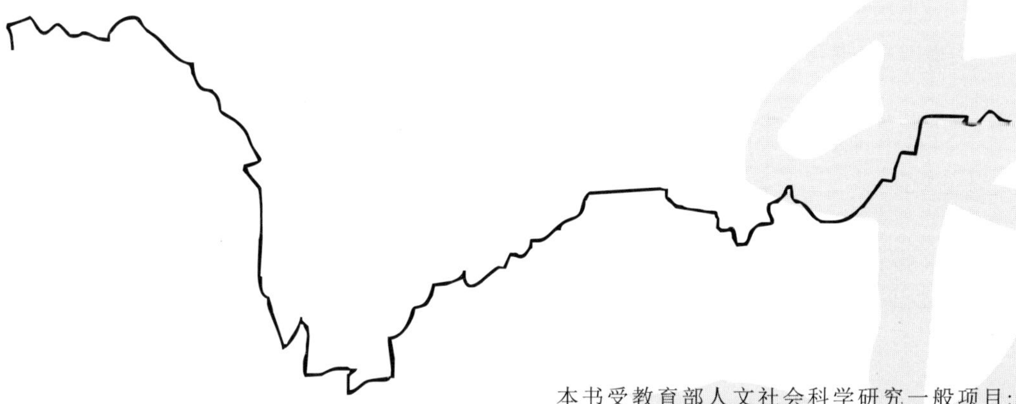

本书受教育部人文社会科学研究一般项目：
长江经济带水陆交通效率的综合测度、影响因素与提升路径研究（20YJCZH147）资助

长江经济带交通基础设施演进及其空间效应研究

田野 董莹 著

武汉大学出版社

图书在版编目(CIP)数据

长江经济带交通基础设施演进及其空间效应研究/田野,董莹著.
—武汉:武汉大学出版社,2021.11
长江经济带高质量发展研究丛书/秦尊文总主编;⑧
ISBN 978-7-307-22654-8

Ⅰ.长… Ⅱ.①田… ②董… Ⅲ.长江经济带—交通运输建设—基础设施建设—研究 Ⅳ.F512.3

中国版本图书馆 CIP 数据核字(2021)第 214784 号

责任编辑:陈　红　　责任校对:李孟潇　　版式设计:马　佳

出版发行:**武汉大学出版社**　(430072　武昌　珞珈山)
(电子邮箱:cbs22@whu.edu.cn　网址:www.wdp.com.cn)
印刷:武汉中科兴业印务有限公司
开本:720×1000　1/16　印张:13.75　字数:245 千字　插页:1
版次:2021 年 11 月第 1 版　2021 年 11 月第 1 次印刷
ISBN 978-7-307-22654-8　定价:48.00 元

总　序

2017 年 10 月 18 日，习近平同志在党的十九大报告中指出“我国经济已由高速增长阶段转向高质量发展阶段，正处在转变发展方式、优化经济结构、转换增长动力的攻关期”，这是以习近平同志为核心的党中央首次提出“高质量发展”命题。2018 年 4 月 26 日，他在武汉召开的深入推动长江经济带发展座谈会上提出“以长江经济带发展推动高质量发展”。长江经济带高质量发展应以习近平新时代中国特色社会主义思想为指导，从五个方面深入推进。

一是深入推进科学发展。习近平总书记强调长江经济带建设要抓大保护、不搞大开发，不搞大开发不是不搞大的发展，而是要科学地发展。要科学发展就必须正确把握整体推进和重点突破的关系。从上中下游三大区域来看，重点在长江中上游地区。习近平总书记这次在长江沿岸考察，第一站就是在长江中上游结合部的宜昌，然后坐船顺流而下考察了长江中游的荆州、湖南岳阳，最后到了武汉，而上次发出“共抓大保护、不搞大开发”号召的座谈会是在上游的重庆召开的。这释放出一个强烈信号，就是党中央高度重视长江中上游地区的发展。我认为，这是实现区域经济协调发展和全面建成小康社会的需要。1988 年邓小平同志指出：“沿海地区要加快对外开放，使这个拥有两亿人口的广大地带较快地先发展起来，从而带动内地更好地发展，这是一个事关大局的问题。内地要顾全这个大局。反过来，发展到一定的时候，又要求沿海拿出更多力量来帮助内地发展，这也是个大局。那时沿海也要服从这个大局。”①这就是著名的“两个大局”战略思想。经过多年的发展，我国已经形成了一条比较发达的沿海经济带。以习近平总书记为核心的党中央高瞻远瞩，适时提出了长江经济带发展战略。长江经济带与沿海经济带构成一个 T 字形，长江经济带下游地区本身就与沿海经济带重合，因此实施长江经济带战略，重点和难点都在长江中上游地区。

---

① 邓小平文选：第三卷．北京：人民出版社，1993：277-288.

二是深入推进绿色发展。习近平总书记在武汉座谈会上强调正确把握生态环境保护和经济发展的关系，探索协同推进生态优先和绿色发展新路子。2014年国家正式提出长江经济带发展战略之后，相关省市都有“大开发”的冲动，很可能步入沿海地区已走过的“先污染、后治理”的老路。针对这种苗头，习近平总书记2016年1月及时在重庆召开推动长江经济带发展座谈会，明确提出要把修复长江生态环境摆在压倒性位置，共抓大保护，不搞大开发。这次他来湖北视察，又强调长江经济带绿色发展，关键是要处理好绿水青山和金山银山的关系。这不仅是实现可持续发展的内在要求，而且是推进现代化建设的重大原则。生态环境保护和经济发展不是矛盾对立的关系，而是辩证统一的关系。不能把生态环境保护和经济发展割裂开来，更不能对立起来。长江经济带的绿色发展，还要发挥市场主体和全社会的主动性和积极性。企业是长江生态环境保护建设的主体和重要力量，要强化企业责任，加快技术改造，淘汰落后产能，发展清洁生产，提升企业生态环境保护建设能力。只有企业的责任意识上去了，才会终结政府环保与企业之间“猫捉老鼠”的游戏。我们要深入贯彻总书记的“两山理论”，既要绿水青山，也要金山银山，绿水青山就是金山银山。只有真正转变了经济发展方式，绿色发展和高质量发展才能落实到位，才能形成“在发展中保护，在保护中发展”的良性循环。

三是深入推进有序发展。长江经济带发展是一项复杂的系统工程，首先必须有总体谋划。没有总体谋划就没有行动指南，就往往容易脚踩西瓜皮，滑到哪里算哪里。党中央、国务院2016年出台《长江经济带发展规划纲要》(以下简称《规划纲要》)就是总体谋划，就是一张宏伟的蓝图，相关省市都要按照总体规划来细化措施，稳步推进，有序发展，而不是一哄而上，甚至各自为政。要正确把握总体谋划与久久为功的关系，坚定不移将一张蓝图干到底，一茬接着一茬干，一届接着一届干，一年接着一年干，扎扎实实，步步为营。多做打基础、管长远的事，多做有利于可持续发展的事，做到“功成不必在我，成功路上有我”。要结合实施情况及国内外发展环境新变化，组织开展《规划纲要》中期评估，按照新形势新要求调整完善规划内容。要对实现既定目标制定明确的时间表、路线图，稳扎稳打，分步推进，久久为功。

四是深入推进转型发展。这就要求正确把握破除旧动能和培育新动能的关系，推动长江经济带建设现代化经济体系。破除旧动能就是要转换过去那种以物质投入、要素投入为主的发展方式，要破旧立新，要有新的发展理念、新的发展方式。2016年习近平总书记重庆讲话，主要是讲“不搞大开发”，破除旧动能，侧重点是“破旧”；2018 年在湖北视察过程中讲话主要谈科学发展、绿色发展和高质量发展，强调培育新动能，侧重点是“立新”。这就要求我们靠创新驱动长江经济带产业转型升级、建立现代化经济体系。过去我国科技很落后，技术创新很少，主要是在“跟跑”，现在我们追上来了，相当一部分在“并跑”，少数一些领域在“领跑”。在这种情况下，我们可以引进的技术相对会越来越少、越来越难，并且想引进来的高新技术别国通常不会轻易给，特别是国之重器还是要靠我们自己。我们要以壮士断腕、刮骨疗毒的决心，积极稳妥腾退化解旧动能，破除无效供给，彻底摒弃以投资和要素投入为主导的老路，为新动能发展创造条件、留出空间，实现腾笼换鸟、凤凰涅槃。

五是深入推进联动发展。习近平总书记武汉讲话明确要求，正确处理好自身发展与协同发展的关系，努力将长江经济带打造成为有机融合的高效经济体。可以说，“有机融合的高效经济体”是习近平总书记给长江经济带发展的新定位。长江经济带的各个地区、各个城市在各自发展过程中一定要从整体出发，树立“一盘棋”思想，实现错位发展、协调发展、有机融合，形成整体合力。长江经济带要高质量发展，必须是联动发展，即上下游联动，干支流联动，左右岸联动，各个区域联动，各个产业联动，包括水、路、港、岸、产、城的联动。要特别注重建立健全长江经济带高质量发展一体化推进机制。重点是加快推进重要政策一体化。如引资政策、财税政策、土地政策、开发区政策、金融政策、环境保护政策等方面保持基本的统一，要有统一的区域经济社会发展长远规划。要避免地区间的非市场化的政策性竞争，通过政府间的政策与规划协调，避免信息不充分条件下市场机制自发形成的重复建设、过度竞争的恶果。

作为占有长江干线最长通航里程、驻有国家各类管理长江机构的湖北省，对长江经济带发展的关注是“天然”的。早在 1988 年，湖北省委、省政府就提出了“长江经济带开放开发”战略，开全国之先河。湖北省是“长江经济带”概念的提出者，是建设长江经济带的先行者，当然开展长江经济带研究也最早、持续时间也最长。“长江经济带”上升为国家战略后，湖北人民欢欣鼓舞，斗志昂扬。2018 年湖北经济学院正式成立长江经济带发展战略研究院，并决定出版《长江经济带高质量发展研究丛书》，得到了武汉大学出版社的大力支持。丛书作者主要来自湖北经济学院、湖北省社会科学院，均长期从事长江流域经济及相关研究，研究对象为整个长江经济带。本套丛书既有对长江经济带发展的整体研究，也有长江经济带城镇化发展、产业发展、文化发展、政府合作等方面的专题研究。希望这套丛书能为长江经济带高质量发展作出湖北贡献。当然，丛书中可能还存在一些不完善的地方，敬请广大读者批评指正！

总主编　秦尊文

2019 年 8 月 5 日

目　　录

第一章 交通基础设施的内涵与作用

第一节 交通基础设施的内涵与特性

一、交通基础设施的内涵

交通一词最早出现于《管子·度地》篇：“山川涸落，天气下，地气上，万物交通。”其本意指事物之间联系互通的状态，后被引申至社会经济活动中，其意为通过事物移动进行联系的通达活动，服务于通达活动的相关工具与辅助设备即可理解为交通基础设施。就当前社会经济活动中常见的交通方式而言，主要包括公路、铁路、机场、港口、航道、管道、桥梁、隧道以及城市轨道、城市道路及其配套设施。交通基础设施建立了空间的物理联系，是实现人与物空间位移的物质基础。

对于交通基础设施内涵的认识，不同的研究视角存在显著差异。一般来说，交通基础设施普遍被认为是国民经济平稳运行的先决条件，是一种公共产品或准公共产品。古典经济学派主要认为交通基础设施建设能够扩大特征区域的市场范围，甚至改变工业企业区位选择的地理分布。从发展经济学的视角来看，交通基础设施是为人或商品的空间移动提供直接服务的载体，是确保社会体系与经济体系持续发展的基础。公共经济学认为，交通基础设施是具有一定非排他和非竞争特征，促进社会人员或资源达到通达目的的公共产品。但长期以来，交通基础设施或者地区的交通运输条件都被当作完成生产-消费之间时空转换的一个既定条件被假设满足，即认为空间是外生的、距离是给定的、时间是等效的，并长期被当作外生变量排除在经济模型之外。

伴随世界经济的不断发展，经济学学科门类的不断扩展，区域经济学、经济地理学、运输经济学等应用学科逐渐兴起，开始将关注点投向了由于交通基础设施改善而造成的时间压缩与空间结构变化上，并对其经济效应展开了分析，认为交通基础设施建设可以使得人口、商品、信息等在地区之间进行交换的流动速度大大加快，出现明显的“时空压缩”现象，使得地区对外通达能力增强，交易成本下降，并产生了显著的溢出效应。美国经济地理学家艾瑞克·谢泼德就认为，时间和距离是无法相脱离的，距离是社会过程的产物，仅仅将之视作一个空间度量是难以完整表述距离的内涵的。他认为经济学中的均衡模型将距离视作经济外生变量的做法是不正确的，运输本身就应该是一种商品，运输存在价格并且对企业区位选择存在显著影响，距离应该是从运输价格的视角被视作商品生产的内生变量。

二、交通基础设施的构成

（一）要素构成

从交通基础设施的要素构成来看，它主要由公路、铁路、水路、航空和管道运输构成。

公路运输是现代综合运输体系最重要的运输方式之一，也是陆路交通最基本的运输方式，从其构成上来看，公路运输主要由路基、路面、桥隧、载运工具等硬件设施和管理制度、运营调度等软件配套构成。公路运输具有方便快捷的优势，容易实现“门到门”的服务。随着我国经济一体化进程的不断加快，公路基础设施的不断完善以及公路网的运营与管理水平不断提高，公路运输在综合交通运输体系中的地位更加凸显，特别是以高速公路为代表的公路设施发挥了不可替代的陆路运输通道作用，对区域经济增长以及区域间人流、物流等资源要素的交换和区域间平衡发挥了重要的推动作用。

铁路运输的硬件设施主要由路基、桥梁建筑物、轨道、列车等组成，软件设施则主要包括相关的设备和人员调度。广义的铁路运输同时包括磁悬浮列车、缆车、索道等非钢轮行进的方式。通过硬件设施和软件设备的有机结合，形成了庞大复杂的铁路运输系统。目前，覆盖全国的铁路运输系统展示了强大的生命力和快速的周转速度，表现出明显的稳定性和安全性。进入高铁时代，铁路等级变得日益多元，有路网、时速、客货运等构成了铁路划分的主要方式。

水路运输可以划分为节点和航线，节点主要包括场站、码头、海港、河港等，航线主要包括海运航线和内河航线。目前水路运输的建设普遍存在现代化、规模化、集约化的发展势头，从运输设施上看，正朝着大型化、通用化、高速化和自动化方向发展，港口则主要表现为泊位深水化、装卸机械化与自动化。在当前各种交通运输方式竞争日益激烈的情况下，水路运输的理念已经出现了全新变革，尤其是近年来受到国际贸易量下降的影响，航运企业的经营理念普遍发生了变化，开始从单纯追求经济效益转向追求低运输成本和高服务质量，建立港口组合经营、港方和货方合作经营已经成为一种新的经营和管理机制。

航空运输主要由航天器、航空港、导航设施和航空线路等构成，航空运输按照不同的标准可以划分为国内航空运输和国际航空运输，航空旅客运输、航空旅客行李运输和航空货物运输，包机运输等不同类型。航空运输是一个典型的技术密集型产业，尤其是科技发展水平往往决定了一个国家航空运输业的发展上限，并显著依赖于国家的宏观经济政策。航空运输具有快速、机动等特点，是远程客货运输的重要方式。但由于其自身的特殊性，航空运输受经济环境、政策因素、国际局势的影响较大。

管道运输是以管道为基础，以人为基本要素，依托于先进的网络信息技术，形成现代化的管道运输系统。现代管道运输主要是指铺设在地面下的管道，主要运输流体以及散装物。管道运输的特点主要在于运量大、运输周期长、运输效率高。管道运输不受气候影响，可以全天候不间断地运输。管道运输凭借高度的机械化、自动化，节约了大量的劳动力和能源，几乎不产生货物损耗，对环境污染较小。

(二)产业构成

在现代化交通方式出现之前，交通基础设施主要是被当作公共产品由政府提供的。伴随铁路、港口、机场、管道等现代化交通方式的诞生，西方国家则普遍采用市场化主导与政府供给相结合的交通供给方式，形成政府与企业共同提供交通服务的基本格局，并通过收费的方式将成本转嫁到使用者身上。随着“使用者支付”原则的普遍推行，交通基础设施供给呈现出明显的多元化特征，并且随之形成以交通基础设施(硬件设施)为核心，贯穿上下游的包括规划咨询、勘察设计、投融资、建设、经营、养护等在内的交通基础设施产业。

交通基础设施一般投资巨大，投资周期长，但同时对于地区经济发展的带动作用明显，形成了“要想富，先修路”的社会共识。因此交通基础设施建设投资的价值产出不仅包含投资主体与经营者所获得的直接财务收益，还拥有巨大的间接经济效益和社会效益。间接效益包括通过交通基础设施建设能够拉动交通装备制造、施工机械、建筑材料等相关产业发展，甚至形成交通产业集群。社会效益则包括为人民群众提供了出行条件、创造了就业机会、促进了区域协调发展等，并且为维护领土领海领空安全提供了交通保障。

从交通基础设施产业划分与产业构成来看，交通基础设施产业是交通运输业最主要的组成部分，并由交通基础设施产业衍生出交通装备制造业、交通运输服务业。交通运输服务业是交通运输产业的根本目的和最终落脚点，交通基础设施产业是交通运输业发展的基础条件，交通装备制造产业则是交通基础设施发挥作用，实现交通运输服务活动的前提条件。从交通基础设施产业的构成来看，按照交通运输方式，主要可以分为铁路/轨道、公路、航空、水运、管道等交通方式基础设施业务领域，按照交通基础设施产业从生产要素投入到产品产出的投入-产出关系，则可以划分成包括规划咨询、勘察设计、投融资、工程监理、养护及运营在内的全行业门类，并且这些行业门类相互关联形成一个完整的产业链条。

三、交通基础设施的特性

(一)溢出效应

溢出效应(spillover effect)是指组织在进行某项活动时，不仅组织自身会产生某种效果，而且会对组织之外的要素产生影响。也就是说组织活动开始和进行过程中存在某种外部性而对活动进行之外的周围要素产生影响，这种影响既可能是正向(有利)的也可能是负向(有害)的。Arrow 最早利用外部性理论对溢出效应对经济增长的影响进行了分析，并指出新投资具有显著溢出效应，投资厂商所具备的时间优势能够促使其通过生产经验的积累实现生产率的提高，投资厂商之外的其他厂商也能够通过学习获得相应的溢出效应。之后，学者对于溢出效应对经济增长影响大小的研究愈发关注，Riverabatiz 提出了内生增长模型，并认为知识具有溢出效应，而这一效应正是知识有别于其他商品最大的特点。正是这一效应使得生产者的知识生产能够大大提高整个社会的生产率。Lucas 则通过构建人力资本溢出模型，发现人力资本同样具有较高的溢出效应，人力资本较高的人能够对周围工作者产生更多有利影响，并提高其生产率。在此语义背景下，空间溢出效应指某项经济活动和过程中的外部性对未参与经济活动和过程的空间上邻近的个体产生的影响。长期以来，空间溢出效应备受经济学家的关注，其关注点多集中于经济溢出效应、知识溢出效应、福利溢出效应等。

基础设施投资能通过直接投资驱动和间接经济溢出增加就业规模，影响就业市场空间区位，这种投资直接为经济活动提供了基础，并且交通设施的社会效益也大于为享受这种服务需支付的成本，形成显著的溢出效应。此外，交通投资能以乘数效应促进经济增长，也显著影响其他产业的区位选择和布局，实现空间集聚效果。因此，对于交通网络布局建设空间溢出效应的研究，学者很早就给予了关注。早期学者多将目光集中于交通基础设施投资所带来的经济生产活动的集聚和乘数效应。如 Aschauer(1990)较早开展了基础设施投资和经济增长关系的研究，发现交通设施对生产率提高具有显著的解释力，交通设施回报率具有较高弹性。随后，Duffy 等(1991)也证实了交通投资对经济增长的促进效应。张学良(2012)利用中国省际面板数据基于地区经济增长空间溢出效应、地区交通基础设施空间溢出效应的多维要素协同作用模型来研究交通基础设施对区域经济发展的影响。结果表明，传统未考虑空间溢出作用影响的实证结果将高估交通基础设施对区域经济发展的作用，同时交通基础设施的空间溢出效应因反映区域之间经济联系的空间权重设置的不同而显示出正向或负向的影响。现阶段交通基础设施建设以促进区域经济增长为主，但同时地方政府需要提高当地人力资本素质、城市化水平以及优惠扶持力度等以扩大交通基础设施的正向空间溢出作用。刘勇(2010)同样将交通基础设施固定资本存量的溢出影响引入传统生产函数之中，发现公路、水运交通固定资本存量对区域经济增长的作用从全国范围而言存在正向效应，但在不同地区、不同时段存在差异。部分地理学者意识到交通网络结构、功能优化对于区域经济发展的影响效应，并从地区通达性改善程度着手，对其溢出效应进行了评价。如戴特奇等(2013)对中国民用运输机场的可达性溢出效应进行了计量，结果发现中国省级尺度的机场可达性溢出较小，市级尺度的可达性溢出差异较大，部分城市机场可达性溢出显著，但空间分布较为复杂。蒋海兵等(2014)则从区域可达性改善程度入手，探讨了高速公路投资的空间溢出效应。结果发现可达性溢出效应传递基本上随着到新建高速公路距离的增加而衰减，然而各市新建高速公路在邻近地区产生非均衡性的溢出效应，新建高速公路方向、区位以及高速公路网络体系影响了溢出效应强度分布。

(二)网络效应

交通网络除了拥有一般基础设施所具有的公共物品属性、外部性、生产性之外，还有着特有的网络效应和空间溢出效应。网络效应指的是交通网络是区域间进行联系的通道，只有当交通基础设施连成网，其服务功能才可能实现最大化。与此同时，网络效应的存在使得整个系统处于不断的进化生长过程，新的线路和节点不断生成，旧的线路和节点不断被优化改造，从而使得整个网络的连通作用日趋强大，人流、物流、信息流等的输送和传导能力不断增强。因此，随着交通基础设施网络的不断发展，其所提供服务的平均成本有逐渐降低的趋势，并且其所提供服务的有效性会逐渐增强。

交通基础设施网络效应的具体表现如下，假设某区域范围内有 N 个节点，任一节点与其他节点均有交通线路连接，每个线路运输量为 1 单位。当节点数为 N 时，总运输量为 $Q = N(N-1)$ 单位。每增加一个节点，总运输量将比原来增加 $2(N-1)$ 单位(这里不考虑随着节点增多可能产生的拥挤性)。由于交通基础设施的网络效应存在，随着网络的不断完善，会形成大小不同的轴心，从而使整个区域呈现出多层次的特点。随着交通基础设施网络所带来的区域联系的增多，从交通基础设施网络中的某一节点到其他任一节点的便利性也会越来越大，而交通基础设施网络效应的存在，主要是因为每一个网络节点都增加了到其他网络节点的联络通道，使得人流、物流、信息流的输送能力和效率大大提高。同时由于网络本身具有自强化功能，因此能够进一步扩大网络容量和拓展网络范围。正是交通基础设施网络效应的存在，导致了交通运输成本的降低，极大地促进了区域之间的交流和要素的流动，并加速了区域之间贸易往来。

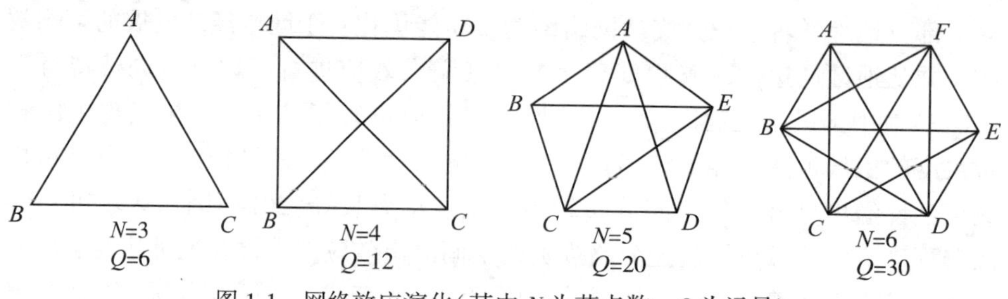

图 1-1　网络效应演化(其中 N 为节点数，Q 为运量)

(三)经济集聚效应

从学者对于交通基础设施经济集聚效应的研究来看，多从运输成本的传导和区位资源禀赋的传导两方面进行分析。城市经济学和区域经济学认为，运输成本或资源流动成本与经济要素的流动性直接相关，出于成本最小化，效益最大化的考量，经济活动参与者会主动选择成本低的区域进行经济布局。德国著名经济地理学者 Thunen 在其著名的《孤立国同农业和国民经济的关系》一书中提出了农业区位的杜能环模式，认为中心城市周围的农业土地利用方式呈不同行业的同心圆结构，其唯一影响因素就是运输费用。韦伯在工业区位论中指出，工业区位的选择取决于生产成本的大小，也就是说任何一个理想的工业区位都会选择在生产成本最小的地点。韦伯把影响企业区位选择的因素分为地方因子和集聚因子，地方因子使工业企业固定于一点，集聚因子使工业企业趋向于集中或者分散。在诸多影响区位的成本因素中，起主要作用的是交通运输成本和劳动力费用，在运输成本的作用下，可以使工业企业集聚到最小运输费用的区域内。与之类似，Barton(1987)基于实践调查发现，长距离交通运输成本是影响企业特别是商贸企业区位决策的核心因素。之后的学者，逐渐开始增强了对于不同类别交通成本与基础设施在经济集聚中的作用研究。Hoover构建了运输费用理论，将交通成本分为场站作业成本和线路运输成本。场站作业成本是固定的作业成本，不随距离变化而变化，且随着运输距离的变长，平均作业成本降低。线路运输成本随着运输距离的增加而增加，因此企业在进行选址时要考虑当地的交通基础设施建设的便利程度。

需要指出的是，继杜能、韦伯之后，有关产业集聚的研究在相当长的时间内仍局限在经济地理学的范畴内，直到美国学者迈克尔·波特和保罗·克鲁格曼对产业集聚的研究，产业集聚才真正引起了人们的注意，并成为经济学诸多领域中的交叉研究热点。尤其是克鲁格曼，他在规模收益递增、不完全竞争和运输成本的假定下，分析了产业内生的集聚力量，认为规模报酬递增和运输成本的存在是解释产业集聚的最主要原因。克鲁格曼通过中心-外围模型对企业的空间集聚进行了阐释。该模型假定区际贸易之间存在贸易成本，主要指制造业产品的冰山成本，产品在运输过程中会存在损耗，企业由于规模报酬递增和运输成本的存在，在接近中心区域时，存在市场接近效应、价格指数效应和市场拥挤效应三种作用力。在运输成本存在的前提下，基于消费者的效用最大化和生产者的利益最大化，厂商会选择在产品市场潜能大的地方进行生产，如果多数企业做出相同决策，产业就产生了空间集聚，集聚在产业潜能高的地区。伴随着我国交通基础设施建设的大规模推进，国内学者也对交通基础设施建设的经济集聚效应进行了研究，如董晓霞等(2006)，林理升，王晔倩(2006)认为种植业生产要素和人力资本在空间流动与集聚过程中，受到空间距离及其交通成本的影响。符森(2009)使用空间计量方法验证了空间交通距离是影响技术集聚乃至经济集聚的重要因素。张华，贺灿飞(2007)基于北京地区的地理信息数据，认为城市通达性与机场码头等中心交通基础设施的距离对于企业区位选择具有明显影响。严勰等(2009)基于地理信息系统构建道路交通对区域产业布局的MAS模型，以大连为例检验公路交通基础设施对区域工业布局的影响并提供了政策建议。

（四）时空收敛效应

1966年地理学者Donald G. Janelle在其博士论文中首次提出了“时空收敛”（time-space convergence）一词，并在1968年正式发表在《职业地理学家》杂志上。简单地讲，“时空收敛”意指交通技术革新提高了出行速度，缩短了各城市间的时间距离，原有的空间距离好像被收敛了的现象。时空的性质与意义应与物质及其运动（人也参与其中）一起加以描述。具有刚性的欧氏距离应被改造成与交通工具、运输费用等相关的时间距离、费用距离等，应根据人的切身感受（可借助交通工具）这把尺度来度量。另一位关注“时空收敛”现象的是著名的新马克思主义地理学者David Harvey。他于1989年在其著作《后现代性的条件》（*The Condition of Postmodernity*）中使用了“time-space compression”（时空压缩）一词。他认为时空压缩除了具有时空收敛的内涵外，还能涵盖交通技术革新对现代社会所造成的冲击的含义。他认为，资本榨取剩余价值的本性，不仅是通过提高劳动生产率来压缩单位产品上所耗费的劳动时间，而且还会使得原来仅限于本地区的资本可通过交通通信技术的革新快速流动到其他地区而榨取更多的剩余价值。资本主义体系有极强的压缩时间和空间的动力。时空压缩的结果一方面是人们生活的节奏加快，空间距离障碍的消弭，另一方面加速了全球各地区政治、经济和文化等方面的交流，进而造就了现在的全球化。

第二节　交通基础设施建设对国民经济发展的贡献

交通基础设施一方面通过自身直接的投入产出对社会产生经济贡献，另一方面则通过其公共产品特性带来广泛而巨大的社会效益。交通基础设施对地区经济社会运行的支撑与带动作用巨大，而且由于交通基础设施建设的溢出效应、网络效应、经济集聚效应和时空收敛效应，其对于区域经济发展具有巨大的推动作用。

一、交通基础设施建设带动前后关联产业发展

交通基础设施建设的最直接作用是通过改善各类交通基础设施条件，满足经济社会运行所产生的不同层次的旅客位移和货物运输需求，支撑了区域经济开放开发与经济社会持续快速发展。并且由于交通基础设施的产业链较长，对于上下游相关产业的带动作用巨大，除了大大支撑了交通运输服务业的发展，也大大带动了交通装备制造业的技术升级和产业体系形成。目前，我国铁路装

备和技术不断突破，高铁、动车组、大功率电力机车、重载货车、铁路轨道等先进装备和技术的应用规模和水平基本达到国际先进水平，成为中国企业走出去的一张靓丽名片。高速公路的快速建设和成网运营，则直接带动了汽车产业的规模化发展，全面提升了道路交通水平。水运和港口发展促进了船舶制造的技术水平大幅度提升，港口专业装卸设备技术处于世界领先水平。民用航空器的研发制造水平逐步提升。除此之外，交通基础设施的大规模建设还拉动了建材、施工器械等产业领域的发展。

二、交通基础设施投资对地区经济具有直接拉动作用

传统经济学理论将交通基础设施视作经济运行的预设要素，主要由各级政府通过财政预算支出来提供。作为经济社会运行的基础条件，特别是像公路、水运这种道路、航道与运行工具明显分离的基础设施，在发达国家很少进行市场化供给。由于我国基础设施长期存在历史欠账，出于加快交通基础设施建设的考量，改革开放以后逐步放开了由社会投资提供交通基础设施服务的政策口子，“贷款修路，收费还贷”成为部分地区跨越式发展交通基础设施的重要手段。各类资金被投入交通领域，不仅改善了地区的交通基础设施，而且作为一种投资工具带动关联产业拉动了经济增长。直接拉动即指在交通基础设施投资过程中，投资的乘数效应使得人工、材料、机械以及相关行业的消耗实现显著增加，并带动地区社会经济需求和行业需求实现同步增长，进而对国民经济起到拉动作用。交通基础设施投资对国民经济增长具有显著的直接拉动作用，通过加强对基础设施的投入以扩大内需，使国民经济保持较快增长，是我国实施积极财政政策的重要组成部分，也被众多学者的研究所验证。张学良利用1993—2009年的中国省级面板数据和空间计量经济的方法对交通基础建设对中国经济增长的影响效应进行了实证分析，发现交通运输对区域经济增长的产出弹性值在0.05左右。特别是进入21世纪交通基础设施对区域经济增长的产出弹性值甚至提高到0.07左右。交通基础设施资本存量对中国的经济增长仍然发挥着重要的促进作用，是实施积极财政政策的重要手段。

三、交通基础设施对于地区经济具有间接推动作用

间接推动作用是指交通基础设施建成之后，通过运输条件改善、交易成本降低、运输能力和效率提升、吸引外资增加和促进产业发展等，使运输系统本身以及与运输相关的产业发展，进而推动国民经济增长。交通基础设施对于地区经济发展的间接促进作用极为明显。从地区经济总量与交通运输量的关系来

看，经济总量的增量与交通运输增加量之间存在显著的正向相关性，根据《世界银行发展报告(1994)》的测度，对于发展中国家而言，其基础设施每增长1%能够带动GDP同比增加1%。与此同时，交通基础设施投资作为全社会固定资产投资的重要组成部分，具有投资规模大、建设周期长、高沉没性等特点，成为经济社会发展中对其他行业具有直接或间接支持能力的系统构成要素，对国民经济存在显著的带动作用。根据国内学者的研究成果，交通基础设施投资的增加和交通基础设施密度的提高均有利于促进地区经济增长，并指出交通基础设施对经济增长的作用机理在于增加交通基础设施投资有助于提高交通基础设施密度，通过降低运输费用而节约交易成本，进而引导产业在区域内聚集，从而实现经济增长。

第三节 交通基础设施建设在国民经济中的作用

国内外交通与经济社会互动发展的实践表明，交通基础设施产业发展对于促进产业结构优化、引领区域协调发展、带动城镇化发展和提升国家综合实力具有重要的作用。

一、促进产业结构优化

交通基础设施产业发展对产业结构调整具有重要作用，不同类型、不同水平的交通基础设施直接影响着一个国家或地区产业结构的不同形态。在缺乏大运输能力的交通基础设施的地方，很难形成第二产业特别是重工业的集聚。在不能提供快速运输服务的地方，很难形成高新技术产业的集聚，高新技术产业、高附加值产业需要配套机场、高速铁路、高速公路等高品质的基础设施，这样的交通基础设施产业能够推动相关区域产业结构的高端化。例如，我国很多大型港口的周边形成了重化工业产业群，沿长江等主要内河通道形成具有产业优势的经济带，大批中西部地区实现产业梯度转移得益于便利的铁路、公路、民航等交通条件。目前我国正处于产业结构调整、经济转型升级的时期，需要通过提升交通基础设施产业水平来推动产业向高端化发展。

二、引领区域协调发展

交通基础设施可以将原料产地、生产产地和市场所在地连接起来，最终实现产品的生产与消费，对区域协调发展起着重要引领作用。交通基础设施的发展，能够降低生产要素流动成本，有利于资源的有效开发和资金、技术、人才的合理流动，促进地区分工与协作，发挥地区比较优势，形成合理的地区分工布局，促进全国统一大市场的形成，在更大空间配置资源要素。我国地域辽阔，资源能源产地与产业集中地存在明显的逆向分布特征，即资源能源主要集中在北部和西北部地区，而大规模的生产加工产业集聚在东部和东南沿海地区，北煤南运、西电东输一直是我国大宗物资运输和电力输送的主要格局。改革开放以来，我国东部沿海凭借天然的便捷海运通道和不断完善的港口设施条件及后方输运体系，成功实现经济先行发展，在我国经济发展格局中一直处于龙头地位。为解决东、中、西部地区发展不平衡问题，我国实施了西部大开发、中部崛起等战略。交通基础设施投资不断向中、西部地区倾斜，一大批铁路、高速公路、机场等交通基础设施项目得以实施，有效地加强了中、西部地区与东部地区的沟通能力，缩小了东、中、西部的差距，初步形成区域协调发展的良好格局。

三、带动城镇化发展

交通基础设施对人口、资金等社会经济要素具有很强的吸引和集聚作用，成为城市形成和发展的重要依托。很多港口与所在城市之间通常存在着互为依托、相辅相成、共同发展的关系，港口经济正在成为我国沿海城市发展的主要依托之一。一些铁路沿线城市的形成，也反映出交通基础设施与城镇化的这种互动关系，如20世纪京汉、正太等铁路的开通，使石家庄迅速成为重要的工商城市，这种“铁路拉来的城市”在我国现代史中比比皆是。交通基础设施产业的发展，还增强了城市的对外辐射能力，使周边城市与中心城市的联系日益紧密，形成城市间产业协同发展、市场充分共享、劳动力流动快速的发展格局，促使连片延绵城市带、城市群的出现。例如，京沪高铁将使京津冀、长三角和山东半岛三大都市圈连为一体，形成“京沪大都市带”。随着我国以城市群为主体形态的城镇化发展以及城市经济实力的增强，机动化发展带来的地面交通拥堵和公交优先战略的实施，导致整体交通需求的变化，对城市轨道交通产生巨大需求。伴随着城镇化、城乡一体化和中心城市功能结构及产业结构调整进程的加快，部分城市市域(郊)轨道交通需求日趋旺盛，建设时机基本成熟。未来我国城市轨道交通将迎来大发展时期。

四、提升国家综合实力

基础设施是支撑经济发展和社会进步的基石，完善的交通基础设施有利于优化区位和产业布局，促进区域城乡一体化发展，改善资源获取条件，提升产品市场竞争力，进而提升国家综合实力。我国改革开放以来交通基础设施条件的不断完善不仅积累了巨大的物质财富，也催生了具有市场竞争力和完备的交通基础设施的产业体系，其在保障我国交通运输有效支撑经济社会发展的同时，也成为加强国家产能合作和增强国际竞争力的优势产业领域。在经济全球化的背景下，面对全球交通基础设施建设巨大的市场需求，顺应"一带一路"倡议，充分发挥我国交通基础设施产业的整体优势，加强交通基础设施全球化布局建设，全面提高国际连通力，构建沿路沿带高效便捷的物流体系，使我国在全球产业发展中强化竞争优势，推动世界范围内的产能合作和产业转移，对我国实现从开放型经济大国向开放型经济强国迈进具有重要意义。此外，交通基础设施也是保障军事国防的生命线，交通基础设施产业的发展是提升国防实力的重要方面。交通网络的覆盖范围、等级，对于保障军事力量的投送、军事后勤的补给等国防建设具有重要的战略意义。

第二章　长江经济带交通基础设施发展现状

根据《国务院关于依托黄金水道推动长江经济带发展的指导意见》，要“依托长江黄金水道，统筹铁路、公路、航空、管道建设，加强各种运输方式的衔接和综合交通枢纽建设，加快多式联运发展，建成安全便捷、绿色低碳的综合立体交通走廊，增强对长江经济带发展的战略支撑力”。长江经济带地跨我国东中西部，区域经济社会发展水平差异大，交通基础设施建设既是区域协调发展的重要举措，同时也是推动区域一体化发展的关键一环。

第一节　中国交通基础设施概况及长江经济带的地位

一、中国交通基础设施建设概况及长江经济带的地位

2018 年年末，全国公路总里程 484.65 万公里，比上年增加 7.31 万公里。公路密度 50.48 公里/百平方公里，增加 0.76 公里/百平方公里。公路养护里程 475.78 万公里，占公路总里程的 98.2%。年末全国四级及以上等级公路里程 446.59 万公里，比上年增加 12.73 万公里，占公路总里程的 92.1%，提高 1.3 个百分点。二级及以上等级公路里程 64.78 万公里，增加 2.56 万公里，占公路总里程的 13.4%，提高 0.3 个百分点。高速公路里程 14.26 万公里，增加 0.61 万公里；高速公路车道里程 63.33 万公里，增加 2.90 万公里。国家高速公路里程 10.55 万公里，增加 0.33 万公里。年末国道里程 36.30 万公里，省道里程 37.22 万公里。农村公路里程 403.97 万公里，其中县道里程 54.97 万公里，乡道里程 117.38 万公里，村道里程 231.62 万公里。

2018 年年末全国铁路营业里程达到 13.2 万公里，比上年增长 3.1%，其中高铁营业里程 2.9 万公里以上。全国铁路路网密度 136.0 公里/万平方公里，增加 3.7 公里/万平方公里。

2018 年年末全国内河航道通航里程 12.71 万公里，比上年增加 108 公里。等级航道里程 6.64 万公里，占总里程的 52.3%，提高 0.2 个百分点。三级及以上航道里程 1.35 万公里，占总里程的 10.6%，提高 0.8 个百分点。各等级

内河航道通航里程分别为：一级航道 1828 公里，二级航道 3947 公里，三级航道 7686 公里，四级航道 10732 公里，五级航道 7613 公里，六级航道 17522 公里，七级航道 17114 公里。等外航道里程 6.07 万公里。年末共有颁证民用航空机场 235 个，比上年增加 6 个，其中定期航班通航机场 233 个，定期航班通航城市 230 个。年旅客吞吐量达到 100 万人次以上的通航机场有 95 个，比上年增加 11 个，年旅客吞吐量达到 1000 万人次以上的有 37 个，增加 5 个。年货邮吞吐量达到 10000 吨以上的有 53 个，增加 1 个。①

从长江经济带交通基础设施的建设状况来看，2018 年公路线路里程、铁路营业里程、内河航道里程分别达到 2117275.2 公里、39043.87 公里、90413.09 公里，公路和内河航道里程占全国的比例显著高于铁路占比，尤其是内河航道里程占全国内河航道里程的比例高达 71.14%，内河航运的地位极为突出。这与该地区水系发达，尤其是长江流域水资源丰沛，河网密布关系密切，长江黄金水道的发展潜力巨大。同时，长江经济带铁路营业里程占比相对较小，仅有 29.65%，与长江经济带在全国范围内承南接北的地位并不匹配，是未来交通基础设施建设的布局重点。总体来看，长江经济带交通基础设施条件优越，具有建成公铁水多式联运的立体综合交通走廊的天然优势，但短板也较为突出，铁路基础设施应是未来的建设重点。长江经济带交通线路布局见图 2-1，长江经济带交通基础设施基本统计信息见表 2-1。

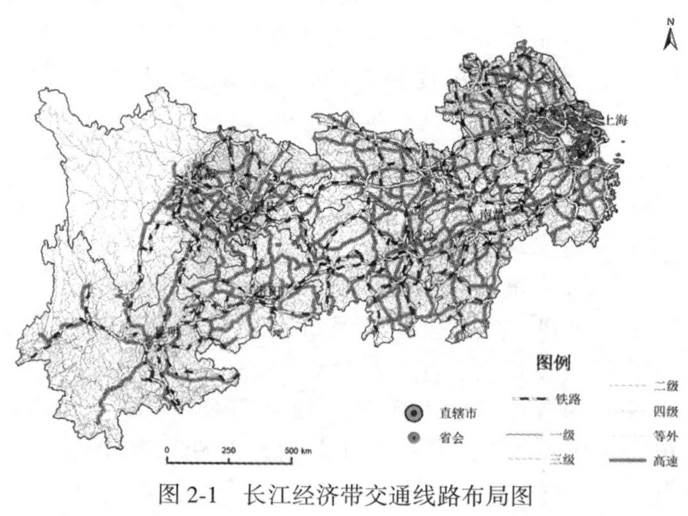

图 2-1　长江经济带交通线路布局图

① 2018 年交通运输行业发展统计公报，http://xxgk.mot.gov.cn/jigou/zhghs/201904/t20190412_3186720.html.

表 2-1　　长江经济带交通基础设施基本统计信息

省市	公路线路里程（公里）	铁路营业里程（公里）	内河航道里程（公里）	机场个数（个）
上海	13106.4	466.07	2091.33	2
江苏	158728.7	3061.77	24380.23	9
浙江	120661.8	2813.47	9760.98	7
安徽	208826.3	4324.21	5641.11	5
江西	161941	4278.45	5637.85	6
湖北	275039.3	4340.55	8470.26	6
湖南	240059.8	5070.1	11496.35	8
重庆	157483.4	2326.44	4352.49	3
四川	331592.3	4950.22	10817.89	12
贵州	196907.6	3564.7	3740.45	11
云南	252928.6	3847.89	4024.15	15
长江经济带	2117275.2	39043.87	90413.09	84
全国	4846500	131700	127100	235
长江经济带占比(%)	43.69	29.65	71.14	34.89

二、中国交通运输服务概况及长江经济带的地位

2018 年末全国完成营业性客运量 179.38 亿人，比上年下降 3.0%，旅客周转量 34217.43 亿人公里，增长 4.3%，营业性货运量 506.29 亿吨，增长 7.2%，货物周转量 199385.00 亿吨公里，增长 3.5%。2018 年铁路全年完成旅客发送量 33.75 亿人，比上年增长 9.4%，旅客周转量 14146.58 亿人公里，增长 5.1%。其中动车组发送旅客 20.05 亿人，增长 16.8%。

全国铁路完成货物总发送量 40.26 亿吨，比上年增长 9.1%，货物总周转量 28820.55 亿吨公里，增长 6.9%。公路全年完成营业性客运量 136.72 亿人，比上年下降 6.2%，旅客周转量 9279.68 亿人公里，下降 5.0%。完成货运量 395.69 亿吨，增长 7.3%，货物周转量 71249.21 亿吨公里，增长 6.7%。

水路全年完成客运量2.80亿人，比上年下降1.1%，旅客周转量79.57亿人公里，增长2.5%。完成货运量70.27亿吨，增长5.2%，货物周转量99052.82亿吨公里，增长0.4%。其中，内河运输完成货运量37.43亿吨、货物周转量15365.89亿吨公里；沿海运输完成货运量25.14亿吨、货物周转量31760.34亿吨公里；远洋运输完成货运量7.70亿吨、货物周转量51926.58亿吨公里。全国港口完成旅客吞吐量1.77亿人，比上年下降4.3%。其中，沿海港口完成0.88亿人，增长1.9%；内河港口完成0.89亿人，下降9.7%。全年邮轮旅客运输量250万人，增长2.7%。全国港口完成货物吞吐量143.51亿吨，比上年增长2.5%。其中，沿海港口完成94.63亿吨，增长4.5%；内河港口完成48.88亿吨，下降1.3%。

民航全年完成旅客运输量6.12亿人，比上年增长10.9%，旅客周转量10711.59亿人公里，增长12.6%。其中，国内航线完成旅客运输量5.37亿人，增长10.5%，港澳台航线完成旅客运输量1127.10万人，增长9.8%；国际航线完成旅客运输量6366.70万人，增长14.8%。完成货邮运输量738.50万吨，比上年增长4.6%，货邮周转量262.42亿吨公里，增长7.7%。民航运输机场完成旅客吞吐量12.65亿人，比上年增长10.2%。完成货邮吞吐量1674.02万吨，增长3.5%。

从长江经济带交通运输服务的发展情况来看，2018年长江经济带客货运总量分别达到85.76亿人与218.38亿吨，占全国的比重分别为47.81%和42.38%(见表2-2)。可以看出客运总量所占比例显著高于货运总量所占比例，即在长江经济带范围内所产生的人口流动频率比例要大于货运在长江经济带所产生的频率，而货品贸易流动频率相对于人口较低。从分交通类型客货运量占比来看，公路和铁路运输仍然是长江经济带客货运的最主要交通方式，水路运输在长江经济带运输总量中虽然占比较小，但在全国的地位显著，客运量和货运量占全国比重分别达到58.21%和66.24%。但值得注意的是，铁路客货运总量出现了较为显著的异配，铁路客运量占比达到42.83%，而同期货运量占比却仅为13.14%，货运量占比远小于客运量占比，与长江经济带铁路营业里程占全国29.65%的比例也显著不相匹配，其中虽有水路客货运分流的影响，但从水路运输的总量来看，影响较为有限。说明一方面长江经济带的铁路运能明显未得到充分发挥，另一方面可能存在多交通方式连接不畅现象，大大限制了长江经济带铁路运能。

表 2-2　**长江经济带交通运输服务统计**

省市	客运总量（亿人）	铁路客运量（亿人）	公路客运量（亿人）	水路客运量（亿人）	货运总量（亿吨）	铁路货运量（亿吨）	公路货运量（亿吨）	水路货运量（亿吨）	机场旅客吞吐量（万人次）	机场货邮吞吐量（万吨）
上海市	1.58	1.23	0.32	0.04	10.70	0.05	3.96	5.69	11763.1	417.6
江苏省	12.06	2.12	9.70	0.24	23.32	0.62	13.93	8.77	5164.6	59.7
浙江省	9.84	2.19	7.20	0.45	26.91	0.43	16.65	9.82	6358.7	84.4
安徽省	6.33	1.23	5.08	0.02	40.68	0.81	28.38	11.49	1360.0	7.5
江西省	6.07	1.11	4.93	0.03	17.43	0.52	15.76	1.15	1733.6	9.1
湖北省	9.84	1.67	8.10	0.06	20.43	0.47	16.31	3.64	3109.8	23.1
湖南省	10.67	1.39	9.10	0.17	23.00	0.45	20.44	2.11	2683.1	15.8
重庆市	6.06	0.77	5.22	0.07	12.85	0.20	10.71	1.95	4287.6	38.4
四川省	9.86	1.51	8.15	0.20	18.74	0.72	17.33	0.69	6129.9	68.5
贵州省	9.30	0.68	8.41	0.22	10.25	0.55	9.54	0.17	29775	11.8
云南省	4.15	0.55	3.46	0.13	14.07	0.47	13.53	0.07	6758.1	47.5
长江经济带总量	85.76	14.45	69.67	1.63	218.38	5.29	166.54	46.55	79123.5	783.40
全国总量	179.38	33.74	136.71	2.80	515.27	40.26	395.09	70.27	126468.8	1674.02
长江经济带占比（%）	47.81	42.83	50.96	58.21	42.38	13.14	42.09	66.24	62.56	46.80

第二节　长江经济带交通基础设施建设的区域差异

一、公路交通

为了更细致地表现长江经济带交通基础设施的空间分异，以长江经济带东西和南北最大距离为边构造矩形并将之网格化，之后提取长江经济带所覆盖范围内的网格，共获得网格 32711 个。最后分别统计网格内相关交通线路长度，计算该网格内不同类型交通线路的密度，并进行可视化表达，从而从较小的尺度表现出长江经济带不同类型交通线路空间分布的区域差异(见图 2-2)。交通线路数据来自 OpenStreetMap 开源地图，数据整体现势性为 2018 年 12 月。

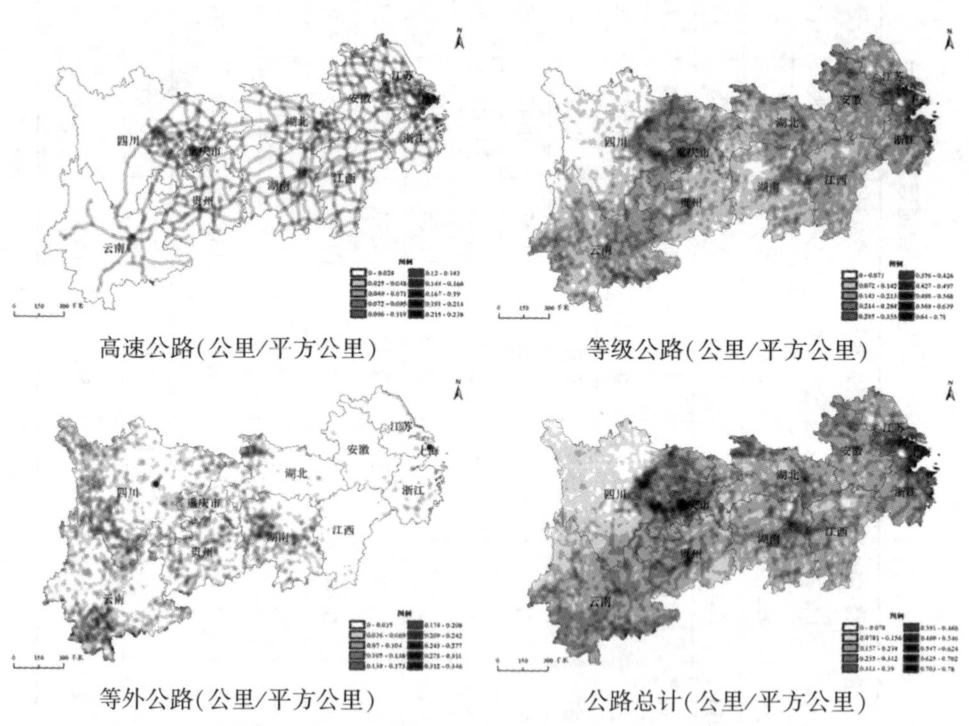

高速公路(公里/平方公里)　　等级公路(公里/平方公里)

等外公路(公里/平方公里)　　公路总计(公里/平方公里)

图 2-2　长江经济带公路基础设施的密度空间分异

从长江经济带公路交通基础设施的小尺度密度分布来看，不同等级交通线路的空间分布呈现出较为显著的差异。从高速公路分布来看，高速公路呈现较为显著的以主要城市为核心的放射形分布形态，密度较高的地区普遍分布于省会城市或省内主要城市，高密度集中区呈现出分散分布的状况，但总体呈现出东部相对较为集中，西部较为稀疏的基本格局。从等级公路与等外公路来看，呈现出显著的东西密度差异，等级公路形成长三角、成都、重庆两大高值区；等外公路则主要集中分布于西部地区，东部除上海崇明之外，等外公路密度普遍较低，说明西部地区受限于经济实力多发展投资相对较少的等外公路以满足人民群众的出行需求。从公路里程总量来看，带内基本形成了长三角、长江中游城市群和成渝城市群三大公路集中分布区。公路基础设施呈现一定程度的空间集中布局现象。

从分省市公路交通基础设施与服务布局来看(见图2-3)，公路作为与人民群众出行关系最为密切的交通方式，其分布范围最广，一定程度与地区的国土面积相关，国土面积越大，公路里程数相对越高。从交通线路长度分布来看，高速公路线路长度最大的省份分别为四川、湖南和湖北，三省高速公路总里程均超过6000公里，较低的则集中于上海、重庆、浙江等省市。等级公路、等外公路等的里程分布也基本呈现相同的格局，即西部面积较大的省市公路里程较长，东部省市相比之下较小。总里程分布大致呈现出由西向东的阶梯状下降格局。但观察各省市的客货运量发现，公路客运量较大的省份分别为江苏省和湖南省，公路货运量最大的省份则分别为安徽省和湖南省，公路交通里程与公路交通服务呈现出异配，即西部地区公路里程数大但客货运输量小，而东部和中部部分省市公路里程小而客货运量大。这一方面说明国家西部大开发、中部崛起等战略效果显著，中西部地区公路交通基础设施建设有了长足进步，另一方面则表示西部地区部分省市的公路交通利用率相对较低，有待进一步提升。

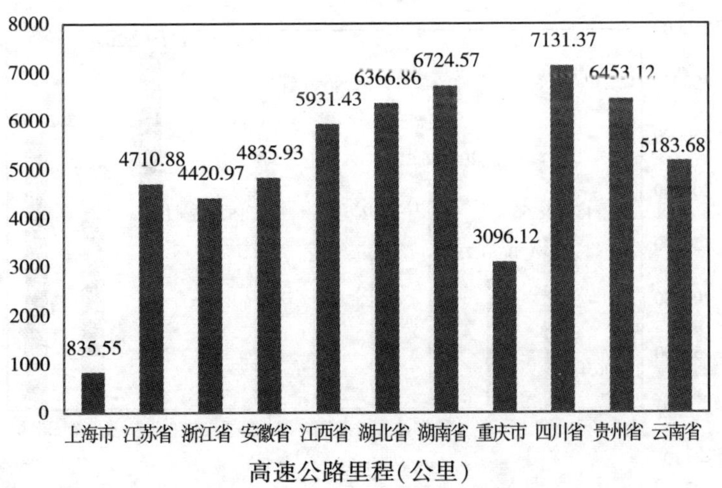

高速公路里程(公里)

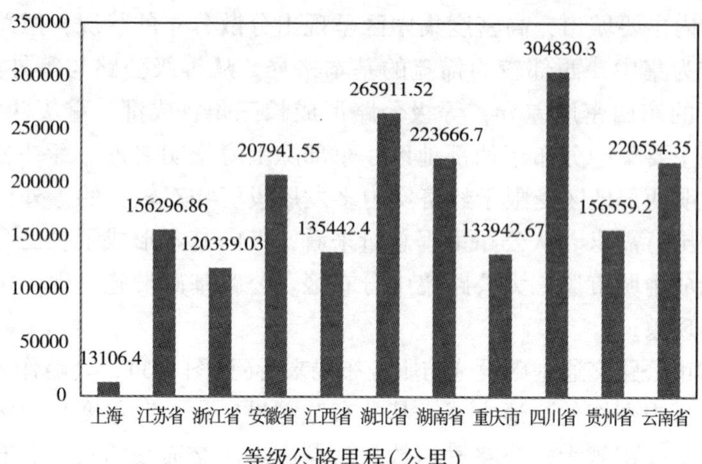

等级公路里程(公里)

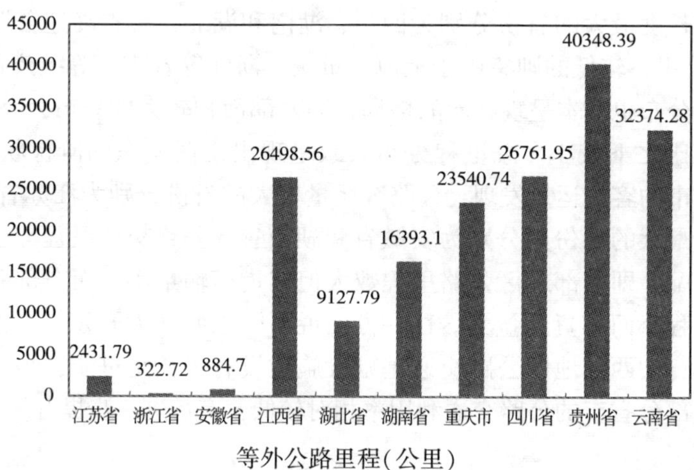

等外公路里程(公里)

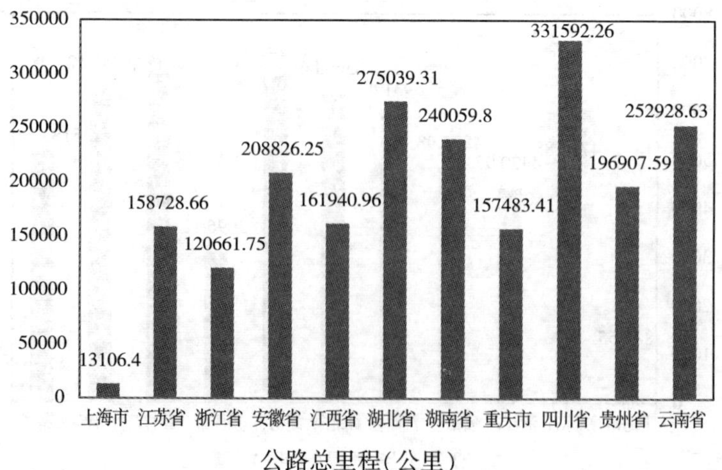

公路总里程(公里)

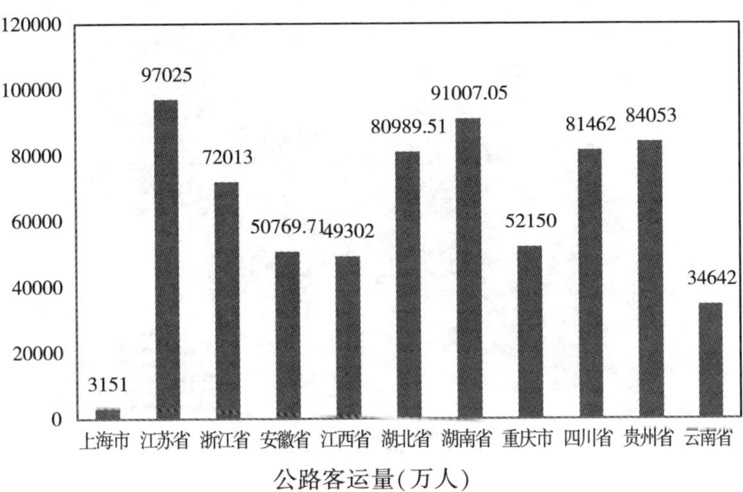

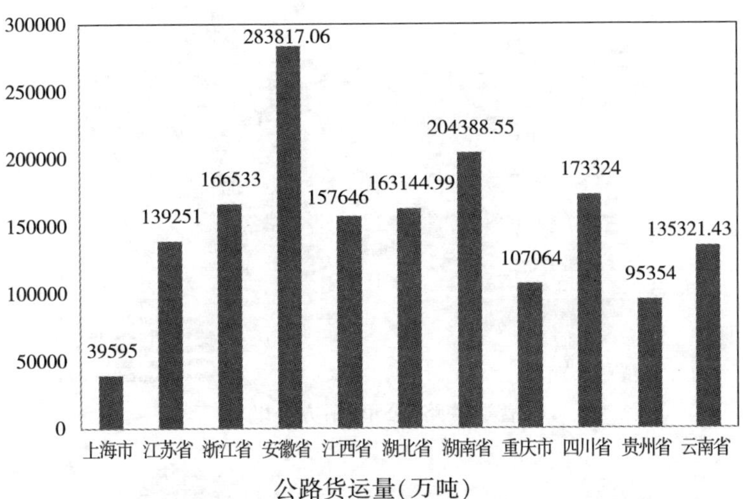

图 2-3 长江经济带公路里程与公路运输服务的省(市)际分异

二、铁路交通

与公路密度统计相同，将长江经济带铁路进行网格划分并统计密度，可以发现长江经济带铁路密度分布呈现出带状分布特征，并表现出显著的枢纽集中性，铁路线路显著向少数枢纽城市集中分布(见图 2-4)。铁路线路投资巨大且对于地形要求相对较高，其地表展布难以像公路交通一样密集，因此无论高速铁路、普通铁路还是铁路总里程，其密度分布均呈现出带状展布特点。从高速铁路的密度分布来看,除长三角的上海、南京、杭州等高速铁路集中分布地之

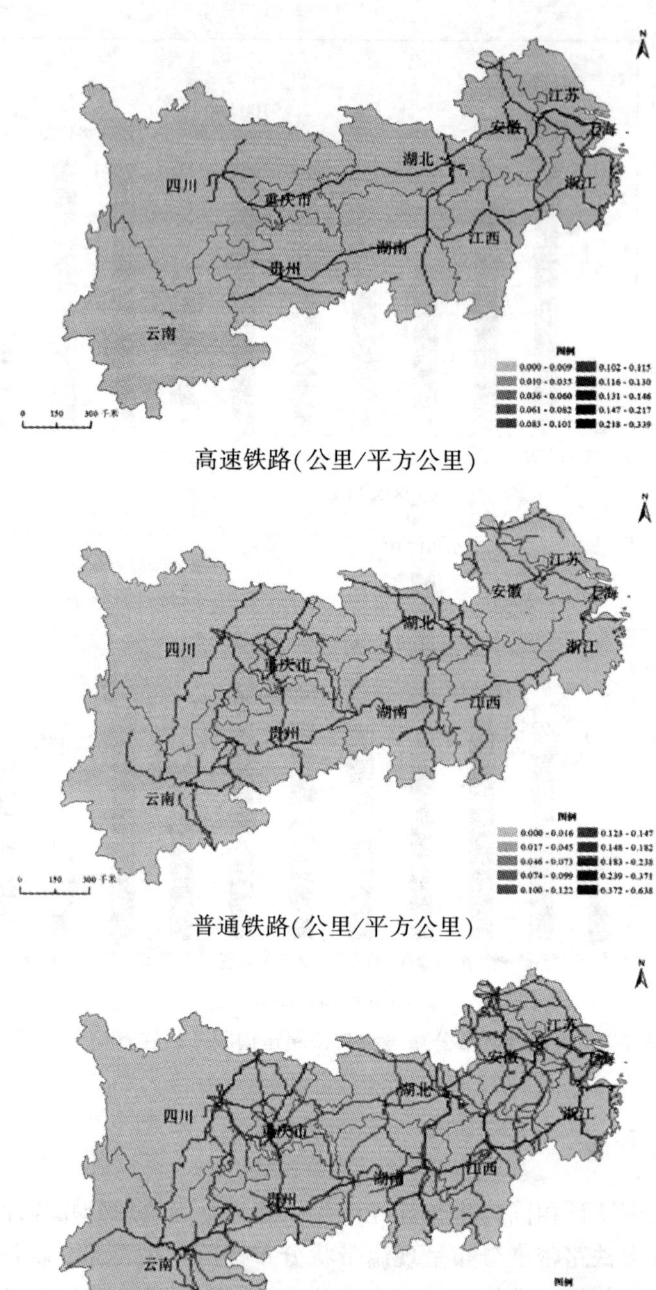

铁路总计(公里/平方公里)

图 2-4　长江经济带铁路交通基础设施的密度空间分异

外，高铁线路密度较高的地区显著集中于武汉、长沙、成都、贵阳等少数几个铁路枢纽，且尤以武汉的高速铁路线路的密度分布最高，显著凸显出武汉高铁中心的优越地位。从普通铁路分布来看，其空间展布范围较高速铁路广且高密度分布区数量也明显增多，并在武汉及周边、成渝、贵昆等少数地区形成近似带状的集中分布区。从铁路总里程的密度分布来看，铁路分布的枢纽集中现象更为明显，密度高值区集中于上海、南京、杭州、成都、重庆、贵阳等少数城市且东部铁路密度分布要明显高于中西部地区。

从铁路里程省(市)际差异来看(见图 2-5)，与公路交通线路类似，中西部省市的交通线路长度要相对长于东部省市，四川、湖南是长江经济带铁路营业里程最长的 2 个省，相比之下东部的上海、江苏、浙江等省市的铁路里程较短，铁路营业里程呈现出近似由西至东下降的趋势。说明铁路作为具有平衡区域发展条件的国家重大基础设施，其在建设上并非完全的经济考量，中西部省市同样享受到铁路建设的红利。从铁路客货运量来看，客运量呈现出显著的东高西低现象，东部的浙江、江苏客运量最高，也是长江经济带铁路客运量唯二超过 2 亿人的省份，其他客运量较高的地区同样集中于东部，上海客运量也超过 1. 16 亿人。相比之下西部地区除四川外，其他省市客运人数均在 1 亿人以下，云南更低至 5000 万人以下。从铁路货运的省(市)际分异来看，安徽、四川、江苏分列货运总量最高的三个省且货运量较高的省多集中分布于西部，云南、贵州等省铁路货运量也相对较高，而中部的湖北、湖南以及东部的浙江铁路货运量相对较低，一定程度上说明铁路充当了西部省市货物外运的重要通道，其对于铁路运输的依赖性相比中东部省市更大。铁路在促进区域协调发展中的地位显著。

三、民用航空交通

从长江经济带不同等级机场的分布来看，其等级分布呈现出中间多两头少的近纺锤形结构，高等级机场与低等级机场数量均较少，大部分机场等级集中于 4D、4C 等级，两者合计占长江经济带机场总数的 76. 19%(见表 2-3)。从高等级机场的分布状况来看，4F 级机场除安徽、贵州、江西外，其他各省市均有分布，4E 级机场则集中分布于江苏，江苏集中分布了 4 家 4E 级机场，4D 级则分布相对均衡，除上海、重庆外，各省均有分布。从 4C、3C 级机场分布来看，则呈现出明显的西部地区偏向性。贵州、四川、云南 4C 级机场分别达到 8、10、10 家，3C 级机场均集中分布于中西部省份，且多分布于山区等出行不便的地区。从机场分布的省(市)际差异来看，西部地区省市的机场分布

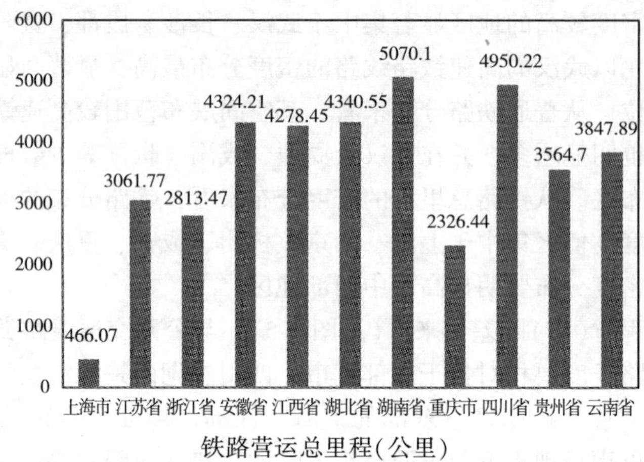

铁路营运总里程(公里)

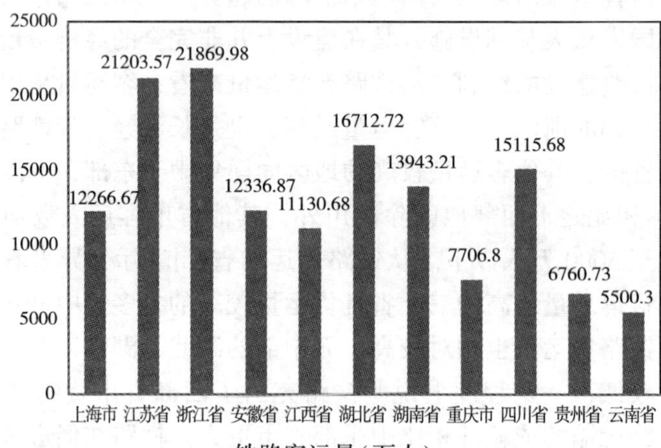

铁路客运量(万人)

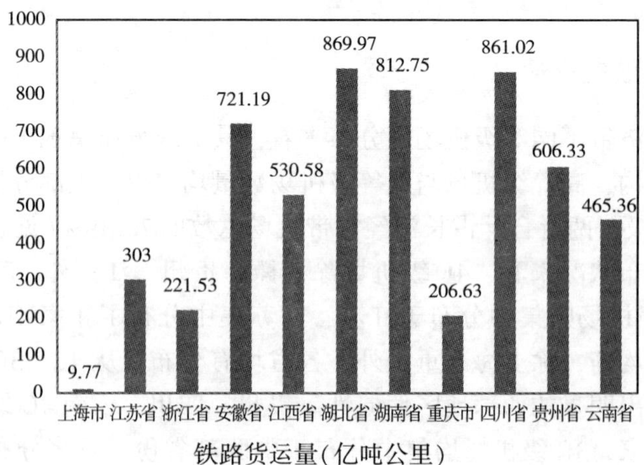

铁路货运量(亿吨公里)

图 2-5 长江经济带铁路里程与铁路运输服务的省(市)际分异

数明显多于中东部省市，机场较多的省分别为云南、四川和贵州，其机场分布数分别为15、13和11家，机场数分布较少的省市主要集中于面积较小的上海、重庆以及中部的安徽。西部地区由于地形地貌和区位条件限制，出行较为不便，同时这一地区的自然风貌多样，人文景观独具特色，是我国重要的旅游目的地，且低等级机场投资成本相对较低，形成这一地区低等级机场集中分布的现象。从长江经济带机场的密度分布来看(见图2-6)，高密度地区呈现出由东至西三大集中分布区，其中东部长三角地区分布密度最高，中部的湖北、湖南、西部的贵州、重庆等地分布密度次之，形成近似环带状分布，云南西部密度最低。说明长江经济带机场分布虽然存在一定的区域差异，但相对较为协调，各省市均存在区域性民用航空机场，居民的民航出行条件差异相对较小。

表2-3　**长江经济带机场分省市分等级统计信息**

省市	4F	4E	4D	4C	3C	总计	分省市占比
安徽省	0	1	2	2	0	5	5.95%
贵州省	0	2	1	8	0	11	13.10%
湖北省	1	0	2	2	1	6	7.14%
湖南省	1	0	2	4	0	7	8.33%
江苏省	1	4	3	1	0	9	10.71%
江西省	0	1	1	4	0	6	7.14%
上海市	1	1	0	0	0	2	2.38%
四川省	1	0	2	10	0	13	15.48%
云南省	1	0	3	10	1	15	17.86%
浙江省	1	1	3	2	0	7	8.33%
重庆市	1	0	0	2	0	3	3.57%
总计	8	10	19	45	2	84	100.00%
分类型占比	9.52%	11.90%	22.62%	53.57%	2.38%	100.00%	

从长江经济带机场运输服务的省(市)际差异来看(见图2-7)，存在显著的东西差异，东部省市的民航运输服务的总量最高，显著高于中西部省市。西部的四川、云南等相比之下总量要高于中部省份，民用航空服务运输呈现出东西高、中部低的近“哑铃”式结构。从机场旅客吞吐量来看，除上海显著高于其他省市外，云南、四川成为长江经济带内旅客吞吐量次高的两个省。中部的安徽、江西、湖南、湖北等省份的旅客吞吐量相比之下要显著少于上述省市。从

货邮吞吐量的省(市)际分异来看，上海远超长江经济带内的其他省市，基本呈现出一市独大的现象，进一步证实了上海作为长江经济带货运集散门户的重要地位，次高的浙江省同样位于东部地区，证实东部省市在航空货运交流上比之中西部省市要更加频繁。而从机场起降架次的分布来看，除上海外，四川、云南、江苏架次较多，但相比之下差距并不显著，与货邮吞吐量的差距形成较为鲜明的对比，即起降架次与货邮吞吐量形成异配。上海起降架次高同时货邮吞吐量大，其机场运行效率最高，而对应的四川、云南起降架次多但货邮吞吐量相比之下并不显著，机场运行效率仍存在较大增长潜力。

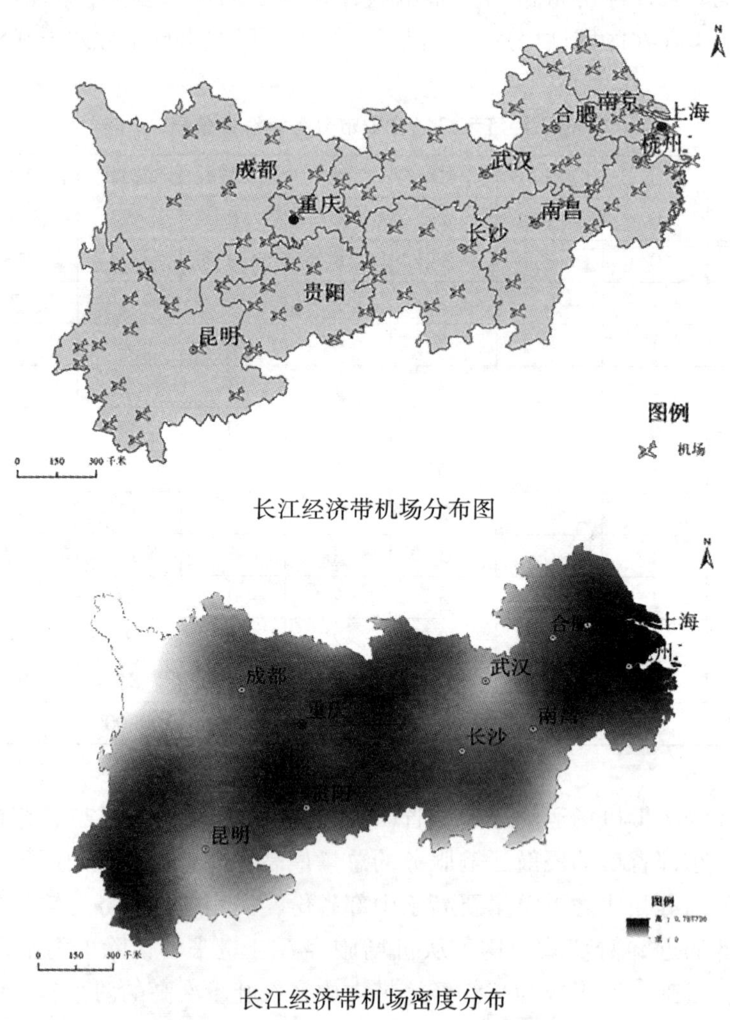

长江经济带机场分布图

长江经济带机场密度分布

图 2-6　长江经济带机场分布及密度图

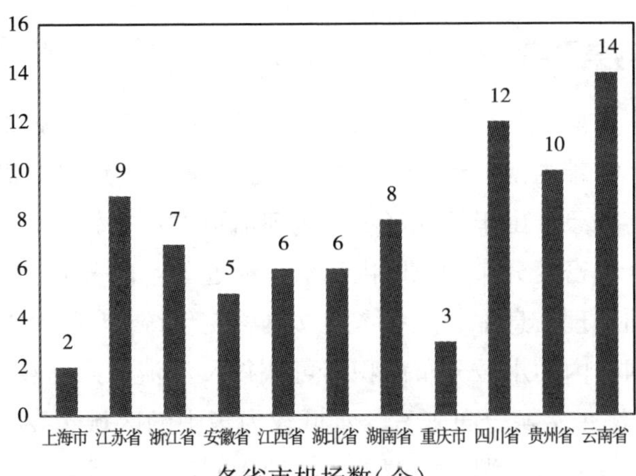

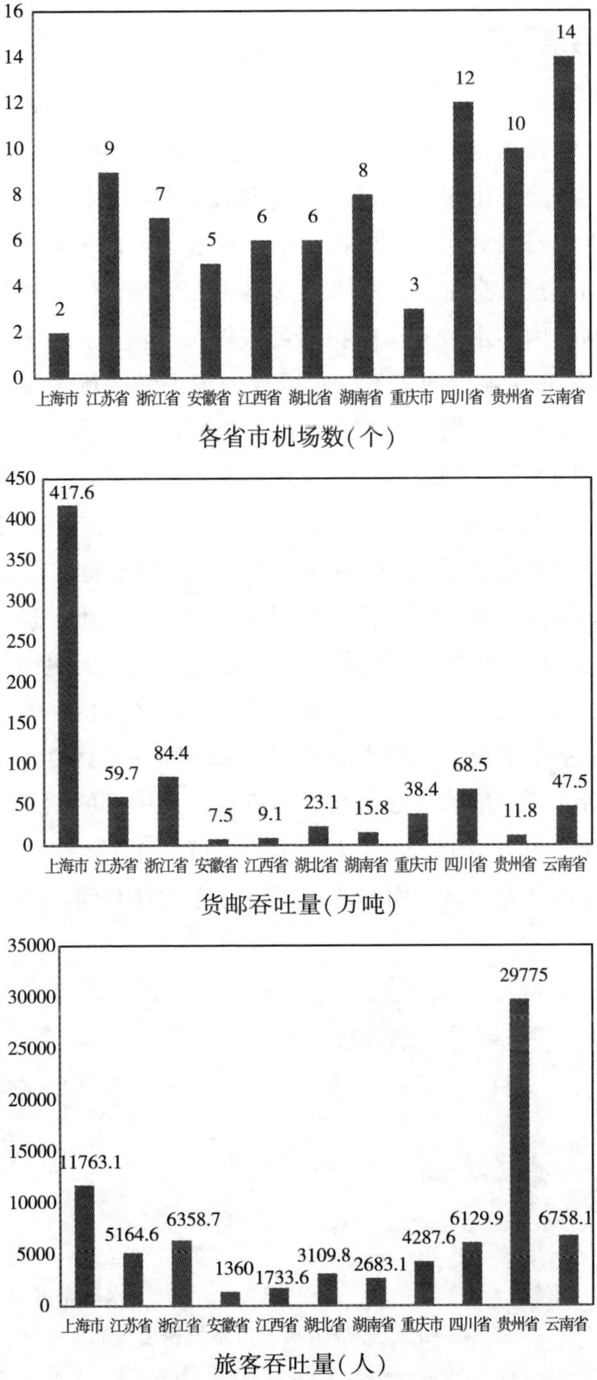

各省市机场数(个)

450
400
350
300
250
200
150
100
50
0
417.6
59.7
84.4
7.5
9.1
23.1
15.8
38.4
68.5
11.8
47.5
上海市 江苏省 浙江省 安徽省 江西省 湖北省 湖南省 重庆市 四川省 贵州省 云南省

货邮吞吐量(万吨)

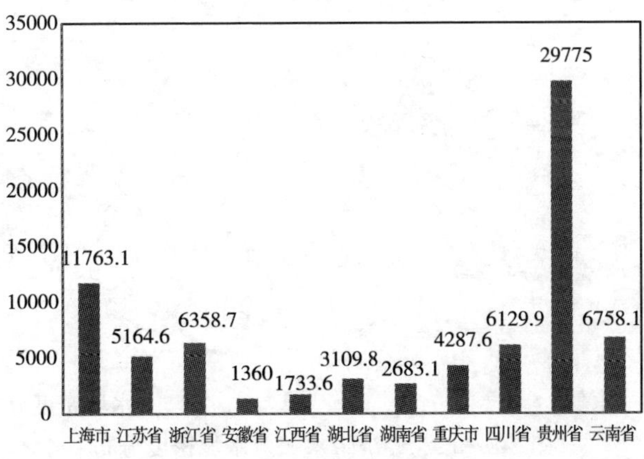

旅客吞吐量(人)

图 2-7　长江经济带民用航空机场与运输服务的省(市)际分异

四、内河航运交通

长江流域覆盖面积广阔、水系发达，是我国内河航运交通最为发达的地区。但从长江经济带内河航运的省(市)际分异来看，其内部仍存在着较为显著的区域不平衡现象。由于长江经济带内河航道的数据较难获取，因此利用区域水域分布与水域密度分布对该区内河航运交通的空间分异进行分析，数据同样来自国家基础地理信息中心。参考前文网格密度统计，将水域面积赋予不同网格，并统计网格内的水域分布面积即可获得长江流域水域密度分布图(见图2-8)。从长江经济带水域分布来看，水域较为集中的区域主要分布于东部的江苏、上海、浙江等省市，湖北、湖南、江西因有汉江、香江、赣江等大型支流以及洞庭湖、鄱阳湖等大型湖泊，形成水域集中分布的次一级区域。从内河航道里程的省(市)际分布来看，江苏、湖南、四川的内河航道里程较大，均在1万公里以上。从内河航道运输服务的省(市)际分异来看，东部的浙江与江苏成为客运量的前两强，明显超过长江经济带内的其他省市。这一地区水域分布密度大，覆盖范围广，居民出行选择轮渡等航运方式相对更为便捷，导致这一地区内河航道客运量大大高于其他省市。从长江经济带内河航道货运量的区域差异看，其分布基本呈现由东至西的阶梯下降格局(见图2-9)。东部的浙江、江苏以及中部临近长三角的安徽水路货运量最大，中部的湖北、湖南次之，西部的云南、贵州、四川最低。不但与客运量的省(市)际差异不相匹配，与内河航道里程的偏差更为显著，而与水域密度分布大体相符。一方面说明内河航

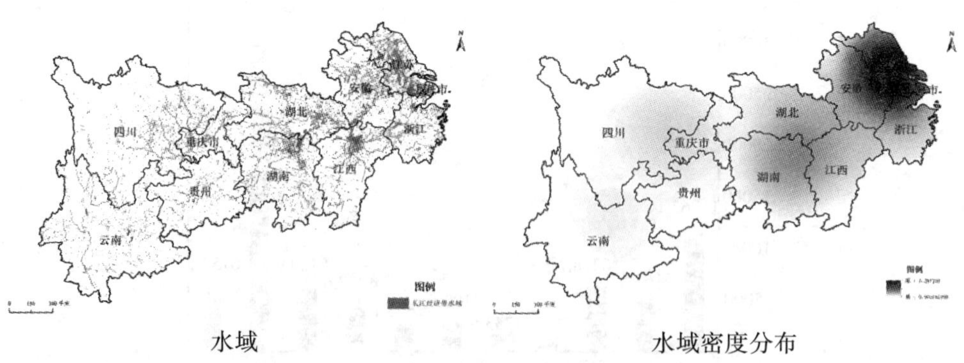

图2-8　长江经济带水域及水域密度分布

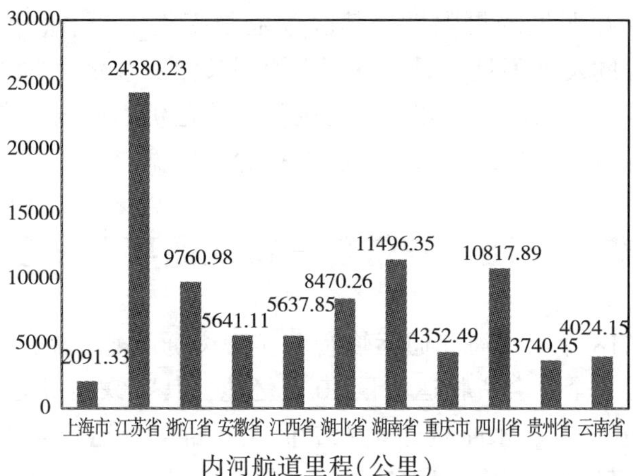

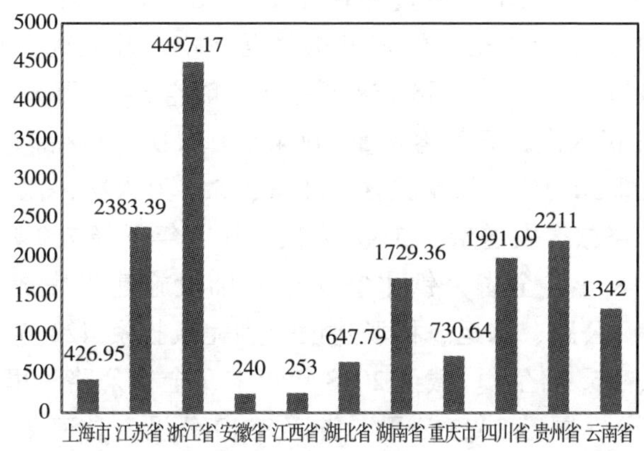

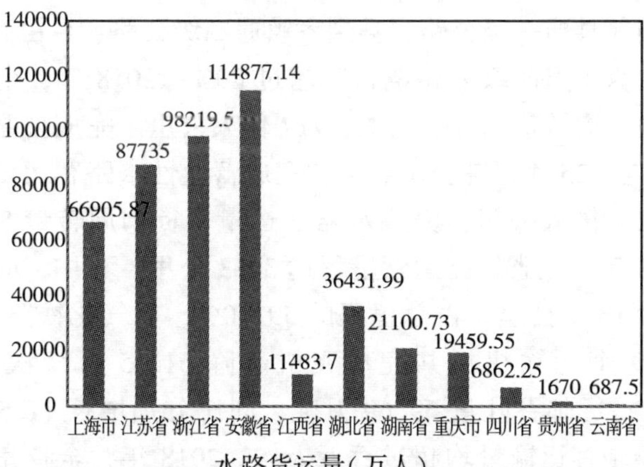

图 2-9　长江经济带水域及内河航运里程与运输服务的省(市)际分异

道的服务范围存在明显的局限性，其服务范围多集中于省(市)域范围之内，而省市之间的协同发展不足，另一方面则说明长江黄金水道的地位尚未得到充分体现，上游四川、云南、贵州等省份的货运通道仍不通畅，东西向水路货运联系较弱，长江黄金水道的巨大效益仍有待深入挖掘。

第三节　长江经济带各省市交通事业发展概况

上海市。2018 年，上海交通运输行业实现交通运输(含仓储、邮政)增加值 1533.36 亿元。全社会货物运输量 10.7 亿吨，其中铁路货运量 468.4 万吨，公路货运量 3.96 亿吨，水路货运量 6.7 亿吨，航空货运量 417.6 万吨。港口货物吞吐量 7.3 亿吨，其中内贸货物吞吐量 3.28 亿吨，外贸货物 4.02 亿吨。集装箱吞吐量 4201 万标准箱，旅客发送量近 20401 万人次，其中铁路 11171 万人次，公路 3151 万人次，水路 158 万人次，航空 5921 万人次。市内公共交通客运总量 58.6 亿人次，日均客运量 1604.5 万人次。接待国际邮轮靠泊 406 艘次，比上年下降 20.7%；邮轮旅客吞吐量 275.3 万人次，比上年下降 7.4%。2018 年，上海公路旅客发送量 3151 万人次，比上年下降 7.9%。

江苏省。2018 年，全省公铁水空交通基础设施建设完成投资 1197.4 亿元。其中，铁路、公路、水运、机场建设分别完成投资 422.6 亿元、621.3 亿元、128.2 亿元、25.3 亿元。截至 2018 年年末，全省公路总里程达 15.9 万公里。按行政等级分，国道 8323 公里、省道 8540 公里、县道 25343 公里，乡道 51956 公里、村道 64510 公里、专用公路 57 公里。全省实现 10 万人口节点 30 分钟上高速、相邻县通一级公路、县到乡镇通二级公路、乡镇到行政村通三级公路，行政村通双车道四级公路覆盖率超过 80%。2018 年，全省完成营业性公路客运量、旅客周转量 9.7 亿人次、717 亿人公里。完成公路货运量、货物周转量 13.9 亿吨、2544 亿吨公里。全省完成营业性水路客运量、旅客周转量 0.24 亿人次、3.5 亿人公里，完成水路货运量、货物周转量 8.8 亿吨、6122 亿吨公里。2018 年，全省铁路运营里程达 3033 公里。其中，时速 200 公里以上的快速铁路达 1811 公里，占总里程的 59.70%，电气化铁路 2079 公里，占 68.50%。全省 9 个运输机场共完成飞机起降 51.65 万架次，旅客吞吐量 5164.61 万人次，货邮吞吐量 59.69 万吨，同比分别增长 11.50%，16.2%和 4.5%。9 个机场旅客运输量均超过百万人次。2018 年，全省完成港口建设投资 92.5 亿元。新建成沿江沿海万吨级以上泊位 7 个、内河千吨级以上泊位 45 个，新增港口综合通过能力约 200 万吨。截至 2018 年年末，全省累计拥有各类生产性泊位5480个，其中，万吨级以上泊位497个、5万吨级以上泊位165个，综合通过能力达19.9亿吨。2018年，全省港口共完成货物吞吐量25.8亿吨，同比增长0.58%。其中，沿江港口17.8亿吨、增长4%，沿海港口3.3亿吨、增长0.6%，内河港口4.8吨、较上年减少9.8%。截至2018年年末，全省共有大小河道2900多条，天然湖泊近300个，水域面积1.73万公里，共有内河航道总里程24362公里，约占全国航道总里程的1/5，占长三角地区内河航道总里程的2/3，航道密度为24.2公里/百平方公里，居全国之首。

浙江省。2017年，浙江省公路网固定资产完成投资1287亿元。其中：高速公路完成投资596亿元，普通国省道完成投资305亿元，农村公路完成投资356亿元，养护工程完成投资30亿元。截至2007年年底，全省公路总里程为120101公里，其中：国道7355公里，省道4655公里，县道29080公里，乡道19677公里，专用道623公里，村道58713公里，高速公路4154公里，一级公路6765公里，二级公路10263公里，三级公路8197公里，四级公路61197公里，准四级公路28272公里，等外路1253公里。全省公路密度为117.98公里/百平方公里，乡镇公路通达通畅率均为10000，行政村公路通达率为99.9%(未通达行政村为24个)。全年全省完成公路客运量8.1亿人次、旅客周转量431.6亿人公里，完成货物运输量15.2亿吨、货物周转量1821.2亿吨公里。2017年，浙江省铁路旅客发送19886.72万人，比上年增长11.93%；铁路货物发送3512.53万吨，增长8.49%；铁路货物到达完成4137.53万吨，增长7.33%；铁路旅客周转量完成658.16亿人公里，增长8.96%；铁路货物周转量完成215.38亿吨公里，增长1.88%。截至2017年年底，全省铁路营业里程为2587公里，其中复线2071.6公里，复线率80.1%；电气化线路1962.8公里，电气化率75.9%；客运专线1266.5公里；铁路网密度为254.1公里/万平方公里，为全国平均水平的1.92倍。2017年，浙江省完成水运建设投资185亿元。沿海港口完成投资124亿元，连续7年超百亿元。全省港口完成货物吞吐量15.9亿吨、集装箱吞吐量2747.1万标箱，其中沿海货物吞吐量12.6亿吨、集装箱2687万标箱。完成水路货运量8.7亿吨，比上年增长11.5%，货物周转量8069.2亿吨公里，增长1.5%，其中内河水路货运量2.2亿吨，增长10%，周转量333.7亿吨公里，增长13.60%。2017年，浙江民航累计完成飞机起降46万架次，旅客吞吐量5758.9万人次，货邮吞吐量78.0万吨。

安徽省。2018年全省普通国省干线公路累计完成投资360亿元。新改建普通国省干线公路3200公里，新增一级公路通车里程713公里。截至2018年年底，全省公路总里程20.88万公里，一级公路通车总里程4864公里，营运高速公路总里程 4421 公里，亳州、蚌埠、淮南、六安、马鞍山等 5 市实现省到市一级公路短直连接，全省 64 个市辖县(区)，40 个县(区)实现市到县一级公路连接，区域内外互联互通逐步推进。2018 年全省全年完成道路客运量 5.1 亿人次、旅客周转量 376.9 亿人公里，货运量 28.4 亿吨、货物周转量 5451.6 亿吨公里，完成投资 11.5 亿元。截至 2018 年年底，全省道路旅客运输经营业户 1531 个，客运站 710 个(一级站 40 个、二级站 59 个、三级站 81 个)，开通客运班线 8843 条。截至 2018 年年底，全省拥有合肥、黄山、阜阳、池州 4 个民用机场和安庆 1 个军民合用机场，全省机场通航城市达到 63 个，运营航线达到 148 条，平均每周航班起降超过 2176 架次。2018 年全省完成民航机场建设投资 6.03 亿元，完成旅客吞吐量 1360 万人，货邮吞吐量 7.5 万吨，比上年分别增长 19.1%和 9.4%。2018 年全省完成水运固定资产投资 107.2 亿元，占年预期目标 55 亿元的 195%，比上年增长 95%。截至 2018 年年底，全省内河航道里程 6612 公里，通航里程 5728.6 公里。其中，III 级及以上航道 860 公里、占航道通航里程的 15.07%。全省拥有营运船舶 25065 艘、净载重 4704 万吨、客位 14782 个、集装箱箱位 11.26 万 TEU，内河货运运力居全国首位。全年完成水路客运量 240 万人，客运周转量 0.39 亿人公里；水路货运量 11.48 亿吨、货运周转量 5631 亿吨公里，比上年增长 0.8%，2.3%，其中内河货运量 10.68 亿吨、货运周转量 4871 亿吨公里。

江西省。2018 年全省交通固定资产投资完成 628.4 亿元，增长 29%，其中高速公路 101.7 亿元、普通国省道 296 亿元、农村公路 192 亿元、内河水运 32.1 亿元、枢纽场站 6.6 亿元，分别增长 53%，31%，12%，53%，94%。全省公路总里程 16.19 万公里，其中高速公路 5931 公里、普通国道 7693.90 公里、普通省道 1.09 万公里、县道 2.18 万公里、乡道 4.17 万公里、村道 7.39 万公里。全省公路客运量 4.9 亿人次、旅客周转量 261 亿人公里，分别下降 6.1%和 5.9%；公路货运量 15.8 亿吨、货物周转量 3760 亿吨公里，分别增长 14.2%和 9.5%。2018 年年末，南昌铁路局集团公司管辖营业里程 8082.5 公里(江西境内 4134.4 公里)。其中，国家铁路营业里程 3756.5 公里(江西境内 2486.8 公里)，合资铁路营业里程 4326.0 公里(江西境内 1647.6 公里)。线路总延展里程 16585.4 公里。复线里程 4884.3 公里，复线率 60.4%；电气化里程 6485.7 公里，电化率 80.2%。区段线路允许时速 200 公里及以上铁路营业里程 3268.4 公里。全年铁路发送旅客 2.33 亿人(江西境内发送 1.11 亿人，增长 8.9%)，增长 6.3%；铁路发送货物 8579.6 万吨(江西境内发送 5044.4 万吨，增长 5.4%)，增长 7.5%。铁路旅客周转量 1146.44 亿人公里，增长

1.8%；铁路货物周转量723.04亿吨公里，增长1.8%。2018年江西省、市政府累计投入航空发展资金逾10亿元。江西省机场集团公司完成运输架次14.44万架次，旅客吞吐量1733.59万人次，货邮吞吐量9.14万吨，其中，南昌昌北国际机场完成运输架次10.74万架次，旅客吞吐量1352.42万人次，货邮吞吐量8.2G万吨，增长58.1%，客货增速均列全国省会机场第1名，国际(地区)旅客吞吐量75.9万人次，增长22.3%。2018年全省港航基础设施建设完成投资39.43亿元，其中交通项目32.06亿元、社会投资项目7.37亿元。全省拥有港口59个，港区71个；生产泊位1126个，泊位总长51937米；非生产用泊位73个，泊位总长3810米；千吨级以上泊位167个，最大靠泊能力5000吨级。全省通航里程5560公里。其中，II级航道175公里，III级航道284公里，IV级航道87公里，V级航道169公里，VI级航道471公里，VII级航道1132公里，等外级航道3242公里。全省港口完成货物吞吐量2.45亿吨，其中，出口1.06亿吨、进口1.39亿吨。旅客吞吐量337.1万人次，其中，出港168.7万人次，进港168.4万人次。货运量1.15亿吨、货物周转量238.1亿吨公里，集装箱吞吐量62.2万标准箱、857.7万吨。

湖北省。2018年全省完成公路水路固定资产投资1068.6亿元。全省新增公路里程5555公里，其中，新增高速公路115公里、一级公路219公里、二级公路467公里、三级公路240公里、四级公路5278公里，减少等外公路765公里。全省公路总里程275039公里，公路密度147.96公里/百平方公里。等级公路所占比重达到96.68%，二级及以上公路所占比重达到13%。全省内河航道总里程9066.68公里，其中，内河航道通航里程8666.94公里，与上年保持一致，24公里四级航道和9公里五级航道升为三级航道，等级航道所占比重达到71.1%，三级及以上航道所占比重达到23%。2018年全省公路完成客运量8.1亿人次、旅客周转量453.43亿人公里，完成货运量16.31亿吨、货物周转量2955.53亿吨公里。水路完成客运量647.8万人次、旅客周转量4.7亿人公里，完成货运量3.6亿吨、货物周转量2850亿吨公里。完成港口吞吐量3.46亿吨，全年完成集装箱吞吐量193.6万标箱，其中，武汉港157.4万标箱，占全省集装箱吞吐量的81.3%。2018年，全年完成铁路发送货物7372.6万吨，发送旅客1.82亿人，完成铁路运输收入297.9亿元。2018年武汉天河机场完成旅客吞吐量2450.04万人次，比上年增长5.9%；货邮吞吐量22.16万吨，增长19.8%；保障起降18.67万架次，增长2.1%；国际地区旅客吞吐量270.02万人次，增长2.8%，货邮吞吐量5.3万吨，增长112.2%；起降2.09万架次，下降4%。通达城市136个，其中，国内通达城市84个，国际通达3个地区及24个国家的52个城市。

湖南省。2018年湖南省交通建设投资648亿元。其中高速公路投资136亿元，新开工高速公路414公里，新增通车里程306公里，通车总里程6725公里，位居全国第四；国省干线投资234亿元，新改建1005公里；农村公路投资202亿元，完成自然村通水泥(沥青)路21861公里、农村公路提质改造14770公里。2018年湖南省公路通车总里程240060公里，形成由41条高速公路6725公里、20条普通国道8785公里、188条普通省道22401公里组成的总里程37910公里的国省干线公路网和202149公里的农村公路网，公路网密度113.34公里/百平方公里。全省等级公路223667公里，二级及以上公路23270公里，实现公路客运量10.81亿人，货运量23.11亿吨。2018年湖南省铁路发送旅客648.5万人，发送货物71.3万吨，接重车50.35万辆，旅客、货物周转量分别完成42.85亿人公里、41.49亿吨公里，营业收入15.49亿元。2018年，湖南省水运建设投资22亿元，新增内河千吨级以上航道里程256公里，有通航河流373条，洞庭湖和湘、资、沅、澧4条水系连通全省80%的县市区，通航总里程1.20万公里，居全国第三位。其中等级航道4219公里，占航道总里程的35.3%，千吨级及以上航道1111公里。有港口63个、港区207个，生产性泊位1107个，其中1000吨级及以上泊位107个，有运输船舶0.5万艘、430.8万载重吨、7.1万客位。2018年，湖南省完成水路客运量1729万人，货运量2.11亿吨，港口货物吞吐量2.43亿吨；集装箱吞吐量67.65万标箱。2018年，全省机场保障运输起降23.6万架次，旅客吞吐量3023.6万人次，货邮吞吐量15.8万吨。长沙机场高峰小时起降架次37架次，过夜运力55架次，新开长沙到伦敦、西哈努克港等4条国际客运航线，新增长沙至北美哈利法克斯、达卡、马尼拉3条全货机航线，形成覆盖全国、通达全球五大洲的航线网络。6个支线机场新增航线31条。机场集团营业收入突破20亿元，利润总额1.65亿元，人均营业收入增长11.8%，每万旅客能耗降低11.8%。

重庆市。2018年全市交通建设完成投资908.6亿元，同比增长9.3%。铁路固定资产完成投资275.1亿元；公路固定资产完成投资568.3亿元，其中高速公路279亿元，普通公路274亿元，水运固定资产完成投资35.1亿元，民航固定资产完成投资25.16亿元。截至2018年，全市运营民用机场3座，分别是江北国际机场、万州五桥机场、黔江武陵山机场。在建有武隆和巫山两个机场，万盛江南和永川大安2个通用机场，万州机场和黔江机场实施改扩建。累计渠化支流航道716公里，全市航道里程达4472公里(长江干线679公里)，四级以上高等级航道达 1400 公里，5000 吨级船舶可常年直达重庆主城。2018 年完成公路客运量 5. 2 亿人次，客运周转量 260. 4 亿人公里，货运量 10. 7 亿吨，货运周转量 1152. 8 亿吨公里。全市铁路旅客到发量 15461 万人。其中发送量 7707 万人，到达量 7754 万人。全市铁路客运平均运距 290 公里。2018 年全市铁路货物到发量 7623 万吨，其中发送量 1705 万吨，到达量 5917 万吨。全市铁路货物平均运距 1179 公里。2018 年全市民航完成飞机起降 31. 4 万架次，旅客吞吐量 4287. 5 万人次，货邮吞吐量 38. 4 万吨。

四川省。2018 年四川省公路交通建设完成投资 1590 亿元。全省高速公路建成总里程 7238 公里，国省干线公路新改建 2112 公里，实施养护工程 1713 公里。2018 年四川省道路运输客运量、旅客周转量、货运量、货物周转量分别完成 8. 1 亿人次、466 亿人公里、17. 3 亿吨、1815 亿吨公里，公路运输完成总周转量 1861. 6 亿吨公里，增长 7. 67%。2018 年中铁成都局运输收入 461. 26 亿元，超年度计划 24. 08 亿元，其中，客运收入 310. 01 亿元，增加 71 亿元；货运收入 151. 25 亿元，增加 4. 63 亿元。日均装车 5724 车，增加 137 车；日均卸空车 11954 车，增加 690 车。全年货物发送量 11256 万吨，增加 150. 21 吨。全省铁路发送旅客 1. 5 亿人次，增加 2483. 6 万人次，增长 19. 9%。其中，动车发送旅客 1. 02 亿人次，普车发送旅客 4768. 9 万人次。客运收入 148. 9 亿元、全省开行客车 316 对，其中动车开行 226 对，占比 71. 5%。2018 年全省水路运输客运量、旅客周转量、货运量、货物周转量、集装箱吞吐量分别为 1991 万人次、1. 91 亿人公里、6862 万吨、270 亿吨公里、97 万标箱。2018 年四川地区运输机场保障飞行 63. 35 万架次，其中运输飞行 42. 29 万架次，通航企业飞行 2. 97 万小时。

贵州省。2018 年贵州省全年共完成公路水路固定资产投资 1700 亿元，比上年增长 3%，其中公路 1687 亿元、水路 13 亿元，占全国公路水路总投资的 7. 4%。全年建成高速公路项目(路段)12 个共 617 公里，占全国高速公路新增通车里程的 1/10，全省高速公路通车里程达 6450 公里，建成和在建总里程达到 8532 公里。完成普通国省道改造 1100 公里，新改建农村公路 8172 公里。2018 年全省公路运输累计完成客运量 8. 4 亿人、旅客周转量 469. 2 亿人公里、货运量 9. 5 亿吨、货物周转量 1192 亿吨公里，其中货物周转量增速达 13%，位居全国前列。2018 年全年完成铁路旅客发送 6453. 4 万人，同比增加 994. 5 万人，其中动车完成旅客发送 3699. 1 万人，同比增加 1424. 6 万人，普车完成旅客发送 2754. 3 万人，完成客运收入 73. 4 亿元，同比增加 14. 5 亿元。2018 年贵州省共计开行客车 208 对，其中动车 155. 5 对、占比 75%，长途动车覆盖了全国北京、上海、广州、南京、南昌、济南、西安、香港、长沙、昆明、郑州、温州、厦门等方向19个省(市、区)。2018年贵州省建成通航11座民用运输机场，形成"一枢纽十支"布局，实现了民用运输机场9个市(州)全覆盖。据统计，按机场数量与国土面积占比计算，贵州省达到了每万平方公里约0.62座机场，高于全国，也高于西南地区各省(市、区)，是西南地区机场分布密度最高的省(市、区)。2018年全省机场累计完成旅客吞吐量2799.6万人次，同比增长14.4%；货邮吞吐量11.8万吨，增长10.2%；航班起降24.8万架次，增长6.5%。其中，贵阳机场累计完成旅客吞吐量2009.5万人次，货邮吞吐量11.2万吨和航班起降15.9万架次。2018年贵州省新增高等级航道73公里，全省高等级航道累计突破900公里。截至2018年年底，水路客运企业101家，全省客船拥有量为1636艘，总载客量为54654人。水路运输旅客客运总量为2211万人次，旅客周转量为67717万人公里。全省货船拥有量为421艘。水路运输货运总量为1669万吨，货物周转量为450692万吨公里。

云南省。2018年全省公路总里程达25.3万公里(高速公路5198公里，一、二级公路1.37万公里，农村公路20.6万公里)，当年高速公路新增通车里程176公里，国省干线新增133公里，新改建农村公路2.38万公里，完成公路安全生命防护工程2.58万公里。2018年云南省完成公路运输总周转量1516.19亿吨公里，公路客、货运输周转量在综合运输体系中的比重分别为45.25%和76.61%，完成客运量3.46亿人次、旅客周转量269.63亿人公里，完成货运量13.53亿吨，货物周转量1489.23亿吨公里。全年完成道路客货运场站等基础设施建设项目投资8.88亿元，乡镇通客车率达100%，建制村通客车率、通邮率分别达94.49%，99.55%。截至2018年年末，中国铁路昆明局集团公司管辖线路总延展长度6861.32公里(正线5325.064公里)。其中，国家铁路3534.2公里(米轨759.98公里)、合资铁路3253.02公里、地方铁路74.1公里。营业里程3906.07公里(复线铁路1412.83公里)，其中，国家铁路2106.63公里(米轨653.2公里)、合资铁路1743.54公里、地方铁路55.9公里。电气化铁路2859.14公里，其中国家铁路1287.95公里、合资铁路1571.19公里。高铁营业里程1039.06公里，占总里程的26.6%；电气化率73.20%，复线率36.17%。管辖车站224个，其中，国铁车站128个、合资及地方铁路车站96个。2018年中国铁路昆明局集团公司管辖客运营业站50个，图定旅客列车194.5对(高铁动车129对)，日均开行158对，增长112%。完成旅客发送5460.7万人，增长15.2%，其中，高铁发送2235.7万人，增长85.5%，占客发总量的40.9%，对客票收入贡献率达62%，首次实现旅客发送人数高铁超普铁、客运收入超货运收入。完成货物发送5872.08万吨，增长1%。2018年云南省水路交通建设完成投资10.52亿元，新增航道里程45公里，航道通航里程达4339公里，其中四级以上高等级航道达1374公里，新增千吨级泊位3个，重点航段通航保证率90%以上。全省水路运输累计完成客运量1342万人、货运量688万吨，客运周转量3亿人公里、货运周转量17.3亿吨公里，综合周转量达18.33亿吨公里。2018年年末，云南省内民航机场共15个，在建机场5个，是全国拥有机场数量较多、等级较高、航空资源富集、机场管理一体化的省份。全年云南机场集团公司累计保障飞机运输起降53.29万架次，旅客吞吐量6758.56万人次，货邮吞吐量47.5万吨。其中，昆明机场运输起降35.95万架次，旅客吞吐量4708.81万人次，货邮吞吐量42.83万吨，分别比上年同期增长3%、5.3%和2.3%。

第三章　长江经济带交通基础设施的结构演化

交通基础设施的构成与内部结构形态是交通系统运行的重要影响因素。由于交通基础设施的网络化特征，对于其内部结构的挖掘往往由于系统构成的复杂性和非规则几何特性难以深度表现交通基础设施的细部结构。伴随分形几何学和复杂性科学的诞生，对于空间要素自相似性、自仿射性和自组织性的挖掘成为可能，并成为表现空间要素内部结构特征的重要方法。

分形几何学(fractal geometry)诞生于20世纪70年代末期，是一门以非规则几何形态为研究对象的新型学科。Mandelbrot在*Science*上发表的文章*How Long Is the Coast of Britain? Statistical Self-Similarity and Fractional Dimension*中首次提出了分形理论，并在此基础上形成了研究分形性质及其应用的科学。由于在自然界中普遍存在不规则的对象或者现象，因此分形几何又被称为描述大自然的几何学。分形是具有自相似性(self-similarity)的一类形状，也就是说这类形态在不同的放大倍率来看是一样的。分形的原意是指不规则的、分数的、破碎的，然而对于什么是分形，目前还未能有统一的、确切的定义。目前较为受学者认可的定义主要有Mandelbrot在其著作*Fractals: Form, Chance and Dimension*中给出的定义，即：

定义1　如果一个集合在欧式空间中的Hausdorff维数严格大于其拓扑维数D_r则该集合为分形集，简称分形。一般情况下，D_r为非整数。

其后，他又给出了一个比较实用的定义，即：

定义2　组成部分以某种方式与整体相似的形，称之为分形。

第二个定义强调分形的自相似性，反映了自然界中广泛存在一类“事物”的基本属性，也就是说局部与整体在结构、形态、信息等方面存在相似性。但是Mandelbrot本人对这两个定义并不满意，因为这两个定义很难完全将分形的多种内涵涵盖进去。

大自然中存在众多分形几何现象，但这些几何现象并非严格遵循形态自相似特征，而是体现在多个方面，如行为、功能、信息、性质、构成，甚至时空等特征上(见图 3-1)。分形存在三大基本性质：

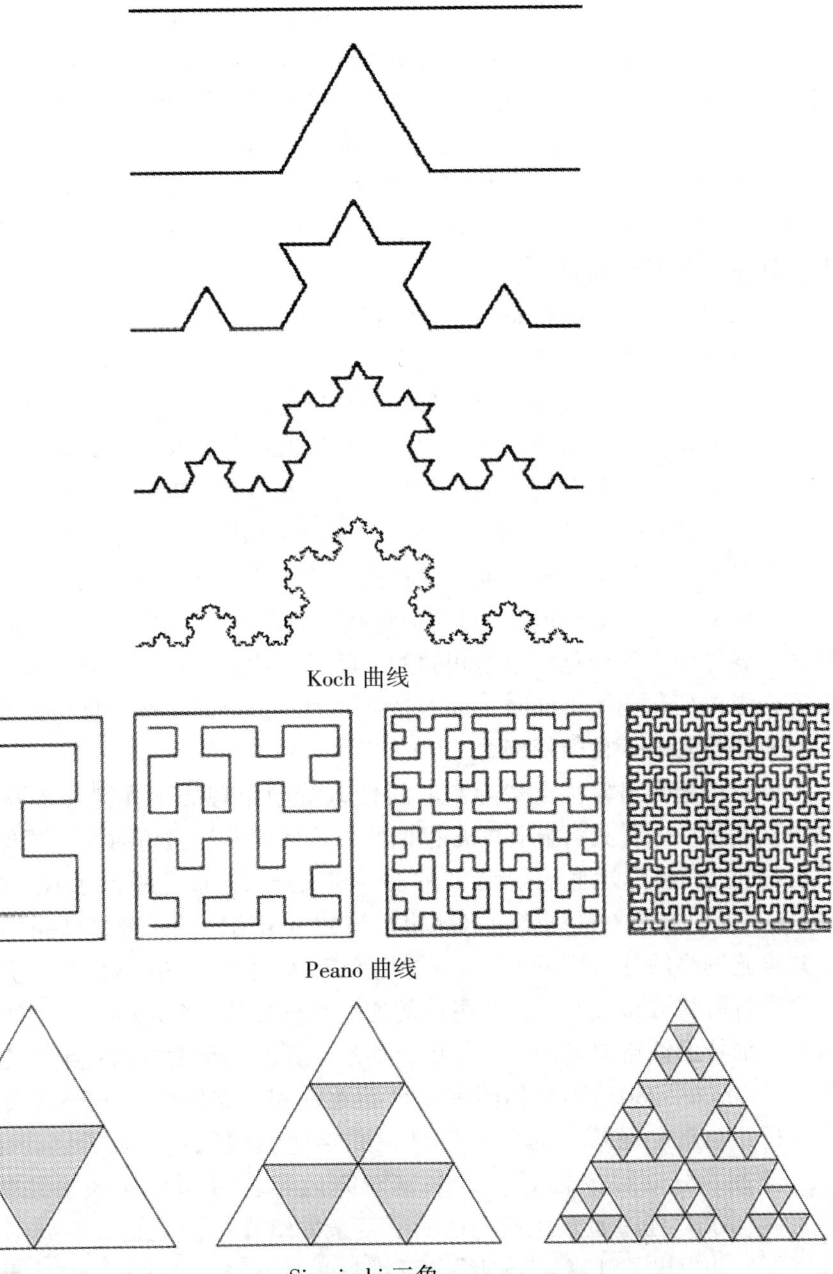

图 3-1　几种常见的分形几何图形

自相似性(self-similarity)。①精确自相似性(exact self-similarity)。即整体与局部进行放大后与整体的形状相同，并且这种相似是严格的、精确的自相似。如图3-1中的Sierpinski三角，无论部分如何放大，其与整体的形状都是完全一致的。②近似自相似性(approximate self-similarity)。也称作半自相似，这种自相似在大自然中更为常见。即当在不同尺度条件下观察一个对象的时候，其结构不是精确相似，而是近似相似。如大自然中的树枝、树叶表面的脉络等。但是近似自相似受尺度影响较大，超出尺度范围，自相似就不存在了。③统计自相似性(statistical self-similarity)。自相似并不是表现在其形态上，而是表现在某些统计特征上。

无标度性(scale invariance)。无标度性指的是分形对象上任意一个局部对其进行放大或者缩小，其形态、复杂程度、不规则特征均不变化的特性，又叫作伸缩对称性。无标度性与自相似性有相同之处，具有标度不变性的对象，必定满足自相似性。或者说，此类对象没有客观的特征尺度，也就是说空间中的长度、面积、体积和时间上的时分秒等难以对其进行度量。自相似性仅存在于具有标度不变形的一段区间范围内，若超出特定区间，其自相似性也就消失了，尤其是对于近似自相似或统计自相似的对象，其无标度区间是有限的。

自仿射性(self-affinity)。自仿射性是自相似性的拓展和延伸。如果局部到整体在各方向上的变化比率是相同的，就是自相似性变换。当局部与整体在不同方向上的变化比率不同时，即可将之称为自仿射性变换。自相似性变化本质上也就是自仿射变化的特例。

分形的研究对象是自然界和非线性系统中出现的不光滑和不规则的几何体，从其性质上看具有显著的自相似性、无标度性和自仿射性。国外学者很早就已经注意到了交通基础设施的分形形态，并对其进行了深入解构。如Thibault等(1987)对法国第三大城市里昂的城市道路网、郊区铁路网以及其他公共设施网络的分形形态进行了分析，结果发现道路等级线路数与分等级道路长度具有幂律分布关系，证明里昂的道路是分形的。Frankhouser(1990)则对德国斯图加特的铁路网络进行了分析，揭示了铁路网长度与回转半径之间的幂律关系。Kim等(2003)则对韩国首尔市的地铁和铁路网络分形形态及演化进行了分析，结果发现两者的分维值呈现逐年递增的趋势，且始终介于1.15与1.35之间。分形理论自诞生以来其研究内容长时间只局限于几何形态上。Song等(2005)通过重整化理论证明了复杂网络在结构上也具有分形和自相似的特征，并提出了计算复杂网络分形维数的盒覆盖法。这一研究成果将分形和自相似的概念从物体几何形态推广到网络结构中，大大拓展了其研究领域，成为网络复杂性研究的重要工具。如 Zhang 等(2012)使用盒覆盖法对美国人口排名前 50 的城市道路网进行了分析，结果发现道路网络具有典型的结构分形形态，结构分维值介于 2.94 与 4.9 之间。为了更好地表现不同尺度下道路网络的自相似性，Zhang 还对其进行了小世界性和无标度性分析，并认为道路网络具有自相似性，而且这一特征有利于改善系统中流的传输效率，并在混沌和秩序之间保持平衡。Lu 等(2016)同样是利用盒覆盖法对美国 95 个大城市路网分形维进行了判读，并对不同分形状态对于城市建设环境的影响进行了解读，结果发现分形维数越高，单位 CO_2 的排放也就越高，人口生活质量相比则更低。Pavón 等(2017)对科尔多瓦城市公交网络的分形形态进行了分析，结果发现该城市公交网络的分形维数在 1.5 左右，标度区间在 200 米与 500 米之间，尚未达到高密度交通网络的分维值 1.7。但作者同时认为，分维值为 1.5 实际上更适合科尔多瓦的城市公交网络。在这一分形形态下，乘客从郊区至城市中心是最便捷的。但从研究现状来看，早期学者对交通网络分形特征的研究相对较多，但从近期文献来看，学者多从交通网络的复杂性出发，与复杂网络等理论相结合进行研究。

国内关于分形交通的研究起步较晚，但成果斐然。从研究对象来看，涵盖了城市道路网络、区域公路网络、轨道交通网络、铁路网络、航空网络等。如刘妙龙等(2004)利用长度-半径分形维数对上海市城市道路的分形特征及演化进行了分析，他认为城市道路长度-半径维数在 1.7 可能是判定网络形态与结构、功能完善度的一个较为合宜的测度指标。冯永玖等(2008)利用网络半径维数、分枝维数对广东省公路交通网络分形特征进行了研究，结果发现广东省公路网络分形维数呈现显著的以珠三角为中心的距离衰减态势。孙壮志(2007)分别使用容量维数、覆盖维数、阻抗维数、分枝维数对北京、墨西哥、莫斯科三城市轨道交通网络的分形特征进行了研究，并认为该方法能够较好地刻画不同形态类型交通网络的主要形态特征。赵伟等(2006)通过两种不同的网络构建方式对中国铁路客运网的路网性质进行了研究，结果发现中国铁路客运网的节点分布基本上服从无标度幂律分布。从研究尺度来看，尺度跨度较大，从全国到省、城市群、城市圈、市、县等均有学者涉及。从研究方法上看，早期学者多直接套用国外相对成熟的计盒维数、容量维数、关联维数等。部分学者对相关维数算法进行了改进，还有学者创造性地构建了分枝维数、相似维数等。部分学者对于分形维数的不确定性给予了分析，并提出了控制方法。在研究视角上除了传统的对于交通网络结构形态的识别之外，部分学者开始利用分形与复杂网络理论相结合的方法来研究交通网络形态特征、交通网络分形形态与其他相关因素的协同关系等。

有鉴于此，本书分别提取2014年12月和2019年12月OpenStreetMap的矢量交通数据，运用分形理论和方法，分别构建加权长度-半径维数、加权网格维数、加权关联维数和分枝维数，从交通网络饱和形态（着重展现交通基础设施空间展布状态，表现网络密度空间布局）、覆盖形态（着重展现交通基础设施覆盖状态，表现网络的空间填充程度）、扩展形态（着重展现交通基础设施的空间散发状况，表现其空间扩展和渗滤程度）出发，对长江经济带交通基础设施的空间结构与形态演进进行深入分析。

第一节　长江经济带交通基础设施的饱和度演化

一、研究方法

（一）网络饱和度测度

假定在面积为 S 的区域内，如果其内的交通网络存在分形性质，那么交通线路的长度 $L(S)$ 与面积 S 存在如式（3-1）所示的关系：

$$L(S)^{1/D} \propto S^{1/2} \tag{3-1}$$

若选定区域内某特定中心点（一般为行政中心或交通枢纽），并以此点为圆心作回转半径 r，则这一区域形状为圆形，式（3-1）可以简化为：

$$L(r) = L_I r^{D_L} \tag{3-2}$$

式（3-2）中，r 为回转半径，$L(r)$ 为回转半径范围内交通线路总长度；L_1 为常系数；D_L 为分维。由于其根据区域范围内交通网络总长度和回转半径进行定义，故称之为长度-半径维数。

考虑到不同类型交通线路对整个交通网络的贡献和实际服务能力不同，因此按照其等级对不同类型的交通线路进行赋权，并构建加权长度-半径维数。假设在特定面积区域 S 中存在长度为 $L_{0(S)}$，$L_{1(S)}$，$L_{2(S)}$，$L_{3(S)}$，…，$L_{n(S)}$ 的 n 条交通线路，且 n 条道路的权重各不相同，利用熵值法对 m 等级道路进行赋权，权重依次为 $W_{0(S)}$，$W_{1(S)}$，$W_{2(S)}$，$W_{3(S)}$，…，$W_{m(S)}$，那么在区域内道路总长度可满足以下公式：

$$L_W(S) = \sum_{n=1}^{n} L_n(S) \times L_m(S) \tag{3-3}$$

当圆形区域 S 的半径为 r 时，则式（3-2）可转换为

$$L_{w(r)} = L_I r^{D_{WL}} \quad (3\text{-}4)$$

式(3-4)中，r 为回转半径，$L_{W(r)}$ 为回转半径范围内交通加权网络总长度；L_1 为常系数；D_{WL}为加权分维数。

为了更好地说明 D_{WL}的意义，对公式(3-4)两边求导可得到道路交通网络分布密度的空间衰减公式：

$$\rho(r) \propto r^{D_{WL}} - d \quad (3\text{-}5)$$

式(3-5)中，$d=2$ 为欧氏维数。D_{WL}值的大小反映了交通网络密度由假定中心向周边的变化情况，即交通网络饱和度变化。$D_{WL}<2$ 时，交通网络密度与复杂度从假定中心向周边递减，此时交通网络尚未饱和；当 $D_{WL}=2$ 时，交通网络密度与复杂度从假定中心向周边均匀变化，交通网络基本饱和；当 $D_{WL}>2$ 时，交通网络密度与复杂度从假定中心向周边递增。显然，若测算中心为交通枢纽或行政中心，这种维数是不正常的。

(二)分维值测算步骤

(1)测算中心点选取。由于长江经济带交通基础设施布局具有显著的空间不均衡性，为了避免主观选点对于测算结果的影响，选取长江经济带几何中心作为回转半径测算中心，其位置位于重庆市酉阳土家族苗族自治县，毗邻湖南省湘西州和贵州省铜仁市。

(2)回转半径选取。根据长江经济带面积大小并考虑到测算结果的精确性，在此选择 50 公里作为回转半径大小间隔。运用 ArcGIS10. 6 工具，以长江经济带的几何中心作为测算中心点，分别以 50 公里间隔作缓冲区分析，直至覆盖整个区域。之后分别统计不同回转半径内不同等级类型道路长度，并按照权重统计其加权长度。

(3)道路长度(加权)计算。为了避免主观赋权造成的不确定性，在此选择熵值法作为不同等级类型道路赋权的主要方法。具体方法如下：

假设在对不同等级交通线路进行评价时，存在着 m 个评价对象，n 个评价指标，指标项的具体值为 R_{ij}(其中，$i=1, 2, 3, \cdots, m$；$j=1, 2, 3, \cdots, n$)。在此基础上考虑到数据量纲影响，需要对指标数据进行无量纲处理，有鉴于本书中道路等级越高，效用越大，服务能力越强，因此使用正向指标处理方法：

$$R'_{ij} = \frac{R_j - R_{\min}}{R_{\max} - R_{\min}} \quad (3\text{-}6)$$

式中，R'_{ij}为标准化之后的指标值，R_j 为第 j 个指标的具体数值，$R_{\max}$为第 j 项指标的最大值，$R_{\min}$为第 j 项指标的最小值。

在对指标项进行无量纲处理后，需要对其指标值权重进行计算，公式为：

$$P_{ij} = \frac{R_{ij}}{\sum_{n}^{m} R_{ij}} (0 \leqslant P_{ij} \leqslant 1) \tag{3-7}$$

式中 P_{ij}为第 j 个对象第 i 个指标的权重值。R_{ij}为标准化之后的指标值。

之后对第 j 项指标的熵值 e_j 进行计算，公式为：

$$\mathrm{e}_j = - k \sum_{i=1}^{n} P_{ij} \ln(P_{ij}) \tag{3-8}$$

其中，$k = 1/\ln(n)$，$\mathrm{e}_j \geqslant 0$。

在计算第 j 项指标熵值的基础上，对其信息效用值 d_j 进行计算，它取决于该指标的信息熵 e_j 与 1 的差值，并对权重大小具有直接影响，计算公式为：

$$d_j = 1 - \mathrm{e}_j \tag{3-9}$$

最后对信息效用值进行归一化，计算第 j 项指标的权重，公式为：

$$w_j = \frac{d_j}{\sum_{j=1}^{m} d_j} \tag{3-10}$$

长江经济带围绕几何中心的交通基础设施分布与缓冲区叠加图见图 3-2。

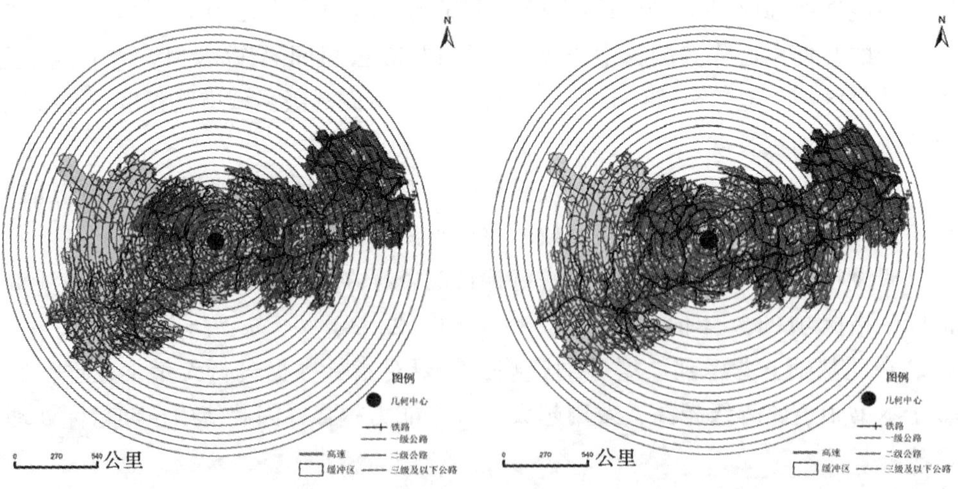

图 3-2　2014 年和 2019 年长江经济带围绕几何中心的交通基础设施分布与缓冲区叠加图

(三)长江经济带交通基础设施的饱和度评价

首先对长江经济带交通基础设施进行分类，由于高速公路和铁路是2个相对独立运行的路网系统，因此将2019年长江经济带交通基础设施划分为高速公路、普通公路(一级公路、二级公路、三级及以下等级公路)、完整公路(高速公路、普通公路)和铁路。根据所划分的道路类型，分别统计不同缓冲区间内不同类型道路长度，并根据回转半径大小对道路长度与回转半径进行拟合，得到以下结论。

1. 交通基础设施的整体充填能力较强，具有较强的空间伺服能力

从长江经济带不同类型交通基础设施的空间分形形态来看，D_{WL}均大于1.6，根据分维数分布的判定标准，当$D_{WL}<2$时，交通网络密度与复杂度从假定中心向周边递减，此时交通网络尚未饱和；当$D_{WL}=2$时，交通网络密度与复杂度从假定中心向周边均匀变化，交通网络基本饱和；当$D_{WL}>2$时，交通网络密度与复杂度从假定中心向周边递增，也就意味着以长江经济带几何中心为分维测算中心时，交通线路密度分布呈现出沿几何中心缓慢下降的趋势，围绕几何中心的交通线路密度分布差异的平均变化速率并不剧烈。长江经济带几何中心位于重庆市酉阳土家族苗族自治县，毗邻湖南省湘西州和贵州省铜仁市，属于典型的武陵山区，而以几何中心为核心的交通线路分布区间平均差异变化并不剧烈，也就意味着与其他地区相比，交通基础设施在该区域的空间布局是相对充裕的，长江经济带交通基础设施的整体充填能力相对较高，交通基础设施布局的广度相对较大，具备较强的空间伺服能力。

2. 分类型交通基础设施线路的空间充填能力存在差异，铁路布局呈现出明显的政府主导建设倾向

从不同类型交通基础设施的饱和分维数差异来看(见图3-3)，不同类型交通基础设施的空间分形形态存在显著差异。根据不同类型交通基础设施的饱和分维数可以看出(高速公路为1.7283，普通公路为1.6896，完整公路为1.6721，铁路为2.0511)，普通公路围绕几何中心的变化速率最快，铁路变化速率最慢。铁路和高速公路的饱和分维数最接近2，意味着两者围绕几何中心在空间上的布局变化速度较慢，不同缓冲区间的铁路和高速公路密度分布变化差异较小，也就意味着铁路和高速公路在空间上的布局较为均匀，地区间的差异最小。而反观完整公路，其分维数最小，意味着完整公路围绕几何中心在不同缓冲区间内的变化速度显著快于铁路和高速公路，其布局的空间均衡性最低。普通公路网饱和分维数则介于高速公路和完整公路之间。

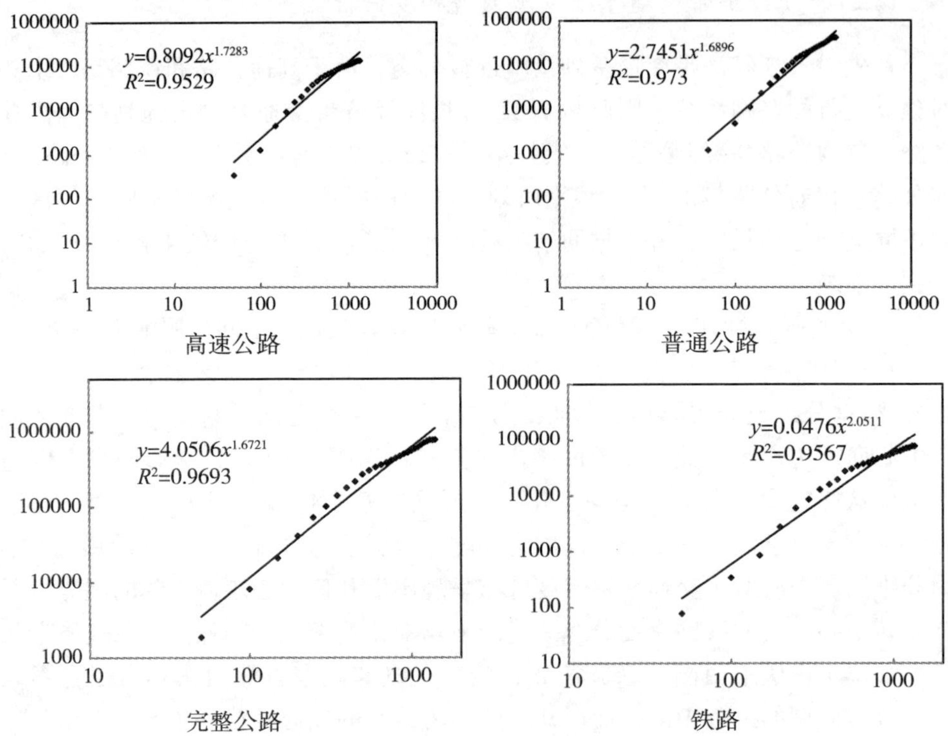

图 3-3　长江经济带不同类型交通基础设施的饱和分维数差异(2019)

这一现象说明，铁路作为国家大规模基础设施投资项目，受国家政策导向的影响最为显著，铁路往往担负着平衡地区发展差异，加快落后地区发展的重要任务，其建设主要由中央政府统筹规划和管理，地区在铁路建设上的主导作用并不显著，因此形成铁路在空间上布局较为均衡的现象。高速公路建设虽受地方政府影响显著，但由于高速公路的投资大，对于地方经济的带动作用强，地方政府对于高速公路具有较强的建设冲动，进一步促进了高速公路的空间均衡性。而完整公路受地方发展水平和财力的影响最为显著，因此完整公路在空间上的变化速度最快，地区差异相对也最为显著。

3. 交通线路空间分形非严格自组织形态，部分地区的局部自相似特征明显

根据 L. Benguigui 的研究，当分维幂函数拟合度超过 0. 996 才被认为具备严格意义的分形形态。如果按照这一标准对长江经济带交通基础设施的分形状况进行判断，那么可以看出长江经济带各类型交通基础设施的幂函数拟合相关

系数均未超过 0. 99，其并非严格的自组织发育。但同时可以看出，长江经济带交通基础设施虽然不是严格自组织发育，但存在一定的无标度区间，也就是说在这一区间内拟合程度最高，交通基础设施的分形自相似性最为显著，区间之外则受他组织发育影响较大。从不同类型交通基础设施无标度域分布可以看出，铁路在无标度域距离几何中心最远，长度达到 450 公里，普通公路无标度域距离几何中心最近，仅有 250 公里，也就意味着铁路在 450 公里以外其自相似性才达到最高，而普通公路这一距离区间则大大缩小。结合几何中心的地理区位可以看出，尽管长江经济带几何中心位于西部武陵山区，普通公路在距离几何中心 250 公里即进入无标度区间，说明普通公路受自组织影响效应最为明显，而铁路则仍主要以他组织为主，普通公路的布局灵活度显著高于铁路，是城乡居民出行最主要的交通载体。

4. 交通基础设施的空间布局非匀速变化，存在若干集聚分布空间，形成多重分形格局

长江经济带交通基础设施虽然具有较高的充填能力和空间伺服能力，但随着与几何中心距离的变化，呈现出较为明显的区间差异。从饱和分维拟合来看（见图 3-4），不同类型交通基础设施在不同缓冲距离区间的密度变化速率存在显著差异，表现在拟合曲线上即为拟合曲线最优拟合区间呈现出分段分布的多重分形格局，说明交通基础设施的密度分布存在着明显的区域差异，在若干缓冲区间形成集聚分布空间。为了进一步表现长江经济带交通基础设施的区间差异，以长江经济带 2019 年的完整公路为例，对其密度分布进行分区间拟合。通过观察长江经济带完整公路的饱和分维数分布可以看出，在 0～500 公里区间其拟合优度最高，R^2 值达到 0. 9983，明显超过 0. 996 的分形阈值，具有最为显著的分形形态。此时，分维值为 2. 1894，也就说明，此时公路交通基础设施密度分布呈现出围绕几何中心向外围递增的态势。在 550～1000 公里缓冲区间内，R^2 值达到 0. 9993，分维值则大幅度减少至 0. 9989，公路交通基础设施密度变化速率呈现出围绕几何中心递减的趋势，也就意味着在这一区间范围内，公路交通基础设施分布强度要大大强于 0～500 公里区间。至 1050～1250 公里区间内，R^2 值达到 0. 997，分维值则出现一定程度的增大，增大至 1. 455，即公路交通基础设施密度分布的变化速率出现下降。1300～1400 公里区间内，R^2 值显著滑落至 0. 7675，基本不具备分形特征，分维值则显著下降至 0. 0571。

从不同距离缓冲区间的拟合优度和分维值可以看出，不同距离区间公路交通基础设施的密度分布变化呈现出极为显著的差异。以几何中心为核心的 0～

500 公里范围内，公路交通基础设施的密度分布变化速率呈现出缓慢递增的趋势，也就意味着距离几何中心越远，交通基础设施的密度分布相对越大。从缓冲区的距离区间的地理空间展布来看，0～500 公里范围内已将重庆、成都、宜昌、十堰、荆州、常德、益阳、怀化等城市纳入，以几何中心为核心的外围城市公路交通基础设施的密度分布强度要明显高于几何中心的邻近区域。550～1000 公里与 0～500 公里的距离区间相比，分维值明显增大，意味着公路交通基础设施密度变化速率开始放缓，550～1000 公里范围内公路交通基础设施的分布相比 0～500 公里更为均匀。观察 550～1000 公里范围内的地理空间的覆盖区域可以看出，这一区间范围内东部地区主要覆盖江汉平原、长江下游平原和云贵高原的一部分，相比之下其地形变化更显平缓，交通基础设施布局也更加均衡。

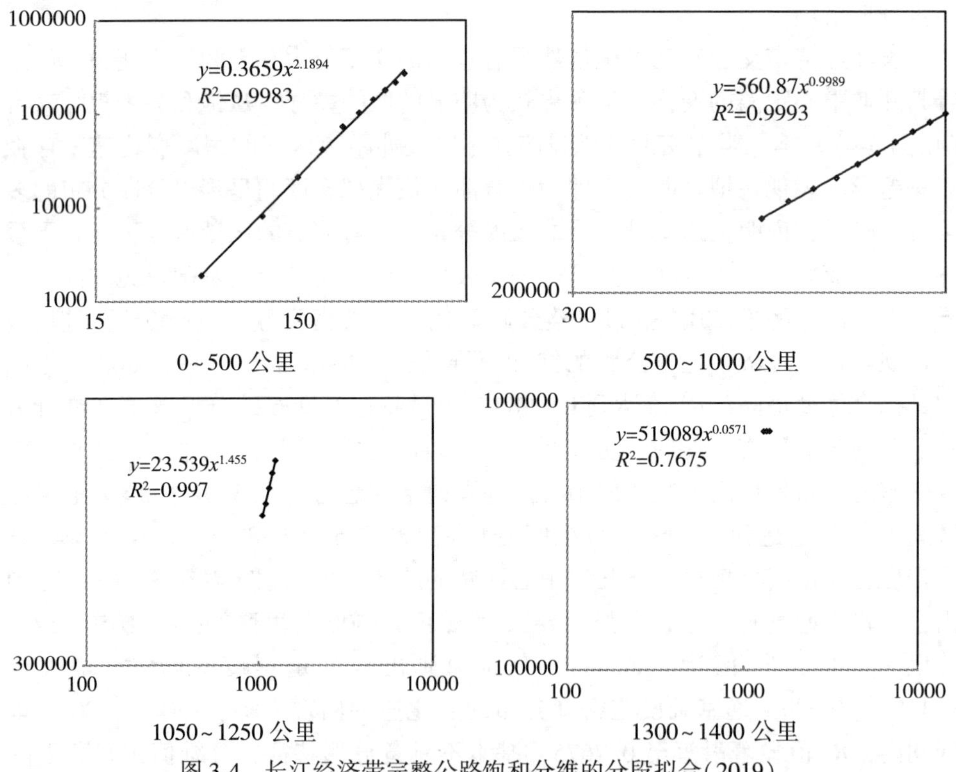

图 3-4　长江经济带完整公路饱和分维的分段拟合(2019)

(四)长江经济带交通基础设施的饱和度演化

为了更好地表现长江经济带交通基础设施饱和度的演化，分别按照相同方法对2014年不同类型交通基础设施进行相同的饱和分维测度(见图3-5)，并与2019年分维结果进行对比，从而揭示5年间长江经济带交通基础设施空间展布形态与空间密度分布的演化差异(见表3-1)。

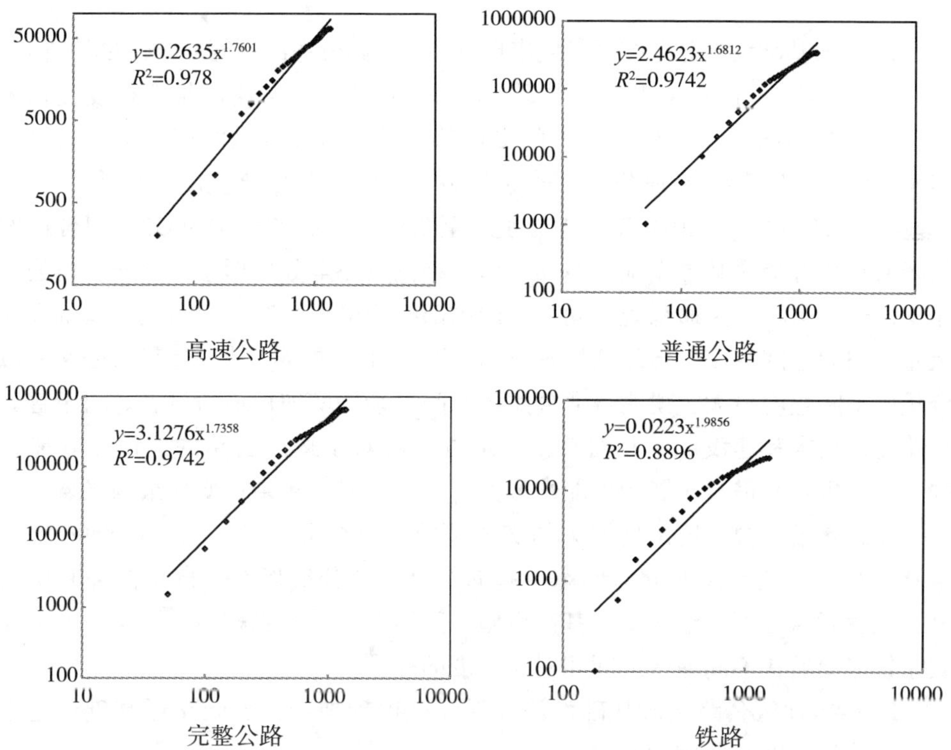

图3-5 长江经济带不同类型交通基础设施的饱和分维数差异(2014)

表3-1 长江经济带2个年份不同类型交通基础设施的饱和分维数和拟合优度

年份	类型	分维值	R^2
2014	高速公路	1. 7601	0. 978
	普通公路	1. 6812	0. 9742
	完整公路	1. 7358	0. 9742
	铁路	1. 9856	0. 8896

续表

年份	类型	分维值	R^2
2019	高速公路	1. 7283	0. 9529
	普通公路	1. 6896	0. 973
	完整公路	1. 6721	0. 9693
	铁路	2. 0511	0. 9567

1. 交通基础设施分形拟合优度出现下降，线路分布的空间复杂性更趋增加

从长江经济带 2019 年不同类型交通基础设施饱和分维的拟合优度变化来看，与 2014 年相比，除铁路以外的交通基础设施饱和分维的拟合优度均呈现明显降低。2014 年，高速公路、普通公路、完整公路拟合优度分别为 0. 978、0. 9742、0. 9742，到 2019 年，则分别降至 0. 9529、0. 973、0. 9693，拟合优度的降低意味着交通基础设施的空间分形更趋偏离完全分形形态，交通线路的自相似性有所下降，交通系统空间分布的内部结构更加复杂，说明交通基础设施展布的空间范围更广，与复杂地理空间的匹配程度更高。特别是普通公路的拟合优度下降幅度最大，说明普通公路的空间复杂性增加得最为显著。由于普通公路建设要求和建设成本相对较低，地方政府对于普通公路的建设主导能力强，在地理空间进行扩展的可能性最大，进而造成其复杂性变化最为显著。

铁路是唯一拟合度出现增大的交通基础设施类型，拟合度由 0. 8896 增大至 0. 9567，说明铁路的分形形态更趋向符合完全分形形态，自相似性有所提升，也就意味着不同地区交通基础设施空间形态开始更趋相同，一定程度上反映了铁路交通在不同地区之间相对均衡度的提升。

2. 少数地区公路交通基础设施布局强度得到加强，若干交通基础设施集中区的建设强度有所增大

从长江经济带不同类型交通基础设施的饱和分维值变化情况来看，分维值除铁路外，同样呈现出明显下降。分维值大小是反映交通基础设施围绕几何中心密度变化速率的主要指标，2014 年不同类型交通基础设施的分维值均小于 2，但均大于 1. 6，意味着不同类型交通基础设施密度分布速率均呈现围绕几何中心缓慢下降的趋势。但至 2019 年，公路交通基础设施的分维值出现了明显下降，也就意味着公路交通基础设施的密度分布速率围绕几何中心的下降速度明显加快，不同距离区间公路交通基础设施的密度分布差异显著加大。公路受地方政府发展水平和财政能力的影响显著，意味着发展水平较高的地区对于

公路的投资建设力度要显著大于发展水平差的地区，使得公路交通基础设施建设的区域差距进一步拉大。

3. 铁路交通基础设施布局的空间均衡程度得到增强，东西分布不平衡现象有所缓解

从铁路交通基础设施分维值和拟合优度的变化来看，其与公路交通基础设施恰好呈现出反向的变化特征，分维值和拟合优度均有所增加，分维值由 1.9856 增加至 2.0511，拟合优度则由 0.8896 增加至 0.9567，也就意味着一方面铁路围绕几何中心的密度变化速率呈现出由缓慢递减向缓慢递增转变，另一方面，不同地区铁路基础设施布局形态的空间自相似性更趋增强。由于长江经济带几何中心位于西部武陵山区，密度变化速率由递减向递增的转变，也就说明铁路交通基础设施在西部的布局强度显著增大，与东部的差距有所缩小，而且不同距离区间铁路线路的空间形态也更趋优化。这一现象表明，国家对于铁路在促进西部地区开放开发中的作用的重视程度不断提升，铁路基础设施布局强度的东西部差异在 2014—2019 年有所缓解，地区不平衡现象开始减弱。

第二节　长江经济带交通基础设施的覆盖度演化

一、基础设施覆盖度测度

当以边长为 r 的方格蒙于确定的交通网络上，假设线路通过的网格数为 $N(r)$，那么很显然当 r 发生变化时，格网所能够覆盖的路线也会相应发生变化，根据分形几何学的相关定义，码尺长度 r 和与之相对应的格子数 $N(r)$ 具有如下关系：

$$N(r) \propto r^{-D} \tag{3-11}$$

使用$[r, N(r)]$曲线的变化率对分维进行定义，那么式(3-11)可变化为相似维数的公式：

$$D(r) = (-\ln N(r))/\ln(r) \tag{3-12}$$

为了更方便地表现区域交通网络的覆盖程度，对相似维数进行变化，使用差分替代微分，则有：

$$D(r) = -\frac{\ln[N(r_i)/N(r_{i-1})]}{\ln(r/r_{i-1})} \tag{3-13}$$

式(3-13)中：r_i 为第 i 次细分网络后的网格边长；$N(r_{i-1})$ 为第 i 次细分网络后有线路通过的网格数；r_{i-1} 为第 $i-1$ 次细分网络后的网格边长；$N(r_{i-1})$ 为

第 $i-1$ 次细分网络后有路线通过的网格数；$D(r)$ 为分维数。

在此同样考虑到线路及节点的等级差异，引入线路和节点等级权重，构建加权网格维数。将边长为 r 的网格内线路分为 i 等，即 $L_{0(r)}$，$L_{1(r)}$，…，$L_{x(r)}$，为每个网格内不同等级线路(赋权重 $W_{0(r)}$，$W_{1(r)}$，…，$W_{y(r)}$，则式(3-11)可转换为

$$N_w(r) = \sum_{x=1}^{x} L_x(r) \times W_y(r) \propto r^{-D_{wr}} \tag{3-14}$$

此处 D_{wr} 即为加权覆盖维数，用公式可表示为，

$$D_{wr} = \frac{-\ln N_w(r)}{\ln(r)} \tag{3-15}$$

有线网格维数通过交通线路经过的网格数来反映交通网络对于区域的充填能力，分维数越大则线路通过的网格数越多，即 $D(r)$ 越大，交通基础设施对于区域的覆盖能力也就越好，其反映了交通基础设施均匀性的量化程度，在同样的网络密度情况下，路线分布越均匀，交通网络覆盖度指标值越大。从理论上讲，网格维数值在 0 与 2 之间，它反映区域交通线路分布的均衡性。当 $D=0$ 时，表明所有的要素在空间中集聚在一点，这种情况在现实中一般不会出现。当 $D=2$ 时，表明区域交通基础设施均匀分布，标准的中心地模型即属于这种情况。正常情况下，$1<D<2$，D 越大表明各交通基础设施在空间上的分布越均衡，反之则越集中；当 $D=1$ 时，表明各线路均匀地集中到一条线上。除了覆盖度以外，还常用覆盖深度 r' 来描述网络覆盖形态。覆盖深度是相对 $D(r)=1.585$ 的临界值 r 的大小。

二、分维测算步骤

(1)网格化交通网络。为了更精细表达交通网络的覆盖形态，运用 ArcGIS10.6 将长江经济带按照 3 公里码尺长度间隔进行划分。之后不断调整码尺长度大小，按照 3 公里码尺长度不断进行拓展，形成 30 个涵盖全部空间的交通网络的格网(见图 3-6)。

(2)交通网络线路长度提取。利用 ArcGIS10.6 将网格属性标入不同类型交通线路，之后按照分类型交通线路与分大小格网进行交通网络线路长度的提取。

(3)网格维数计算。根据已提取不同类型的交通线路长度，利用式(3-11)至式(3-15)构建 $r \sim N(r)$ 的空间映射，之后利用幂函数拟合获取不同类型交通线路的网格维数。

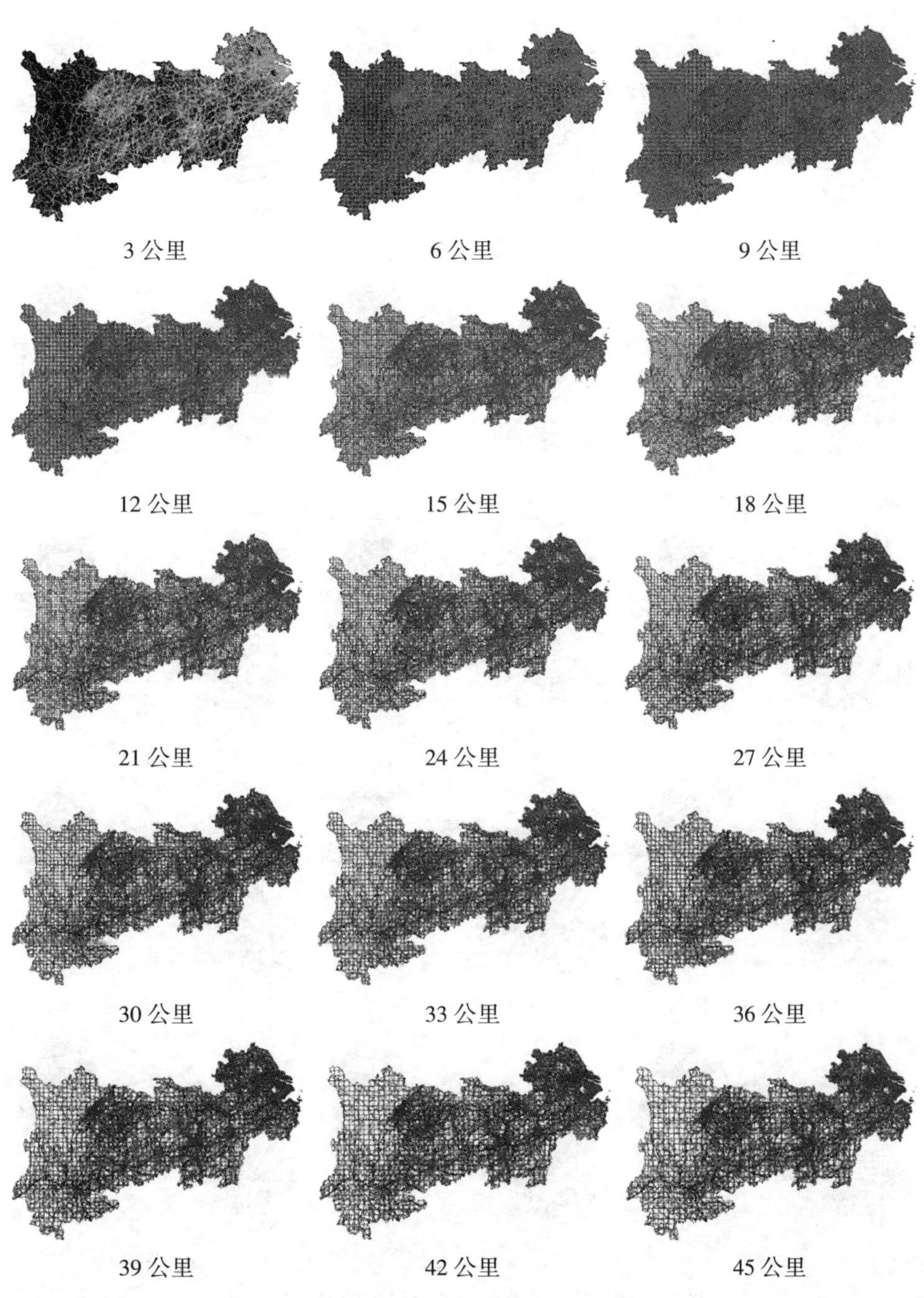
3公里
6公里
9公里
12公里
15公里
18公里
21公里
24公里
27公里
30公里
33公里
36公里
39公里
42公里
45公里

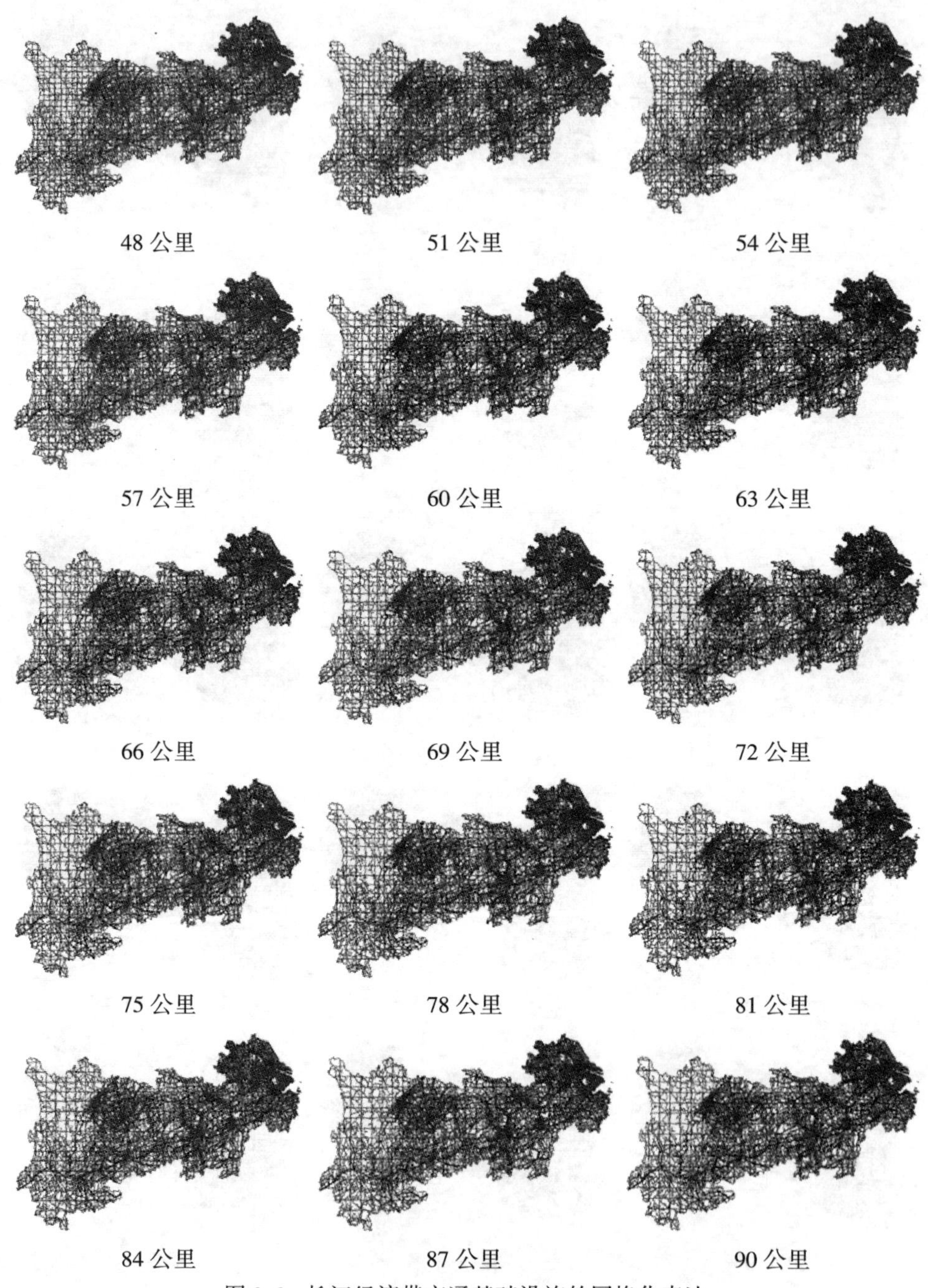

图 3-6　长江经济带交通基础设施的网格化表达

三、长江经济带交通基础设施的覆盖度评价

1. 长江经济带交通基础设施具备较为显著的分形形态，具有明显的空间自相似性

根据覆盖分维的拟合效果来看，不同类型交通基础设施饱和分维的拟合优度均在 0.99 以上，呈现出高度拟合的状态，说明不同类型交通基础设施均存在较为显著的空间分形特征，具备较强的空间自相似性，即不同类型交通基础设施的结构形态均存在着局部到整体相似的空间分布特征。而且从覆盖分维的拟合曲线与拟合点分布来看(见图 3-7 和图 3-8)，不同类型交通基础设施的拟合曲线与拟合点分布均保持较为稳定的状态，呈现出由左上向右下较为平滑稳定的分布形态，其间基本无较大的波动，说明交通基础设施在不同码尺尺度下的空间分布形态具有高度的相似性。

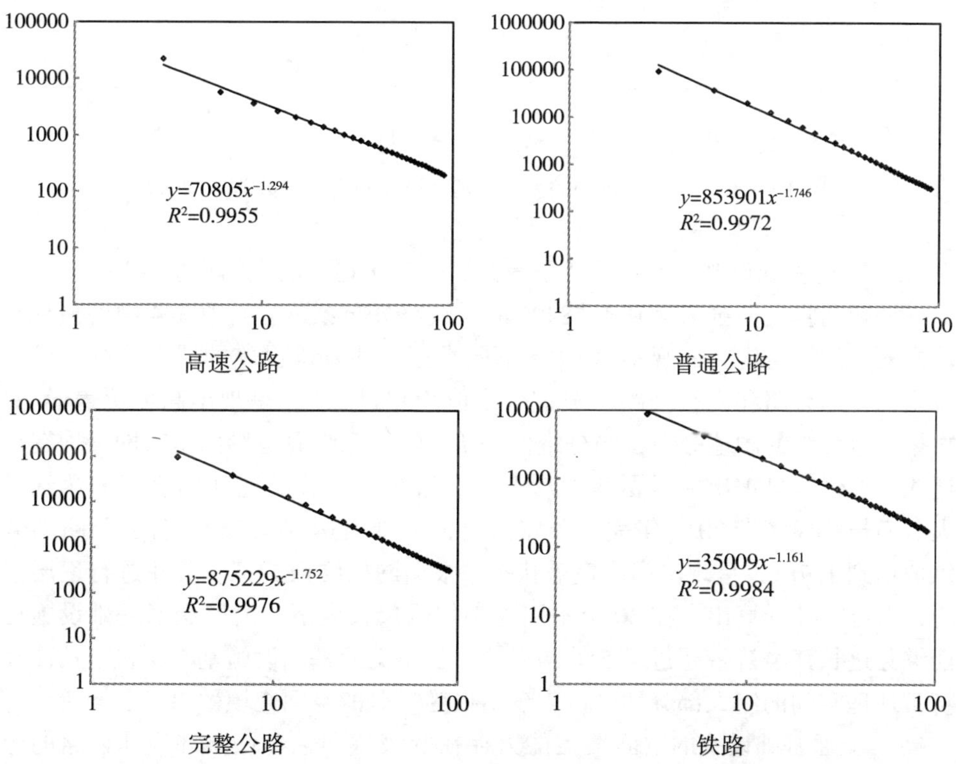

图 3-7　长江经济带不同类型交通基础设施的饱和维数差异(2014)

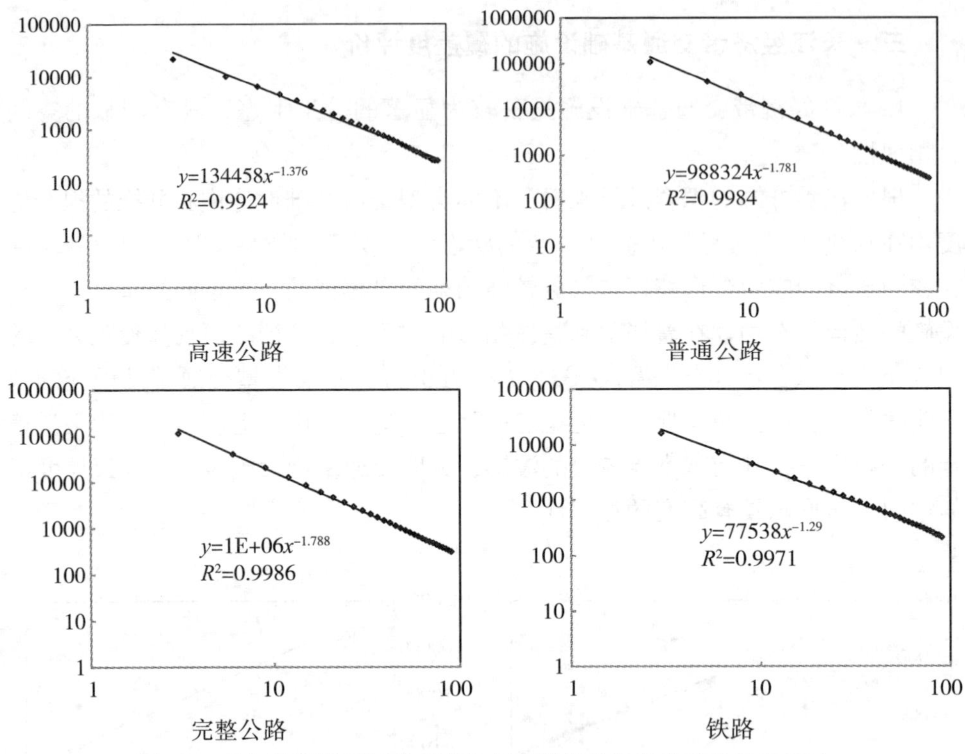

图 3-8　长江经济带不同类型交通基础设施的饱和维数差异(2019)

2. 交通基础设施的空间覆盖度较高，呈现出显著的空间充填效果

一般而言，分维值达到 1. 58496 时，线路分布穿过空间中 3/4 网格，具有较高的空间覆盖度，而观察 2019 年不同类型交通基础设施的覆盖分维数可以看出，普通公路和完整公路的覆盖分维值均超过 1. 7，呈现出高度覆盖形态。根据覆盖分维的阈值分布，当分维值等于 2 时，意味着范围内所有网格均有交通线路通过，呈现出完全覆盖的形态，交通基础设施的空间伺服能力达到最大。而长江经济带 2019 年完整公路的覆盖分维值达到 1. 788，普通公路的分维值达到 1. 781，呈现出高度覆盖状态。根据网格维数的拟合分布进行逐层拟合，可以大体计算出，在 30 个不同大小的码尺长度下，公路交通基础设施均能够穿过长江经济带超过 4/5 的网格数，公路交通基础设施基本覆盖了长江经济带地理空间的绝大部分地区，表现出极为显著的空间充填效果。

3. 交通基础设施的空间覆盖能力存在等级差异性，铁路和高速公路的分维值显著低于普通公路

从不同类型交通基础设施的覆盖维数分异来看，覆盖维数表现出完整公

路>普通公路>高速公路>铁路的基本变化形式，意味着交通基础设施的空间覆盖能力存在着明显的等级差异。2019 年铁路覆盖维数为 1.29，远未达到 1.58496 的分形阈值，反而与 1 的阈值更为接近，也就意味着铁路在空间上的展布形态更倾向于线状分布，地理空间中存在大量的空间缝隙与空洞，呈现出较为明显的空间独立性，其空间充填能力最弱。高速公路覆盖维数为 1.376，虽高于铁路，但与 1.5896 的分形阈值也存在显著差距，然而其空间形态已表现出一定程度的面状展布趋势，其空间填充效果要明显强于铁路。而普通公路和完整公路的覆盖维数分别达到 1.788 和 1.781，它们的空间充填能力显著，展布范围较广。事实上，铁路和高速公路作为高等级的交通基础设施，投资大、政策导向性强、建设周期长，其布局建设的灵活性大大受限，而公路交通作为人民群众出行的主要交通方式，承载了绝大部分居民的出行要求，而且由于公路交通布局的相对灵活性，成为空间展布范围最大、地理充填能力最强的交通基础设施类型。

四、长江经济带交通基础设施的覆盖度演化

1. 不同类型交通基础设施的覆盖度均显著增大，且等级越高进步幅度越显著

从 2014 年和 2019 年两个年份长江经济带不同类型交通基础设施覆盖维数的演化来看(见表 3-2)，其分维数均出现不同程度的增大，高速公路分维值从 1.294 增大至 1.376，普通公路从 1.746 增大至 1.781，完整公路从 1.752 增大至 1.788，铁路则从 1.161 增大至 1.29。也就意味着长江经济带在 2014—2019 年，各类型交通基础设施建设均取得显著进步，而且从不同类型交通基础设施的进步幅度来看，高速公路分维值提升 6.34%，铁路分维值提升 11.11%，均出现大幅度提升，显著高于普通公路的 2%与完整公路的 2.1%，高等级交通基础设施空间覆盖度的进步程度明显高于低层级交通基础设施，也就意味着近 5 年来，长江经济带高等级交通基础设施的建设力度要显著大于普通公路交通。特别是铁路交通的分维值由邻近 1，即显著倾向于线状展布到开始逐渐偏向 1.58496 的分维临界值，表明铁路网络化扩展的趋势极为明显。事实上，根据《长江经济带综合立体交通走廊规划》的规划建设目标，2014—2020 年对于高速公路、高速铁路、普通铁路的规划建设强度均大于普通的公路交通，长江经济带交通基础设施规划中对于高等级交通方式的规划与建设导向性明显。长江经济带综合交通网发展目标见表 3-3。

表 3-2　　　　　**长江经济带交通基础设施覆盖度变化**

r	高速公路		普通公路		完整公路		铁路	
	2019 年	2014 年	2019 年	2014 年	2019 年	2014 年	2019 年	2014 年
3	21875	21875	109724	91902	114337	95292	15976	8811
6	10266	5637	40037	36647	40757	37193	7256	4220
9	6461	3599	20821	19799	21026	19936	4506	2718
12	4624	2615	12781	12381	12846	12413	3236	1991
15	3515	2054	8651	8441	8685	8454	2460	1551
18	2795	1648	6215	6075	6227	6081	1968	1263
21	2277	1379	4679	4578	4684	4580	1618	1057
24	1944	1191	3654	3583	3659	3584	1363	913
27	1622	1008	2937	2873	2939	2873	1167	786
30	1398	895	2432	2377	2433	2378	1020	703
33	1212	791	2017	1985	2019	1986	909	625
36	1073	718	1728	1696	1728	1696	817	574
39	957	651	1480	1464	1480	1464	731	513
42	838	588	1300	1278	1301	1278	659	478
45	760	527	1132	1124	1134	1124	583	421
48	686	492	1007	992	1007	992	543	401
51	623	452	890	883	890	883	507	373
54	562	415	805	798	805	798	462	345
57	512	388	725	721	725	721	423	316
60	472	360	667	662	667	662	396	309
63	436	337	600	595	600	595	369	279
66	401	311	551	546	551	546	344	274
69	370	303	510	506	510	506	327	254
72	353	286	480	476	480	476	307	246
75	326	264	439	436	439	436	283	225
78	303	248	411	410	411	410	271	216

续表

r	高速公路		普通公路		完整公路		铁路	
	2019 年	2014 年	2019 年	2014 年	2019 年	2014 年	2019 年	2014 年
81	287	230	382	383	382	383	251	198
84	262	222	360	362	360	362	235	201
87	256	211	332	331	333	331	227	187
90	256	197	313	314	313	314	209	175
拟合方程	$y=134458x^{-1.376}$	$y=70805x^{-1.294}$	$y=988324x^{-1.781}$	$y=853901x^{-1.746}$	$y=1E+06x^{-1.788}$	$y=875229x^{-1.75}$	$y=77538x^{-1.29}$	$y=35009x^{-1.161}$
分维值	1. 376	1. 294	1. 781	1. 746	1. 788	1. 752	1. 29	1. 161
拟合度	0. 9924	0. 9955	0. 9984	0. 9972	0. 9986	0. 9976	0. 9971	0. 9984

表 3-3　**长江经济带综合交通网发展目标①**

指　　标	单位	2013 年	2020 年	幅度
一、内河航道里程	万公里	8. 9	8. 9	0. 00%
高等级航道里程	万公里	0. 67	1. 2	79. 10%
二、铁路营业里程	万公里	2. 96	4	35. 14%
高速铁路里程	万公里	0. 4	0. 9	125. 00%
复线率(%)		49. 8	60. 7	21. 89%
电化率(%)		69. 7	88. 5	26. 97%
三、公路通车里程	万公里	188. 8	200	5. 93%
国家高速公路里程	万公里	3. 2	4. 2	31. 25%
乡镇通沥青(水泥)路率(%)		97. 9	100	2. 15%
建制村通沥青(水泥)路率(%)		84. 7	100	18. 06%
四、输油(气)管道里程	万公里	4. 4	7	59. 09%
五、城市轨道交通营业里程	公里	1089	3600	230. 58%
六、民用运输机场数	个	74	100	35. 14%
七、长江干线过江桥梁(含隧道)数	座	89	180	102. 25%

① 《长江经济带综合立体交通走廊规划》。

2. 交通基础设施空间覆盖度的等级层次差异基本保持稳定，呈现出时间上的连续性

从长江经济带不同类型交通基础设施覆盖维数的时间演化来看，其覆盖维数虽然均呈现出显著的增大，各类型交通基础设施均有显著进步，但从其等级差异上来看，2014 年完整公路、普通公路、高速公路、铁路覆盖维数分别为 1.752、1.746、1.294、1.161，分维值仍然保持完整公路>普通公路>高速公路>铁路的基本格局，总体等级层次差异基本保持稳定，表现出明显的时间连续性。也就意味着从较长的时间尺度来看，交通基础设施建设类型偏好性和倾向性虽然有所调整，但不同类型交通基础设施服务能力的差异并未发生巨大变化，公路交通依然是满足人民群众出行需求的最主要交通方式。

3. 网络覆盖深度与网络覆盖度负相关，线路等级越高覆盖深度越大，等级越低覆盖深度越小

将不同类型线路网格维数 $D(r)$ 进行降序排列，然后分别进行拟合，获取当 $D(r)$ 最趋近 1.58496 时的码尺值，即为该类型交通网络网格维数的覆盖深度。覆盖深度在一定程度上反映出不同类型的交通线路密度状况，覆盖深度越小，线路密度越大，分布越均衡；覆盖深度越大，线路密度越小，分布越不均衡。从交通基础设施覆盖深度的分布来看，网络覆盖深度呈现与交通基础设施覆盖度正相关态势。从网络覆盖深度的分布来看，完整公路的覆盖深度相对较小，为 6，而铁路与高速公路的覆盖深度则明显较大，分别达到 15 和 13。普通公路的覆盖深度较大，为 8。即完整公路分布相对均匀，空间展布较为均衡，铁路与高速公路分布最为稀疏且不平衡，普通公路则由于高速公路的缓冲基本处于中间状态。完整公路覆盖深度相对较小的原因在于包含普通公路在内的完整公路主要由地方政府自行筹资投建，以服务地方居民出行为主要建设出发点，网络展布相对较为均衡，发育较为成熟，覆盖深度也较小。铁路与高速公路投资大，相对收益高，政府在投建过程中存在一定的偏好性，且多倾向于地方经济较为发达的区域，因此其展布多集中于经济状况较好的区域。

第三节 长江经济带交通基础设施扩展度演化

一、交通基础设施扩展度测度

与长度-半径维数相同，分枝维数也是以区域某节点为中心作回转半径 r，r 半径内交通线路分枝数目 $N(r)$ 与 r 存在以下关系：

$$N(r) \propto N_1 r^{D_b} \tag{3-16}$$

式(3-16)中，r 为回转半径，$N(r)$ 为随回转半径变化的区域内的分枝数，N_1 为常系数，D_b 即为分枝维数。

随着 r 变化，区域会被划分为相同宽度的同心环带，假定带宽以 k 为编号，那么 $n(k)$ 为第 k 带宽内的线路分枝个数，则有：

$$N_{(r)} = \sum_{k=1}^{r} n(k) \tag{3-17}$$

同样根据不同等级交通线路的差异构建加权分枝维数，即将交通线路按照等级高低进行赋权，参考加权网格维数赋权方法，将边长为 r 的网格内线路分为 i 等，即 $L_{0(r)}$，$L_{1(r)}$，…，$L_{x(r)}$，为每个环带内不同等级线路赋权重 $W_{0(r)}$，$W_{1(r)}$，…，$W_{y(r)}$，从而构建加权分枝维数：

$$N_{(r)} = \sum_{n=1}^{r} n(L_{x(r)} \cdot W_{y(r)}) \tag{3-18}$$

分枝维数反映了不同 r 半径内线路分枝个数的变化率，故可揭示交通网络的纵横交叉特征及其复杂性的空间变化。分枝维数越高，反映网络分叉数从测算中心向周围地域的变化递增率越快；分枝维数越低，则网络分叉的递增率越小。因此分枝维数实际上也是对区域交通网络复杂性的测度。

二、分枝维数测算步骤

(1)测算中心与回转半径选定。与长度-半径维数相同，选择长江经济带几何中心作为分枝维数的测算中心，50 公里作为回转半径 r 的间隔大小，同时不断调整 r 长度做缓冲区分析，形成覆盖长江经济带全域的分间隔缓冲区要素。

(2)线路分枝数提取。利用 ArcGIS 叠加分析中的标识工具，进行属性赋值，获取不同回转半径大小中不同等级类型交通基础设施线路的要素分枝数。

(3)分枝维数计算。提取不同回转半径内网络分枝数 $n(k)$，并进行累加得到 $N(r)$，之后按照回转半径 r 进行大小排列，绘制双对数图，并利用非线性拟合法得到分枝维数 D_b。

三、长江经济带交通基础设施的扩展度评价

1. 各类型交通基础设施的分枝维数拟合程度普遍较低，未达到严格扩展分形形态

观察不同等级分枝维数的拟合形态可以看出(见图 3-9)，2019 年高速公

路、普通公路、完整公路和铁路的拟合优度分别为 0.9529、0.9666、0.9651 和 0.9281。无论是分等级交通线路还是完整公路网络，其拟合度均处于较低的水平，普遍在 0.97 以下，铁路的拟合度最低，距离拟合度 0.996 的分形临界值仍存在较大的差距，即长江经济带交通基础设施的演化发育尚未达到完全意义上的分形形态，交通网络的自相似特征仅存在于特定空间尺度范围内。

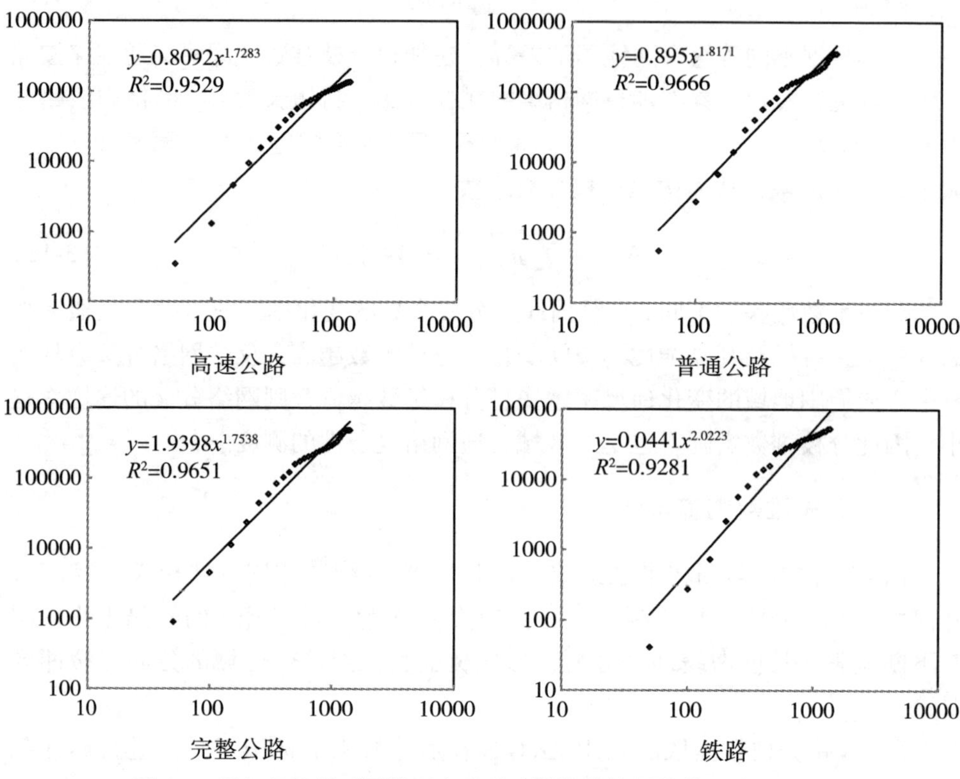

图 3-9　长江经济带不同类型交通基础设施的扩展维数差异(2019)

2. 不同类型交通线路分枝扩展速率存在差异，公路扩展变化速度快于铁路

扩展分维值可以反映交通基础设施线路分枝围绕测算中心向外扩展的变化速度，可视作交通线的分布变化，变化速度越快意味着交通分枝线在不同码尺大小缓冲区范围内的分布差异越大。从不同类型交通基础设施的扩展变化速率来看，呈现出高速公路>完整公路>普通公路>铁路的基本变化形态，即围绕几何中心高速公路的变化速度最快，铁路最慢。也就说明，围绕几何中心高速公

路在不同码尺缓冲区范围内的高速公路分枝数量的变化最为显著，根据长江经济带几何中心的空间位置可以判断，距离几何中心近的区域高速公路的分枝相对较少，远的区域分枝较多，而且根据其拟合点的分布来看，在600公里以外，其扩展分维开始出现显著的波动变化，也就意味着高速公路扩展分枝的数量开始出现急剧变化。事实上，从高速公路的空间分布来看，600公里范围已开始进入长江中下游平原地区，高速公路布局与延伸的范围与扩展的空间均出现显著拓展，形成高速公路分枝变化最快的基本格局。而铁路分维数达到2.0223，分枝数呈现出距离几何中心越远，分枝变化速度缓慢降低的格局，也就说明铁路围绕几何中心的分枝拓展变化并不显著，铁路围绕几何中心的空间形态变化较为稳定，但是与高速公路类似，铁路在600公里缓冲范围内，其格局同样出现明显的突变，这实际上反映出交通线路在东西，或者说山地与平原进行空间布局的几何形态差异，山地由于地理空间障碍，分枝相对较少，平原则由于建设难度和建设成本较低，其线路分枝的扩展要明显强于公路。

四、长江经济带交通基础设施的扩展度演化

1. 交通基础设施扩展分维的等级差异显著，高速公路和铁路的区间差异有所下降

从不同类型交通基础设施扩展分维数的时间变化来看（见表3-4），除了高速公路外，交通基础设施的扩展分维值均出现明显下降，2014—2019年高速公路、普通公路、完整公路和铁路的扩展分维数分别从1.6335、1.9472、1.867、2.2374变化为1.7283、1.8171、1.7538、2.0223，其扩展分枝的速度分布均出现显著变化。这一变化说明高速公路的扩展分枝数围绕几何中心的递减速度显著降低，普通公路和完整公路的扩展分枝数围绕几何中心的递减速度则显著加快，而铁路线路变化则出现围绕几何中心递增的趋势。这一变化趋势一方面说明以普通公路为代表的公路交通基础设施围绕几何中心的区间差异加大，不同回转半径内的分枝变化速度出现显著空间分异，公路基础设施布局空间差异有所凸显。另一方面则说明，以高速、铁路为代表的高等级交通基础设施围绕几何中心的区间变化趋势出现明显缓和，高速公路和铁路等高等级交通基础设施的区间差异出现明显下降，也在一定程度上证实前文高等级交通基础设施建设力度大于其他类型交通基础设施的判断。2014年长江经济带不同类型交通基础设施的扩展维数差异见图3-10。

表 3-4　长江经济带 2 个年份不同类型交通基础设施的扩展维数和拟合优度

年份	类型	分维值	R^2
2014	高速公路	1. 6335	0. 9762
	普通公路	1. 9472	0. 9739
	完整公路	1. 867	0. 9761
	铁路	2. 2374	0. 9124
2019	高速公路	1. 7283	0. 9529
	普通公路	1. 8171	0. 9666
	完整公路	1. 7538	0. 9651
	铁路	2. 0223	0. 9281

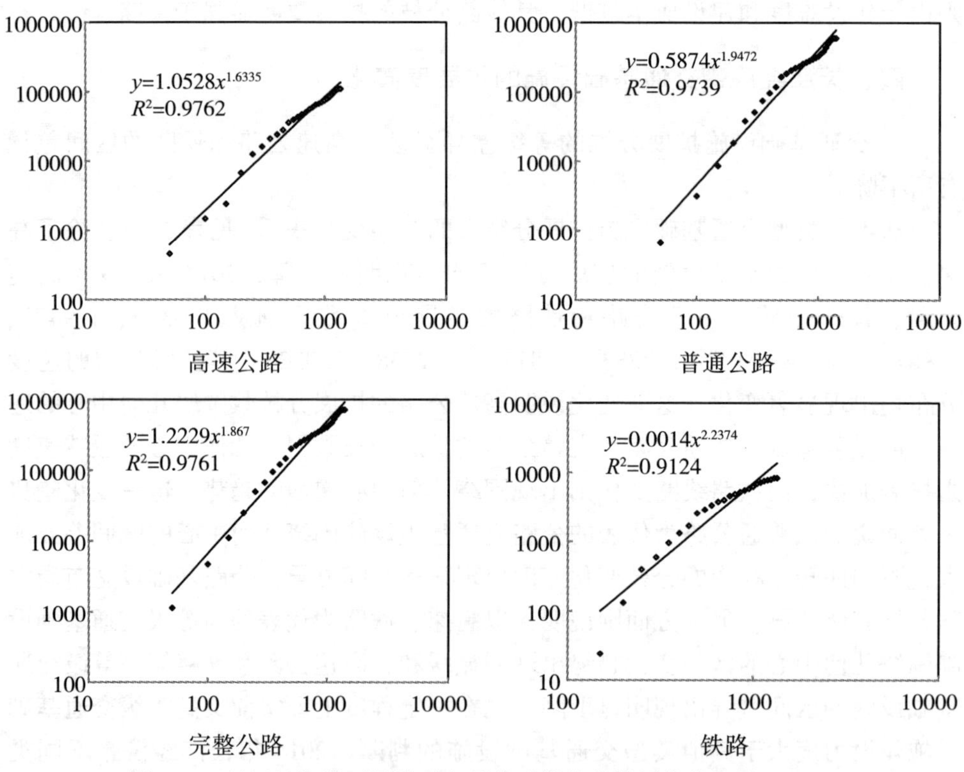

图 3-10　长江经济带不同类型交通基础设施的扩展维数差异(2014)

2. 公路交通基础设施扩展分维拟合度出现显著降低，扩展分形形态趋劣，线路布局更趋向地理空间细部

从不同类型交通基础设施扩展分维的拟合度变化来看，除铁路外，拟合优度均出现明显下降，2014—2019 年高速公路、普通公路、完整公路和铁路的扩展分维拟合度分别从 0. 9762、0. 9739、0. 9761、0. 9124 变化为 0. 9529、0. 9666、0. 9651、0. 9281。拟合优度的下降，意味着其分形形态越发偏离完全分形形态。铁路拟合度虽有一定程度提升，但距离 1. 596 的标准分形拟合度仍存在显著距离，并且明显低于公路交通的扩展分维拟合度。偏离分形形态也就意味着交通基础设施线路分枝的空间自相似性出现显著下降，交通基础设施分布的空间复杂程度出现明显增加。事实上，结合前文覆盖维数的阶段变化，可以判断，长江经济带交通基础设施的线路展布由于地表要素的分割开始呈现更细碎化的趋势，开始一定程度地突破地形、水域等的限制，更加深入地理空间的细部，覆盖范围日益增大，伺服能力显著增强。

第四章　长江经济带城市交通通达性评价与时间演化

交通通达性对区域经济发展和经济活动空间分布存在重要影响，常被认为是平衡地区经济发展水平的关键因素。通达性的提升能够大大降低地区对外联系的时间成本，提高物质、人才、技术、信息、资金等要素的流动效率，使得地区相对区位价值发生改变，进而减小区域间的经济差异。新经济地理学的核心观点之一是交通运输条件的变化造成地区间经济活动的交易成本发生改变，这为经济要素的集聚与扩散提供了理论解释。长江经济带作为我国一项重大的区域发展战略，承担了引领全国高质量发展的重要任务，伴随长江经济带综合立体交通走廊建设的不断推进，地区交通条件也随之发生变化，适时理清长江经济带城市交通通达性现状，是指导未来长江经济带基础设施布局与区域经济政策制定的重要依据。

第一节　城市通达性的特征与研究进展

通达性(accessibility)的概念历史悠久，早在古典区位论关于不同产业区位选择的理论中就包含通达性的内涵，即产品生产地与消费之间的空间连接关系。但空间通达性作为一个完整的概念表述则始于 1959 年 Hansen 所提出的空间通达性概念，即空间任意两点通过交通网络连接的相互作用机会大小，他探讨了通达性如何塑造城市土地利用的形态。事实上，通达性的内涵相当广泛，只有面临具体问题时，通达性的内涵才能有具体体现。部分学者认为，通达性是实体突破地理空间阻隔(山体、水域、建筑物等)抵达空间一点的难易程度，空间阻隔越大，抵达空间中某一点的难度越大，通达性越差，反之则越好。也有学者从社会学的视角出发，认为通达性优劣的评价标准在于在特定时间内所能够到达的机会多少，机会越多通达性越好，反之则越差。还有学者认为，通达性是一种空间对象能够进行交互作用的潜力，某一点与其他点交互作用的潜力越大，则其通达性越好。由于通达性的概念难以完全统一，Bruinsma 等对常见的 11 种通达性概念进行了梳理和总结(见表 4-1)。

表 4-1 操作性视角下的通达性定义

编号	定义	假设与备注	事例
1	节点与网络存在联系，节点能够进入网络并连通	通达性表示可进入与可连接性，是一种二元变量，可用 0 或 1 表示	波恩是德国高速公路中的重要节点，存在可进入性与可连接性
2	节点能够到达网络中最近节点的距离(负向)	此定义同样为二元变量，但其内涵与定义 1 相反	一个村庄能够到达高速公路入口的最近距离为 16 公里。根特到达布鲁塞尔机场的距离为 60 公里
3	网络中一点的通达性为该点与网络中所有节点的直接联系总数		从鹿特丹机场可以到达 12 个目的地且不需要换乘
4	网络中一点的通达性为网络中该点所拥有的边的数量		自汉诺威出发，铁路指向四个方向，即存在四条边与之相连
5	节点通达性指该点到达其他节点的旅行成本(负向)	这一定义较为严格地考虑到双边联系，而不是跨目的地求和	从伦敦飞往里斯本需要 2.5 小时，花费 460 美元
6	网络中任一节点的通达性为该节点到网络中其他全部节点的加权平均旅行成本	权重应与节点数或者与节点有关的全部旅行线路数有关	当以人口为权重时，维也纳到达欧洲主要城市的平均距离为 880 公里。而当以旅行的线路数为权重时，距离为 350 公里
7	通达性为节点访问任一节点的可期待的最大效用值	访问某个节点的效用假定取决于：节点的质量，到节点的旅行成本，随机项	米兰在欧洲的公路交通通达性为 56(指数，下同)，而法兰克福为 100
8	网络中节点的可访问性与该节点和所有其他节点之间的空间交互成正比	节点间的空间相互作用可以直接测量，也可以通过空间相互作用模型计算	与定义 7 同

续表

编号	定义	假设与备注	事例
9	网络中节点的可访问性是指在一定的传输成本限制内，从该节点可以访问的总人数	交通成本可以任意方式衡量，如距离、旅行时间等	从哥本哈根出发，4 小时内可经过 8000 万人
10	节点的可访问性是单约束或双约束空间交互模型中平衡因子的倒数	这一解释已经被部分学者定义，如 Hamerslag，Wilson	与定义 7 同
11	通过专家判断衡量通达性	暂时没有一个正式的定义	例如，根据专家的判断，欧洲通达性较好的某五个城市是 A、B、C、D、E
注：通达性一般被定义为正向的概念，即值越大通达性越好。只有三种情况(定义 2、定义 5 和定义 6)是负向概念，因此需要进行逆向转换			

资料来源：据 Bruinsma 等整理绘制。

从学者们的多种定义来看，目前对于通达性仍然缺少一个相对精确且得到广泛认同的定义。但是从多种概念的内涵来看，基本都包含须有相对完整的交通联系网络，个体在空间上存在位移，且个体在空间上的位移须依托交通网络系统，而通达性则可视为个体依托交通网络系统进行空间位移时的便捷程度。事实上，在不同的尺度上，不同交通方式组合情况下，所衡量的对象的适宜性以及在此背景下的通达性也有着较大的差异。在较大的空间尺度情况下，通达性能够反映区域范围内城市间或者区域间产生空间交互作用的可能性大小。通达性对于区域经济发展的影响巨大，Mackiewicz 甚至认为通达性会影响城市在特定区域经济格局中的地位与功能，区域通达性的改善一定程度上会引发空间结构的重组，并塑造形成新的经济格局(见图 4-1)。当空间尺度较小时，如城市内部，此时通达性即可视为城市空间中个体与位置之间能够产生空间联系的可能性。还有学者认为城市空间的本质是城市居民与其所开展的社会经济活动之间的空间关系的总和，而通达性则在一定程度上反映了这些总和的地理关系深度和广度。根据上述学者的研究，可以看出，虽然通达性难以给出一个确切的定义，但一般包括以下几个层面的内涵：(1)交通系统传输能力大小，如不同类型交通方式的通行能力存在差异，从而引发通达性的差异。(2)空间交互作用难易程度。如地理阻隔大小造成个体空间位移存在不同的难易程度。(3)空间位移产生的成本大小差异。如不同交通方式所需的成本不同，既包含时间成本也包括金钱成本、旅行风险成本等。(4)空间要素的区位配置。如零售空间、就业空间、休闲空间等的地理位置差异会造成个体空间位移的成本差异。(5)节点对应关系。节点是一对一还是一对多，均会对通达性造成影响。

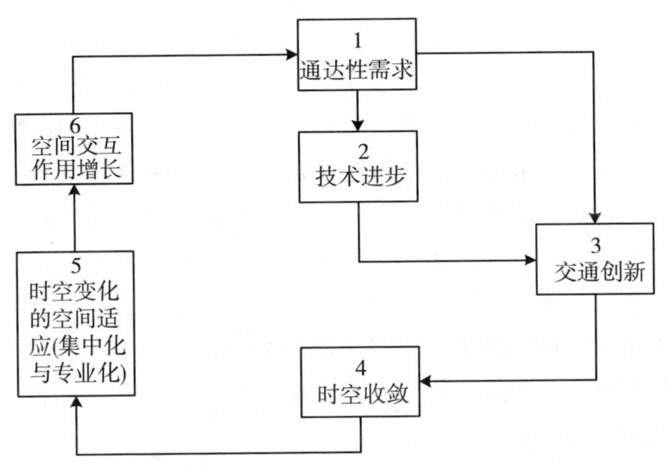

图 4-1　交通条件改善下的空间结构重组响应

资料来源：改绘自 Mackiewicz。

自 Hansen 于 1959 年提出通达性概念之后，这一概念便受到地理学、城市规划、交通运输等多学科的广泛关注，它们对其进行了不同程度的优化和改进。从主要研究内容和特点来看集中于以下几个方面：

(1)不同语义下的空间通达性模型建构。通达性是一个相对较为宽泛的概念，现有的通达性模型无论定义还是评价方法都尚未取得完全统一。从目前得到学术界广泛认可的模型来看，主要集中于以下语义下的空间通达性模型。①空间阻隔模型，即克服空间阻隔的难易程度，通常将区域范围内两个节点之间的阻隔作为通达性的判断标准，阻隔越小，通达性越好。如学者 Ingram (1971)以加拿大安大略省汉密尔顿的城区为案例区，利用空间阻隔模型对其通达性进行了评价。但由于这一方法忽略了节点性质差异造成的引力大小不同、空间阻隔性质差异等，因此有学者在此基础上对其进行了修正。②累计机会模型。这一模型主要是以个体出行所能接触到的机会数量大小作为衡量某一范围可达性优劣的主要标准。与空间阻隔模型不同，累计机会越大，则说明通达性越好。如 Wachs 等(1973)以美国洛杉矶为案例区以就业和医疗设施为累计机会，对洛杉矶地区的空间通达性进行了分析。③空间相互作用模型。这一模型将通达性定义为空间要素之间相互作用的潜力，它不仅与空间阻隔有关，同时还与起点、终点的规模紧密相关。该模型在实际研究中有着广泛的应用，部分学者还对其算法进行了优化。④效用模型。这一模型主要基于终点的效用大小和个体行为选择。终点效用越大对个体的吸引力就越强。通达性表现为个体选择的最大期望效用。Chorus 等(2011)在这一模型的基础上重新构建了效用最大化后悔最小化的模型。⑤拓扑模型。这一模型包含两种主要的评价方法，一种是基于矩阵的拓扑法。通过整体可达性矩阵与最短距离矩阵运算来获取节点和网络的可达性水平。整体可达性矩阵可由网络的邻接矩阵导出。通过计算矩阵中节点到其他节点的路径长度，作为判断节点通达性的主要指标。另外一种则是基于空间句法的拓扑法。它是利用空间句法理论中的形态分析变量来衡量可达性水平。该方法通过空间分割，以分割形成的子空间为图节点，将整个网络转换成为空间连接图，运用图论的方法推导出一系列形态分析变量，以描述空间在不同水平上的特征，该方法在描述城市小尺度内部空间结构及通达性上具有较高的适用性。

(2)通达性空间格局及演化。对于通达性格局的研究相对较多，主要集中于三种研究视角：第一种是对于区域通达性空间格局的判读，如 Bruinsma 等(1998)对欧洲 97 座城市的内部通达性和外部通达性进行了比较研究，内容主要集中于城市通达性排名以及由此而带来的对空间公平性的影响。Kozina (2010)运用旅行时间成本作为指标，衡量了斯洛文尼亚各居民点到区域中心的通达性，并认为主要交通干线布局和地表自然形态是造成区域通达性差异的重要原因。Biosca 等(2013)则利用欧洲 TRCC 计划所确定的指标，对欧洲部分国家的交通通达性行了分析，并认为区域通达性的高低是布局公共服务设施的重要依据。第二种是由于区域交通网络的变化(优化或者恶化)而造成区域通达性空间格局的变化，如 Vickerman 等(1999)以跨欧交通网计划的建设为例，系统评价了跨欧交通网建设之后对于沿线国家通达性的影响。同时他还讨论了交通通达性的演化对于经济发展的影响。Geurs 等(2004)则扩展了通达性评价指标，并选取不同时间段对区域通达性的变化进行了评价。第三种是由于交通技术(方式)的变革而造成区域通达性格局的变化。如 Gutiérrez(2001)选取加权平均旅行时间、经济潜力、日常通达性三个指标对马德里—巴塞罗那—法国边界区高速铁路开通对于区域通达性的影响进行了研究，发现高速铁路开通前后区域通达性的变化最为显著，其次为经济潜力，最后为日常通达性。Li 等

(2001)则对大型高速路网建设前后的区域通达性进行了分析，并认为高速公路投资对于区域通达性的影响具有一定的边际性，同时指出这一工程的建设对于区域通达性的影响强度存在显著的空间差异。Mazzeo(2012)分析了欧洲高速铁路的建设对于区域通达性的影响，并认为高速铁路的建设极大改善了区域交通通达性，大大提高了区域内部沟通交流的可能，但是高速铁路的开通同时也在一定程度上改变了欧洲城市的等级结构。

(3)研究对象范围的不断扩展。交通通达性与经济社会和人自身的发展具有紧密的关系，因此对于通达性的研究对象不断扩展。除了传统区域整体通达格局的判读和演化，通达性的研究对象已经逐步扩展至土地利用、就业空间、公共医疗设施、教育文化设施、公共绿地系统、空间规划等诸多方面并取得了丰硕的成果。如 Coppola 等(2013)利用通达性的分析方法，构建边际活动趋近成本作为衡量某一地通达性的主要指标，以罗马为案例区，对其相关用地的布局提出了建议。Joe Grengs(2010)使用重力模型对底特律人口居住区和就业区的通达性进行了分析，结果发现底特律存在着较为显著的职住不平衡现象，并提出了一定的改善意见。Kilinc 等(2016)将美国阿肯色州家庭健康服务分成六种不同的类型，并对每种类型健康服务的空间布局和通达性潜力进行了评价，发现阿肯色州的健康服务呈现出较为明显的空间布局与通达性潜力不匹配的现象。Hanushek 等(2011)将影响私立学校招生的因素分为通达性、学生流动性和福利待遇，并认为私立学校的通达性在一定行政区域范围内对学生的影响相对较大。Wright 等(2012)对拉美地区部分国家快速城市化城市的绿地空间通达性和可用性进行了研究，结果发现快速城市化城市绿地的空间通达性和可用性受到空间分布、性别公平、收入差异等方面的影响。

国内对于交通通达性的研究集中于两个视角，一个是根据交通网络节点、线路的相关拓扑性质和结构特点构建综合性评价指标体系，从不同维度对区域交通网络的空间通达性进行评价。比较典型的有杨涛等(1995)通过构建通达距离矩阵和通达时间矩阵，定义了可动性指标、易达性指标和通达性指标作为衡量区域交通通达性的主要评价标准。金凤君等(2008)通过构建交通优势度评价体系，从“质”“量”“势”三个方面对区域交通优势度进行评价。另一个视角则是构建不同的节点通达性模型，从时间、距离累积成本等方面进行分析。从研究对象上来看呈现出从单一向综合转变的趋势。由单一公路、铁路、水运、航空、轨道交通的通达性研究，逐渐扩展至陆路综合交通通达性、空铁联运交通可达性以及综合多种方式的交通可达性研究，部分学者还探讨了交通方式变革对于区域通达性的影响。如张莉等(2006)采用最短时间路径选择的算法，基于长江三角洲的陆路交通网，从时间距离的角度对长江三角洲内16个地级市目前和未来的区内可达性和区外可达性进行了评价。蒋海兵等(2010)利用日常可达性、潜力值与加权平均时间，比较有无京沪高铁两种情景下京沪地区中心城市陆路可达性空间格局变化，探讨高铁对中心城市可达性的影响。从研究的尺度来看，基本上涵盖了各个层面的尺度范围，从宏观的国家层面、省、城市群到中观的经济区、城市圈，再到微观的县、乡均有学者涉及，同时存在着研究尺度不断细化的趋势。如刘传明等(2011)完善了不受分析空间尺度大小影响的综合交通可达性赋值测度法，并以此测算湖北省79个县域的综合交通可达性。沈惊宏等(2012)从安徽省省域、县域、省域内地区间的开放性、两种费用成本以及考虑区域社会经济因素的吸引机会六种角度评价安徽省城市可达性，得到了安徽省城市的综合可达性空间格局。从研究内容来看，既有对于区域通达性特征的研究，又将通达性概念推广至城市空间结构识别、公共服务设施评价和选择、旅游景区(点)通达性评价、通信网络等方面。如王永超等(2013)从节点通达性入手，对沈阳经济区中心地的空间结构进行了分析，发现沈阳经济区中心地空间结构的中心极化现象明显，内部圈层中心地体系完整，发达程度较高。熊娟等(2012)利用最短交通用时和重力改进模型对湖北省松滋市公共医疗服务进行了评价，发现县域尺度，医疗服务均等化水平空间差异明显，呈现出中心城区向周边递减的情况。从研究方法上看，国内学者在借鉴国外学者的研究理论、模型、技术方法及研究思路基础上，也在不断创新研究方法、完善评价指标，并取得了一定的发展，如构建了旅行时间、经济潜力、日常可达性、加权平均最短旅行时间和可达性指数等可达性评测指标。如罗鹏飞等(2004)采用有效评价旅行时间、经济潜力、日常可达性3类分析指标分析了沪宁高铁建设将导致的沿线地区可达性变化。蒋海兵等(2010)应用可达性指数与标准交通经济成本参数，测度了2020年规划高铁通车前后全国陆路可达性的空间格局与变化，探究高速铁路与出行成本影响下陆路可达性的特征。

长江经济带作为地跨我国东中西部的重大区域发展战略，地区交通通达性的提升对于城市对外联系能力提高，城市空间结构优化具有重要意义。基于此，本书根据2014年和2019年长江经济带复合交通网络，利用网格分析法构建完整的长江经济带交通栅格成本数据集，对长江经济带城市个体、城市间和区域整体进行多视角的通达性分析，廓清区域交通基础设施差异，为构建长江经济带立体综合交通走廊提供科学参考。

第二节　长江经济带交通通达性的评价方法

一、交通栅格成本数据集构建

为了更细致展现长江经济带不同区域的交通通达性差异，利用前文的网格划分方法，获取长江经济带 84277 个网格，并对网格内部不同类型的交通线路长度进行统计。由于不同类型交通线路对于区域交通通达性的影响差异较大，高等级交通线路对于区域交通通达性的贡献要远大于低等级交通线路，因此对长江经济带不同等级与类型交通线路赋予不同的通行速度。根据《中华人民共和国公路工程技术标准(JTG B01—2014)》并结合其他学者的研究成果，分别将速度设定为铁路(高铁 250 公里/小时、动车 200 公里/小时、普通列车 95 公里/小时)、高速公路 110 公里/小时、国道 90 公里/小时、省道 80 公里/小时、县乡道 40 公里/小时。交通线路分布密度越大的网格，空间阻抗越小，时间成本越低，陆地速度统一设置为 2 公里/小时。由于内河航道线路及长度难以获取，此处以水域面积作为衡量区域内河航运能力的主要表征，将水域通行速度赋为 35 公里/小时。在对不同网格内分等级交通线路长度、陆地面积、水域面积等进行统计计算之后，将之统一转换为栅格，并将栅格 value 设置为所计算的时间成本，从而构建形成长江经济带交通栅格成本数据集(见图 4-2)。

二、交通通达性评价

1. 局部通达性评价

利用成本距离分析工具，分析节点到行政区域内任意一点的时间成本，并对其求取均值，可视作节点该行政内的交通通达性。成本距离工具与欧氏工具相类似，不同点在于欧氏工具计算的是位置间的实际距离，而成本距离工具确定的是各像元距最近源位置的累积行程成本。这些工具应用的是以成本单位表示的距离，而不是以地理单位表示的距离。利用成本距离分析模块可计算出成本分配工具的输出并标示出各像元被分配到哪个最近源。该输出在概念上与欧氏分配工具的输出相似，不同之处在于这里所谓的“最近”是就累积行程成本而论的。

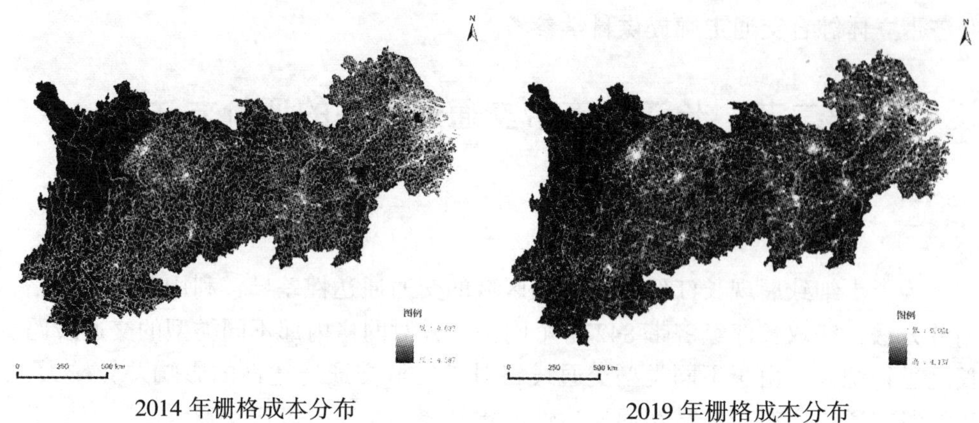

2014 年栅格成本分布　　2019 年栅格成本分布

图 4-2 长江经济带交通栅格时间成本分布

2. 全局通达性评价

根据所构建的交通栅格成本数据集，利用成本距离分析模块能够计算出每一栅格到长江经济带任一城市所需的栅格时间成本，之后提取出其余 129 个城市到该城市的最短栅格时间成本，这样经过 130×2 次计算，即得到 2 个年份长江经济带每个城市到其他城市的栅格时间成本。在此基础上，计算出各城市的平均栅格时间成本，有鉴于城市间交通联系受经济发展水平与人口数影响较大，因此引入各城市 GDP 总量与区域人口数作为权重，构建加权平均旅游时间成本，作为衡量一地可达性的指标，见下式：

$$A_i = \sum_{j=1}^{n} (T_{ij} \times M_j) \Big/ \sum_{j=1}^{n} M_j,\ M_{ij} = \sqrt{G_j P_j} \tag{4-1}$$

式(4-1)中 A_i 为城市 i 的加权平均旅行时间成本，j 为长江经济带范围内的某一城市，T_{ij}为 i 城市至 j 城市的最短栅格时间成本，M_j 为节点 j 的权重属性，n 为城市数目。A_i 值越小表示该城市可达性越好。需要特别说明的是由于长江经济带区域范围较大，数据的处理和计算量大，其处理和计算全部借助 python2. 7 软件通过脚本编程实现。

引入可达性重心考察可达性优势区域的变化，见下式：

$$W(x_i,\ y_i) = \left(\sum_{i=1}^{n} A_i x_i \Big/ \sum_{i=1}^{n} A_i,\ \sum_{i=1}^{n} A_i y_i \Big/ \sum_{i=1}^{n} A_i \right) \tag{4-2}$$

式(4-2)中，x_i，y_i 分别为长江经济带 130 个城市横、纵坐标，A_i 为城市属性值即加权旅行时间成本，n 为城市数，$W(x_i,\ y_i)$为可达性重心坐标。若重心与区域几何中心点发生偏移，则偏移方向指向可达性相对优势的区域，偏移距离则指示了优势区域的移动程度。

第三节　长江经济带城市局部交通通达性

利用成本距离分析工具，分别计算长江经济带2014年和2019年各地级城市内部各点至城市主城区的交通通达性，该值越低则意味着区域内部与城区交通联系时间成本越小，联系越便捷，反之则成本越大，交通联系能力越弱。在此基础上对其变化特征进行分析。

一、长江经济带城市局部交通通达性评价

1. 长江经济带总体城市局部交通通达性相对较好，但呈现出显著的东西分异

从长江经济带城市局部通达性的总体格局来看，其局部通达性平均值基本保持在5小时左右，2014年平均局部通达性为5.48小时，到2019年这一值降低至5.19小时，整体局部通达性提高5.29%，也就意味着长江经济带各城市内部在进行交通联系时平均需要约5小时即可实现交通联系。但与此同时，长江经济带局部交通通达性的空间格局存在显著的东西差异，东部、中部、西部局部交通通达性基本呈现出由东至西逐渐降低的态势。按照国家区域发展战略将长江经济带划分为东部(上海、江苏、浙江)，中部(安徽、江西、湖北、湖南)和西部(重庆、四川、贵州、云南)，并计算其平均局部交通通达性可以发现，东部局部交通通达性2014年和2019年分别为4.05和3.47小时，中部则分别提升至4.83和4.75小时，至西部则进一步提升至7.10和6.92小时，东部局部交通通达性最好，中部次之，西部最差，局部交通通达性的整体格局呈现出由东至西近三级阶梯状下降的格局。

2. 长三角地区局部通达性显著高于长江经济带内其他城市，形成通达性的面状高值集聚区

从长江经济带各城市的局部交通通达性分布来看(见图4-3)，长三角地区各城市的局部通达性显著高于带内的其他城市，形成长三角局部通达性的面状高值区，特别是以上海为中心，形成局部交通通达性的显著高值集聚区，并且呈现出明显的空间外延态势，高值区外扩至安徽东部和南部以及江西东南部，呈现出一定的空间溢出效应，即地区交通基础设施建设的网络效应不仅能够使本地区受益，邻近地区交通通达性也会得到一定程度的提升。并且，由于长三角是我国区域一体化发展水平最高的区域，地区交通基础设施互联互通程度最

高。根据《长江三角洲区域一体化发展规划纲要》，长三角区域要实现“重大基础设施基本联通。交通干线密度较高，省际高速公路基本贯通，主要城市间高速铁路有效连接，沿海、沿江联动协作的航运体系初步形成，区域机场群体系基本建立。电力、天然气主干网等能源基础设施相对完善，防洪、供水等水利基础设施体系基本建成，光纤宽带、4G 网络等信息基础设施水平在全国领先”。基础设施的互联互通与高密度布局，使得长三角地区的局部交通通达性显著领先长江经济带内的其他地区。

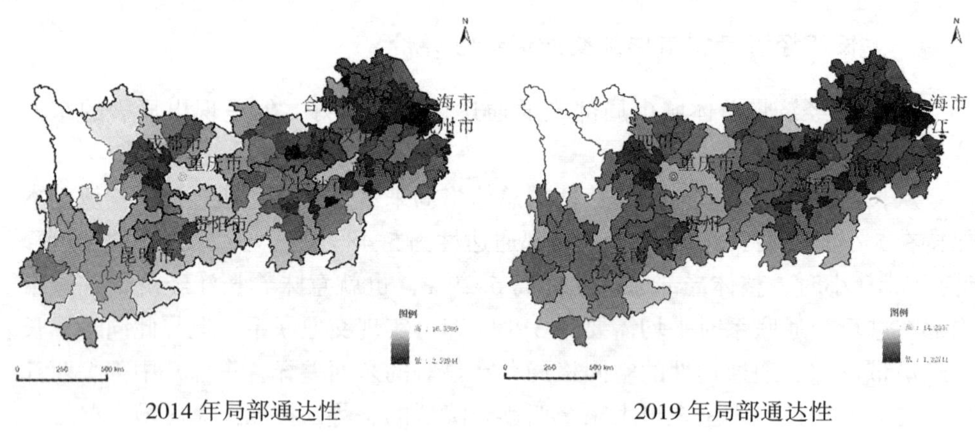

图 4-3　长江经济带局部通达性分布

3. 围绕省会城市及其周边存在若干局部高交通通达性区域，形成若干点状高值区

从局部交通通达性较高的地区分布来看，除了长三角这一显著的高值集聚区之外，出现若干点状高值集聚区，呈现出离散分布的态势。从空间上来看，显著集中于合肥、南昌、武汉、长沙、重庆、成都、贵阳、昆明等城市，均为直辖市或省会城市，并出现一定程度的空间外延态势，形成若干次一级的高值集聚区，并且从空间上恰好在东部、中部和西部形成三个高值集聚区。省会城市是一省人口和资源最为集聚的地区，交通基础设施的历史基础和布局强度要明显好于省内的其他城市，并且省会城市存在对外扩展动力，使得以省会城市为核心的高交通通达性区域存在对外延伸的趋势，并形成围绕省会城市为中心，涵盖周边城市的高通达性集聚区。

4. 边缘地区的局部通达性相对较低，总体呈现由西至东，由外围至中心逐渐增强的差异化格局根据长江经济带低局部通达性的分布可以看出，低通达性区域显著集中于外围市州，通达性最差区域主要集中于外围的云南、四川少数市州。从局部通达性最低的城市来看，局部通达性最差的地区为四川的阿坝藏族羌族自治州，2014 年和 2019 年其局部通达性分别高达 16.36 和 16.01 个小时，也就意味着从该城市任意一点到达城区的平均时间花费近 16 个小时，局部通达性显著弱于长江经济带内的其他城市。其他局部通达性较弱的地区，也基本位于西部省市，如云南的红河哈尼族彝族自治州、保山市、普洱市，四川的达州市。除此之外，少数中部省份外围城市局部通达性也想相对较弱，如湖北的随州市、江西的萍乡市等。长江经济带局部交通通达性整体呈现由西至东通达性逐渐提升，由外围至中心通达性逐渐提升的差异化格局。

二、长江经济带城市局部交通通达性演化

1. 长江经济带局部交通通达性有所提升，但总体格局基本保持稳定，地区交通通达性存在一定程度的路径依赖

根据 2014 年和 2019 年长江经济带交通通达性空间格局的动态变化来看，5 年间长江经济带各城市的局部交通通达性出现一定程度的进步，平均局部交通通达性从 2014 年的 5.48 小时降低至 2019 年的 5.19 小时，进步 5.29%。但是从各城市局部交通通达性的空间分布来看，其格局并未发生显著变化，通达性基本仍表现出由东至西，由中心向外围逐渐降低的格局，高通达性地区仍以长三角地区最为显著，并且在空间上形成若干离散的高通达性区域，也就意味着原通达性较好的地区依然保持高通达性，而低通达性并未出现跨越式进步，长江经济带城市局部交通通达性呈现出较为明显的路径依赖现象。

2. 高交通通达性区域显著对外扩展，城市局部交通通达性出现明显进步

为了更好地表现长江经济带各城市局部交通通达性的演化，提取其局部通达性等值线，并与行政区划图进行叠置分析，明显可以看出局部交通通达性的低值等值线显著外扩。从 2014 年和 2019 年不同等值线的空间分布范围可以看出（见图 4-4），不同区域的低值等值线均出现明显的外扩。2014 年 3 小时等值线仅局限于上海周边附近，而到 2019 年 3 小时等值线的覆盖范围显著扩展至安徽合肥、芜湖一带，并涵盖了江苏的南京、常州、无锡、镇江、苏州等城市，3 小时通行圈的覆盖范围大大扩展。并且在这一区域，4 小时等值线开始向苏北扩展，并在连云港和盐城附近形成 4 小时高交通通达性区域。与此同时，长江经济带内次一级低值等值线的覆盖范围也都出现一定程度空间扩展，中部 4 小时等值线由武汉向外围的仙桃、潜江、天门以及黄冈、黄石扩展，5

小时等值圈更是进一步往外扩展，由 2014 年的仅覆盖湖南岳阳外围进一步拓展至包含岳阳、长沙、株洲，中部地区高交通通达性地区出现显著的扩张。西部地区低值等值线同样出现向外围拓展的形势，以成都为中心的 5 小时等值线明显外扩。需要特别注意的是，四川西部由成都、眉山、雅安至甘孜州、阿坝州的通达性等值线密集程度显著强于其他区域，也就意味着该地区交通通达性在较小的距离区间内出现极为显著的变化，通达性在向四川民族州地区过渡的过程中出现了剧烈下降，说明两民族州的交通通达性要显著弱于省内的其他城市，也是未来交通基础设施布局需要重点关注的区域。

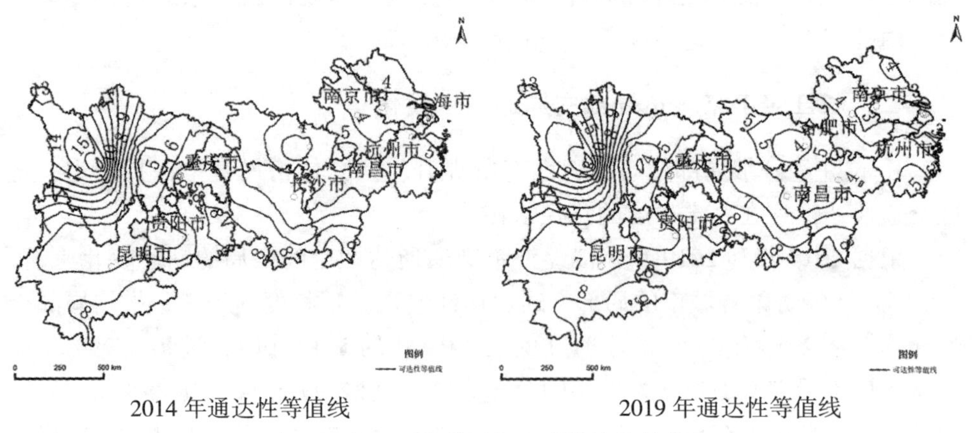

2014 年通达性等值线　　2019 年通达性等值线

图 4-4　长江经济带局部通达性等值线分布

3. 局部通达性改善较显著城市主要集中于长三角地区，该区域一体化进程最为迅速

分别计算长江经济带各城市局部交通通达性在 2014 年和 2019 年的变化值与变化率，变化值意味着局部绝对交通通达性的改善情况，变化率则意味着局部相对交通通达性的改善情况，之后利用克里金插值法对其总体变化格局进行可视化表达。从局部交通通达性改善情况的分布来看（见图 4-5），无论是通达性变化值还是变化率，得到较大提升的城市均显著集中于长三角地区，形成该区的显著高值集聚区。从变化率排名前 20 的城市分布来看（见表 4-2），除四川省的自贡市、湖北省的宜昌市以及安徽省的若干城市外①，其余改善幅度较

① 事实上，根据国务院 2016 年 5 月公布的《长江三角洲城市群发展规划》，其规划范围涵盖上海、江苏、浙江、安徽等省市，包含 26 个城市，安徽省大部已被纳入长三角发展规划范围内。

大城市均集中分布于上海、江苏和浙江的城市，而且从其空间分布来看，大致呈现出以上海为核心，向外围逐渐递减的变化态势，也就意味着长三角在近5年内的交通通达性改善程度最为显著，区域交通一体化进程最为迅猛。

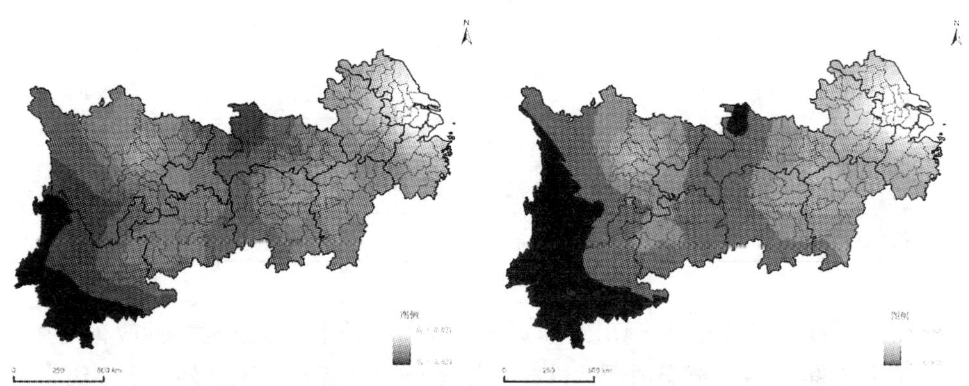

局部通达性变化值　　局部通达性变化率

图 4-5　长江经济带局部通达性变化值与变化率分布

表 4-2　**长江经济带局部交通通达性变化率排名前 20 的城市**

市州	2014 年	2019 年	变化值	变化率
镇江市	2. 86	1. 75	1. 10	38. 64%
盐城市	2. 67	1. 81	0. 86	32. 31%
徐州市	3. 05	2. 22	0. 84	27. 35%
上海市	3. 29	2. 44	0. 85	25. 82%
自贡市	4. 35	3. 30	1. 05	24. 10%
扬州市	4. 57	3. 48	1. 08	23. 70%
宣城市	3. 02	2. 33	0. 69	22. 80%
宿州市	2. 30	1. 78	0. 52	22. 62%
无锡市	3. 24	2. 53	0. 71	21. 91%
绍兴市	2. 49	1. 95	0. 54	21. 63%
泰州市	3. 48	2. 81	0. 68	19. 43%
宜昌市	3. 35	2. 71	0. 65	19. 24%
苏州市	3. 35	2. 74	0. 60	18. 03%

续表

市州	2014 年	2019 年	变化值	变化率
宿迁市	4. 63	3. 85	0. 78	16. 82%
阜阳市	1. 52	1. 27	0. 24	16. 10%
温州市	4. 11	3. 45	0. 65	15. 94%
南京市	3. 62	3. 04	0. 57	15. 89%
鹰潭市	3. 55	2. 99	0. 56	15. 73%
马鞍山市	2. 83	2. 43	0. 40	14. 15%
衢州市	3. 88	3. 35	0. 53	13. 60%

4. 高通达性改善区呈现出跃迁式区域分布，城市群交通通达性改善明显

除长三角这一局部交通通达性改善幅度最为显著的区域之外，次一级高通达性改善区呈现由东至西逐步跃迁式分布，在空间上分别形成东部、中部和西部三大交通通达性的显著改善区。为了更好地表现高通达性改善区的基本空间格局，将变化值与变化率的插值图与长江经济带行政区划图进行叠置分析，明显可以看出高值区恰好与长江经济带的三大城市群叠加，即长三角城市群、长江中游城市群和成渝城市群，说明作为区域发展重要空间载体的城市群在区域交通一体化进程上要显著强于城市群以外的其他地区。自 2014 年开始，国家陆续出台了一系列有关促进城市群发展的相关意见和建议，并分别于 2015 年 4 月批复同意《长江中游城市群发展规划》，2016 年 4 月批复同意《成渝城市群发展规划》，2016 年 5 月批复同意《长江三角洲城市群发展规划》，其中区域交通基础设施互联互通均是城市群一体化建设的重要内容，也在客观上加速了以城市群为空间载体的交通基础设施的建设步伐。事实上，城市群的交通基础设施的互联互通是推动城市群一体化建设最重要的路径之一，是区域一体化的先导性措施，能够大大加快城市群内部各城市之间人口、物资、信息等要素的流动，强化城市联系强度，并形成区域规模优势。

观察通达性变化值与变化率分布的空间差异可以看出，变化值的高值区覆盖范围明显大于变化率高值区的覆盖范围，特别是西部贵州、云南等地区，也就意味着就该地区的局部通达性的改善而言，其绝对通达性均得到较大幅度提升，但其相对通达性改善程度仍相对较弱，交通通达性并未出现跨越式提升。也进一步验证了前文关于长江经济带局部交通通达性总体格局基本保持稳定的判断。

专栏 4-1

三大城市群交通一体化建设的主要措施

长江三角洲城市群：

完善城际综合交通网络。依托国家综合运输大通道，以上海为核心，南京、杭州、合肥为副中心，以高速铁路、城际铁路、高速公路和长江黄金水道为主通道的多层次综合交通网络。增强京沪高铁、沪宁城际、沪杭客专、宁杭客专等既有铁路城际客货运功能。推进沪宁合、沪杭、合杭甬、宁杭、合安、宁芜安等主要骨干城际通道建设。规划建设上海—南通—泰州—南京—合肥、南通—苏州—嘉兴、上海—苏州—湖州、上海—嘉兴—宁波、安庆—黄山等铁路(含城际铁路)，以及上海—南通跨江通道等城际通道建设，提高城际铁路对5万以上人口城镇、高等级公路对城镇的覆盖水平。优化区域高速公路布局，健全区域协作机制，加强高速公路管理设施与安全防护设施建设，提升沪宁合、宁杭、合芜等高速公路的通行能力、应急保障能力和安全防护水平。发挥长三角高等级航道作用，提升城际货运能力。

加快打造都市圈交通网。加快上海城市轨道交通网建设，提升中心城区地铁、轻轨网络化水平，建设连通中心城区和郊区城镇的市域(郊)铁路，适时研究延伸至苏州、南通、嘉兴等临沪地区。加快构建各都市圈同城化交通网，强化南京、杭州、合肥、苏州、宁波城市轨道交通网，推进无锡、常州等城市轨道交通主骨架建设，加快都市圈城际铁路(市域铁路)建设，形成中心城市与周边重要城镇间以轨道交通为骨干、公路交通为基础的交通网络。畅通对外综合运输通道。统筹协调长三角城市群对外通道建设，打造长江黄金水道及长三角高等级航道网，规划建设沿江高速铁路，构筑与长江中游、成渝以及滇中、黔中城市群间的大能力、高速化运输通道。建设沿海铁路，强化与海峡西岸、山东半岛等地区间的联系。打通跨区域高速公路主通道、普通国省干线通道的“断头路”。

长江中游城市群：

打造紧密协作的水运网络。建设形成以长江航道为主轴，汉江、洞庭湖水系、鄱阳湖水系为补充，干线畅通、干支衔接的长江中游内河航道体系。加快实施长江安庆至武汉、武汉至宜昌段重点水道航道整治工程，加强航道工程模型试验研究，推进长江干线航道系统化治理。加快汉江、江汉运河、湘江、沅水、赣江、信江等高等级航道建设，推动松滋河、虎渡河航道整治，改善支流通航条件。提升港口专业化、规模化、现代化水平，深化武汉港、宜昌港、岳阳港、长沙港、南昌港、九江港等主要港口之间的合作，构建功能完善、布局合理、层次分明、紧密协作的长江中游港口群。大力加强港口集疏运体系建设，鼓励组建区域大型港务集团，推进码头联合经营，实现各种运输方式在港区的“无缝”衔接，拓展港口运输服务的覆盖范围。扩大三峡枢纽通过能力，加快三峡翻坝转运体系建设，推进三峡枢纽水运新通道和葛洲坝枢纽水运配套工程前期研究工作。

完善互联互通的陆运网络。建设以武汉、长沙、南昌为中心的“三角形、放射状”城际交通网络，实现省会城市之间 2 小时通达，省会城市与周边城市之间 1~2 小时通达。加快推进快速铁路建设，形成覆盖 50 万人口以上城市的快速铁路网；加快推进其他干线铁路和既有线路改扩建，推进疏港等支线铁路建设，与快速铁路形成覆盖 20 万人口以上城市的铁路网。积极推进国家高速公路建设，建成连通 20 万人口以上城市和主要港口的高速公路网络，实施国家高速公路繁忙路段扩容改造工程和公路安全生命防护工程；在科学论证和规划基础上，建设必要的地方高速公路，作为国家高速公路网的延伸和补充；加强省界地区的普通国道、省道衔接，提高国省干线公路技术等级以及交通管理设施设备、安全防护设置和相关服务水平，消除普通国道瓶颈路段制约，普通国道二级及以上公路比重 90%以上；加快县乡连通路、资源开发路、旅游景区路建设，实现具备条件的乡(镇)、建制村通沥青(水泥)路，逐步提高农村公路技术等级，完善道路交通安全设施，创造安全通行条件。加快发展农村客运，建制村通客车率达到 100%。增加长江干线过江能力，推进铁路、公路、城市交通合并过江，有序建设功能完善、安全可靠的长江过江通道。

成渝城市群：

优先建设城际交通网络。建设以高速铁路、城际铁路、高速公路为骨干的城际交通网络，打造核心城市间、核心城市与周边城市间、相邻城市间力争 1 小时通达的交通圈。共同加快建设兰渝铁路、成渝高速铁路。鼓励利用干线铁路富余能力开行城际列车。启动渝昆高铁前期工作，规划重庆至达州、达州至开县至万州等城际铁路。加快成安渝高速、重庆至广安至巴中高速公路建设，实施国省干线公路升级改造，联合打通“断头路”“瓶颈路”，减少安全隐患路段。

畅通长江上游航道。强化重庆港主城港区功能，有序推进泸州、宜宾、涪陵、万州和乐山、南充、江津、合川重点港(港区)建设。加快长江干线及岷江、嘉陵江、乌江高等级航道建设，形成“一主三辅”的水路运输格局。改善长江宜宾至重庆段航道条件，实施岷江、嘉陵江航电枢纽项目，整治乌江航道。

第四节　长江经济带城市全局交通通达性

利用栅格成本距离分析模块计算每个城市至其他城市的时间成本，并利用平均加权旅行时间成本计算获取每个城市与其他城市之间的平均时间成本，可将其视作某一城市到长江经济带内全部城市的平均时间成本，该值越低则意味着该城市到带内其他城市越便捷。局部交通通达性可视作城市对内交通联系能力和强度的表征，全局交通通达性则可视作城市对外交通联系能力的表征指标。

一、长江经济带城市全局通达性评价

1. 与局部通达性相比，全局通达性总体时间成本相对较高，城市内外部联系不平衡特征显著

在计算完成某一城市到其他城市时间成本的基础上，计算得到长江经济带全部城市的交通通达性，并进行分组统计。2014 年和 2019 年长江经济带 130 个城市的平均全局交通通达性分别达到 7. 58 和 7. 21 小时，与局部通达性的 5. 48 和 5. 19 相比，全局通达性明显高于局部通达性，也就意味着对于长江经济带内各城市而言，城市内部联系能力要显著强于城市间的联系能力。而且根据长江经济带局部与全局交通通达性的空间分布格局可以看出，对内联系能力较强的区域集中分布于长三角地区，而对外联系较强的区域则显著集中分布于长江经济带中部的江汉平原地区，也就意味着城市对内对外交通联系与地区交通基础设施等级分异和布局强度关系密切。地区交通基础设施等级与强度布局决定了各城市内部局部交通联系的能力与强度，而对于大尺度空间的单元而言，地区的交通区位优势在决定其对外联系能力方面具有更为显著的功能，并且在一定程度上决定了地区的全局交通通达性。

2. 全局通达性表现出中部高、东西低的特征，受地理空间二维几何平面特性的限制明显

利用克里金插值对长江经济带各城市 2014 年和 2019 年全局交通通达性进行可视化表达，明显可以看出，对于全局通达性而言，高通达性区域明显集中于长江经济带中部地区，基本形成围绕江汉平原向外围逐渐递减的近“核心-外围”的整体格局，整体表现出中部全局通达性较高，而东西部全局通达性较弱的格局。从全局通达性较高的城市分布来看，2019 年排名前 10 的城市分别为潜江市、仙桃市、荆州市、岳阳市、天门市、武汉市、常德市、益阳市、咸宁

市、鄂州市，全部位于湖北与湖南，其全局通达性全部高于平均全局通达性20%以上(见表4-3)，也就意味着位于中部的城市在与长江经济带内其他城市进行联系时的时间成本效率要大大高于长江经济带内的其他城市。事实上，地理空间存在着二维平面特性，使得城市交通联系受地理衰减规律的限制极为明显，也就是说对于特定地理空间，越靠近中部，越靠近几何中心，其在进行交通联系时所跨越的空间尺度越小，相对而言时间成本也就越低，而外围城市则需要花费更多的时间成本。因此对于长江经济带而言，中部城市连通东西部地区具有天然优势，并形成了中部通达性高而东西部通达性相对较差的局面。

表4-3　　**长江经济带城市全局交通通达性排名前20的城市**

城市	2014年	2019年	可达性变化值	可达性变化率	高于平均通达性
潜江市	5.60	5.32	0.29	5.10%	26.25%
仙桃市	5.61	5.32	0.29	5.10%	26.22%
荆州市	5.62	5.33	0.29	5.15%	26.03%
岳阳市	5.59	5.35	0.24	4.34%	25.87%
天门市	5.64	5.35	0.29	5.10%	25.75%
武汉市	5.69	5.37	0.32	5.57%	25.54%
常德市	5.66	5.39	0.27	4.73%	25.26%
益阳市	5.69	5.44	0.25	4.45%	24.61%
咸宁市	5.68	5.45	0.24	4.14%	24.48%
鄂州市	5.76	5.45	0.31	5.43%	24.40%
孝感市	5.72	5.46	0.26	4.52%	24.26%
荆门市	5.74	5.48	0.26	4.53%	23.98%
长沙市	5.77	5.48	0.29	4.95%	23.97%
宜昌市	5.77	5.50	0.27	4.70%	23.70%
黄石市	5.81	5.54	0.28	4.76%	23.23%
张家界	5.81	5.54	0.27	4.70%	23.22%
湘潭市	5.86	5.55	0.31	5.28%	23.01%
株洲市	5.87	5.56	0.31	5.27%	22.83%
黄冈市	5.92	5.63	0.29	4.86%	21.92%
娄底市	5.88	5.64	0.25	4.22%	21.83%

3. 全局交通通达性存在明显的东西差异，东部城市的全局交通通达性强于西部城市

尽管地理空间二维平面的限制，使得东部和西部在全局通达性上均呈现相对较弱的格局，但东西部之间仍然存在着显著的差异。东部城市与长江经济带内其他地区城市进行联系的时间成本要明显低于西部城市，也就意味着尽管东西部城市在空间距离上的差异并不显著，但交通基础设施等级与强度布局存在东西差异，使得东部城市在进行空间联系上的时间成本要明显小于西部城市。事实上，全局通达性较差的城市基本位于四川、云南，以 2019 年通达性排名后 10 位的城市为例，分别为德宏傣族景颇族自治州、西双版纳傣族自治州、保山市、普洱市、临沧市、怒江傈僳族自治州、大理白族自治州、迪庆藏族自治州、丽江市，全部位于西南部的云南省，而且后 10 位城市全局交通通达性均低于均值的 44%以上，甚至排名后 5 位的城市全局交通通达性低于均值的 60%以上。而反观东部城市，尽管全局通达性低于中部城市，但相较西部地区城市，其在对外联系能力上仍相对较高，对比东部三省市(上海、浙江、江苏)与西部四省市(重庆、四川、贵州、云南)的平均全局通达性可以看出，2019 年东部省市平均全局通达性为 7. 54 小时，西部省市平均全局通达性则高达 8. 56 小时，也就意味着西部地区城市的对外联系时间相比东部城市而言平均要多花费近约 1 个小时，西部城市的对外联系能力显著低于东部城市。长江经济带城市全局交通通达性见图 4-6。

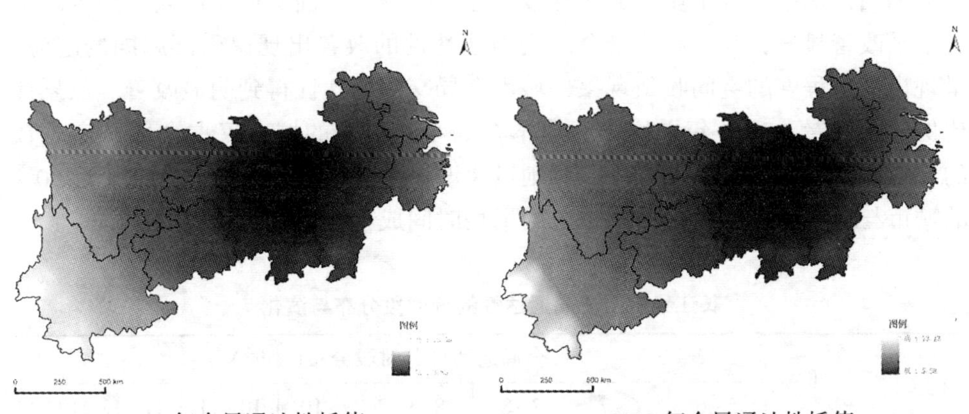

2014 年全局通达性插值　　2019 年全局通达性插值

图 4-6 长江经济带城市全局交通通达性

二、长江经济带城市全局交通通达性演化

1. 整体交通通达性出现明显改善，近5年交通基础设施建设大大提升了城市对外联系能力

2014年至2019年的5年间，长江经济带各城市全局交通通达性得到了明显的提升，2014年全部城市平均全局交通通达性为7.58小时，至2019年这一数字下降至7.21小时，平均交通联系的时间成本下降了4.92%。而且无论是全局交通通达性最高值还是最低值均出现明显下降，2014年通达性最优的城市为湖南岳阳市，平均时间成本为5.59小时，至2019年通达性最优的城市为湖北潜江市，平均时间成本为5.32小时。最劣城市与之相类似，2014年与2019年通达性最劣城市均为云南省德宏傣族景颇族自治州，通达性值则分别为12.92和12.51小时。而且从通达性变化的城市分布来看(见表4-4)，通达时间成本出现明显的低值偏向，2014年平均通达时间成本在5~6小时的城市数仅占全部城市总数的16.54%，而至2019年这一比例迅速上升至25.98%，其余6~7小时、7~8小时区间内的城市占比也增长明显。与此同时，高时间成本城市占比则出现明显下降，特别是成本在8~9小时和12~13小时区间的城市数，比例下降最为明显，其中8~9小时区间城市数占比由2014年的15.75%降低至2019年的7.87%，相当比例的城市进入8小时区间之内。与此同时，12~13小时区间的城市数占比由3.94%降低至1.57%，也就意味着一方面相当比例中等成本城市通达性改善显著，另一方面交通条件较差地区的交通水平改善显著，长江经济带全局交通通达性的改善出现俱乐部趋同的趋势，呈现出一定程度的空间收敛现象，城市全局交通通达性得到明显改善。从累计比例分布来看，2014年平均时间成本在8小时以内的城市仅占全部城市总数的69.29%，而到2019年这一比例则迅速增加至79.53%，即至2019年近80%的城市与其他城市进行交通联系时的平均时间成本可在8小时以内。

表4-4　**长江经济带全局通达性的分时段分布与演化**

年份	统计	全局通达性分时段分布(小时)							
		5~6	6~7	7~8	8~9	9~10	10~11	11~12	12~13
2014	个数	21	33	34	20	6	6	2	5
	占比	16.54%	25.98%	26.77%	15.75%	4.72%	4.72%	1.57%	3.94%
	累计占比	16.54%	42.52%	69.29%	85.04%	89.76%	94.49%	96.06%	100%

续表

年份	统计	全局通达性分时段分布(小时)							
		5~6	6~7	7~8	8~9	9~10	10~11	11~12	12~13
2019	个数	33	36	32	10	5	5	4	2
	占比	25. 98%	28. 35%	25. 20%	7. 87%	3. 94%	3. 94%	3. 15%	1. 57%
	累计占比	25. 98%	54. 33%	79. 53%	87. 40%	91. 34%	95. 28%	98. 43%	100%

2. 全局交通通达性的低值区出现明显扩张，地域覆盖范围逐渐扩大，但东西部地区扩展速度存在差异

利用长江经济带全局交通通达性分布提取通达性等值线，可以看出低时间成本等值线显著外扩，地域覆盖范围明显增大，城市对外交通联系能力显著提升。从 2014 年时间成本等值线分布可以看出，这一时期 6 小时等值线覆盖范围仅局限于湖北与湖南两省境内，在空间上涵盖了湖北中部和东部的武汉市、鄂州市、黄石市、天门市、仙桃市、潜江市、孝感市、荆州市以及湖南北部的长沙市、常德市、岳阳市、益阳市等城市。而至 2019 年 6 小时时间成本等值线显著外扩，从空间上显著扩展至湖北北部、西部和东部，中部和北部的随州市、荆门市，西部宜昌市和恩施州的一部分，以及东部的咸宁市进入 6 小时时间成本等值线内。湖北省大部分地区已进入 6 小时通达圈。与此同时，湖南省覆盖范围更是大幅扩张，除 2014 年 4 城市外，张家界市、娄底市、湘潭市、怀化市以及湘西州、株洲市、衡阳市的一部分也已进入 6 小时通达圈，且其空间范围进一步扩展至江西的九江市以及宜春市和萍乡市的一部分。与此同时，7 小时时间成本等值线西向由重庆市—贵州铜仁市、黔东南州向西进一步扩展至四川达州市—重庆市—遵义市—黔东南州，移动距离最宽处超过 130 公里。东向 7 小时时间成本等值线则由安徽六安市—合肥市—铜陵市—池州市—黄山市，江西上饶市—鹰潭市东向延伸至安徽省的阜阳市—淮南市—滁州市—马鞍山市—宣城市，浙江省衢州市，江西上饶市一线。8 小时等时间成本线由江苏省的淮安市—扬州市—镇江市—常州市—无锡市，浙江省的杭州市—金华市—丽水市进一步外延至覆盖江苏连云港市—盐城市，浙江宁波市、台州市、温州市一线，也就意味着绝大部分东部城市已完全进入 8 小时交通通达圈。同时，9 小时时间成本等值线也出现显著西向外扩，而东部至 2019 年全部城市平均时间联系成本已均小于 9 小时。高时间成本等值线覆盖范围则显著减小。2014 年 13 小时时间成本等值线集中于云南的西双版纳州和德宏州，而至 2019 年，

13 小时等值线覆盖范围出现明显缩小，长江经济带各城市对外交通联系的平均时间成本显著下降。

但与此同时，值得关注的是，从等时间成本线的空间扩展速度来看，却存在着明显的东西差异，低时间成本等值线在东部地区的扩展速度要快于西部地区，特别是在 9 小时时间成本区间内，扩展速度更加明显。为了更好地表现长江经济带城市全局交通通达性的变化方向，分别提取 2014 年和 2019 年的全局通达性重心(见图 4-7)，可以看出 2014 年和 2019 年可达性重心均位于湖南省张家界市，位于长江经济带几何中心以东近 220 公里，也就意味着长江经济带交通通达性的优势区更加倾向于东部省市，而且从通达性重心的迁移轨迹来看，重心向东北方向偏移了约 7 公里，也就意味着长江经济带东部偏北方向区域的交通通达性得到显著改善，通达性改善速度要显著快于西部省市。

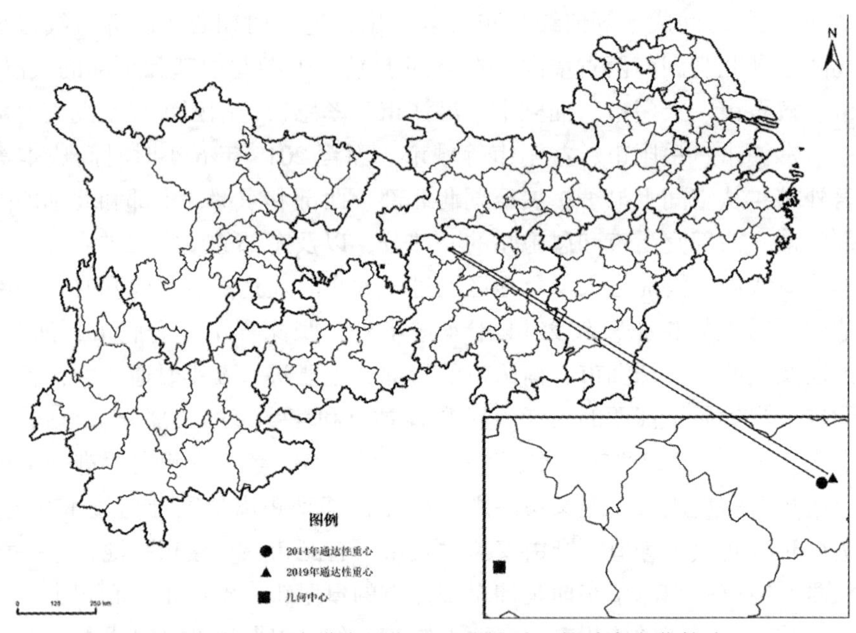

图 4-7　长江经济带全局交通通达性重心的动态变化轨迹

3. 交通通达性等值线随时间变化出现动态空间扰动，少数地区的基础设施建设需要予以加强

从交通时间成本等值线的空间分布变化来看(见图 4-8)，2014 年时间成本分布等值线相对较为平滑，分小时等值线基本呈现匀速变化，由中部江汉平原分别向东西方向逐渐扩展，仅在云南的德宏州、保山市、西双版纳州以及湖南

的郴州、江西的赣州等少数地区出现若干高时间成本等值圈。但到 2019 年，通达性时间成本等值线开始出现明显的空间扰动，在空间上形成了江西赣州 7 小时等时间成本闭合圈，在四川阿坝州出现 9 小时等时间成本闭合圈，在云南德宏州、西双版纳州出现覆盖范围较小的 13 小时等时间成本闭合圈。同时，在四川甘孜州出现 9 小时时间成本等值线向低值空间的明显凸起。也就意味着，上述地区的交通通达性变化与周边区域存在显著差异。其中，江西赣州、云南德宏州、西双版纳州的交通通达性改善显著，高值等时间成本线覆盖范围显著缩小，区域交通通达性得到明显改善。而四川阿坝州出现 9 小时等时间成本闭合圈、四川甘孜州出现 9 小时时间成本等值线向低值空间的明显凸起则意味着，2019 年阿坝州全局交通通达性时间成本要显著高于周边地区，甘孜州则出现局部通达性弱势区，即小部分区域通达性显著低于周边地区。这一现象说明，在长江经济带全局交通通达性得到显著改善的情况下，少数地区交通条件的改善却显著落后于周边地区，甚至形成交通通达性“洼地”，对外联系能力大大受限，特别是部分西部山区城市在交通基础设施建设显著进步的情况下，交通能力仍存在较大短板，也是未来交通基础设施布局需要予以着重关注的地区。

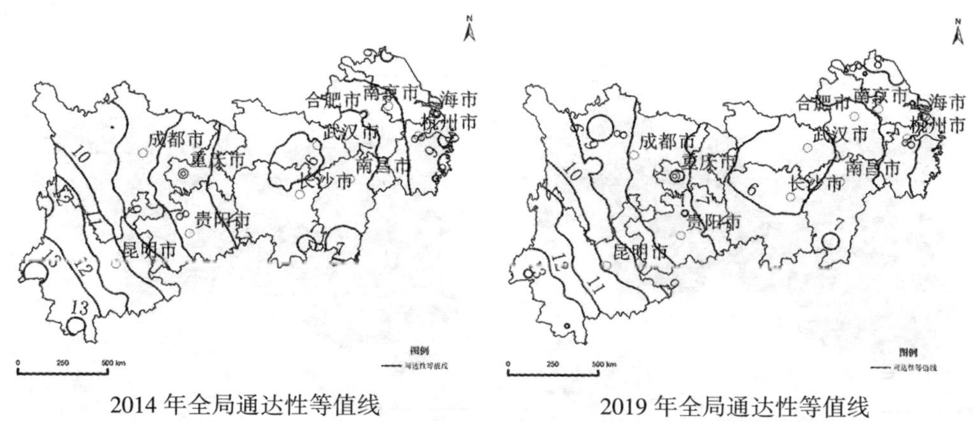

图 4-8　长江经济带全局交通通达性等值线分布图

4. 全局通达性变化值与变化率出现显著的空间异配，城市群对外联系能力提升最为显著

从长江经济带全局城市交通通达性变化的空间格局来看，变化值与变化率出现极为显著的空间异配(见图 4-9)。从变化值的空间格局来看，位于中部的

湖北、湖南、江西甚至西部贵州的部分地区，通达性值提升最为显著，而从变化率来看，全局通达性提升最为显著的地区则明显集中于长三角地区，并且形成了由东至西的近梯度变化形势。也就意味着，从绝对通达性变化上来看，中部地区由于具有靠近几何中心的区位优势，在整个长江经济带交通基础设施建设情况得到显著改善的情况下，中部城市东西向的联系能力显著增强，绝对通达性得到显著改善。但就相对通达性而言，东部地区与 2014 年相比，其提升比率更大，也就意味着东部地区在 2014—2019 年，通达性进步最为明显，交通基础设施的建设与布局对区域对外交通联系能力的提升最为明显。而且通过对变化率空间格局的分析可以看出，高值区在东部呈现近似环状衰减的格局，并在少数区域形成了次一级的高值集聚区，通过利用行政区与插值图的叠置分析可以看出，除了长三角这一显著高值区以外，在湖北东部、江西北部和湖南东部形成了两条变化率高值带，并且在西部重庆与四川交界地区形成了另一高值区，其空间格局恰好与长三角城市群、长江中游城市群、成渝城市群形成空间叠加，也就意味着这三大城市群的全局交通通达性与 2014 年相比出现更为显著的提升。正如前文分析结果，城市群交通基础设施建设和布局强度显著高于其他地区，交通一体化程度最高，并进而导致城市群局部交通通达性和全局交通通达性进步速度显著高于长江经济带内的其他地区。

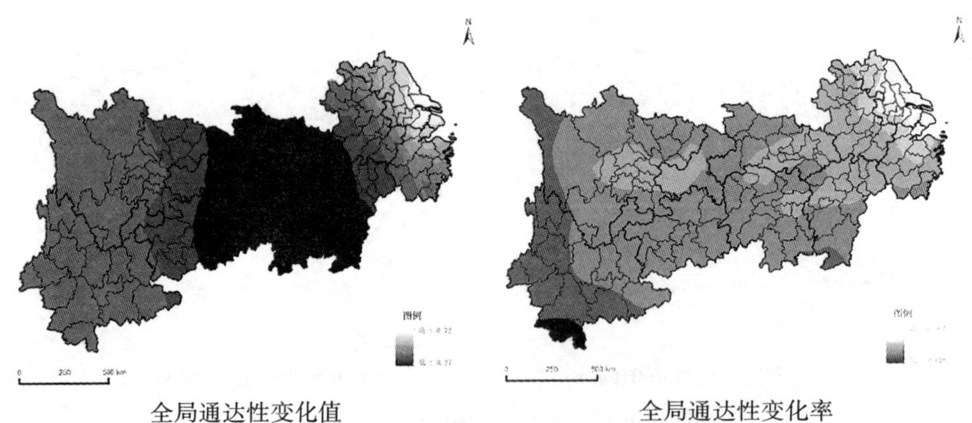

全局通达性变化值　　全局通达性变化率

图 4-9　长江经济带城市全局交通通达性变化示意图

第五章　长江经济带城市交通联系网络的空间结构与韧性演化

交通基础设施建设的变化深度影响区域城市等级体系结构。从宏观角度来看，交通基础设施网络是空间经济网络的实际载体，交通基础设施网络通过其自身的空间布局可以对城市规模分布产生直接的影响。交通基础设施网络中的节点城市具有相应的区位优势，能够吸引人口、资金、技术等生产要素向这些城市集聚，改变原有的城市规模分布。交通基础设施网络中的交通轴线同样可以吸引劳动力等要素集聚。企业沿交通轴线集聚并向两侧的一定范围内扩散，推动城市在交通干线附近呈带状分布，并且随着可依托轴线的增加，将进一步推动城市规模分布向多中心的星云状结构演进。随着节点城市间经济联系更加紧密，交通基础设施密度不断提高，城市规模分布在空间上由单核结构转变为多个节点紧密联系的多核网络结构，并进而促进了交通城市网络的研究。

受限于交通基础设施网络数据的获取难度，基于交通基础设施网络视角考察城市网络的研究相对较少，且在研究尺度、深度和广度等方面都有较大的提升空间。早期基于交通流的城市研究更多集中于航空流视角，国外学者在城市网络体系等方面做出了诸多有益探讨。国内相关研究则始于 20 世纪 90 年代，金凤君等通过航空、铁路流主要围绕航空网络发育、铁路网络演化等方面做出了系统的研究；周一星等先后通过航空流量数据揭示了不同时段中国城市体系的层级结构、网络关联和格局演变等特征；钟业喜等基于铁路网络研究了中国城市体系等级结构及其空间格局；冯长春等以城际轨道流对珠三角城市区域功能多中心进行了探讨。从方法上来看早期多以城市空间联系、引力模型作为主要分析方法。伴随着城市间人口、物资、信息流交换的飞速发展，区域城市网络化发育的进程进一步加快，并且由于复杂网络等复杂性科学的深度发展，分析方法开始逐渐转向复杂网络等方法，分析视角则转向城市网络结构性质等方面的分析。

第一节　复杂交通网络基本特征与研究进展

一、复杂网络的属性与特点

复杂网络(complex network)的研究最早可追溯至18世纪数学家欧拉(Euler)对于“七桥”问题的研究，即河心两岛与两岸之间共有7座桥，如何在只通行1次的情况下通过7座桥，并回到原点。Euler将这一问题抽象为节点与边的问题，由此开创了一个数学新分支——图论(graph theory)(见图5-1)。事实上，直至今天人们对于复杂网络的研究与Euler当年关于七桥问题的研究在某种性质上是一脉相承的，其核心思想即为网络结构与网络性质是密切相关的。

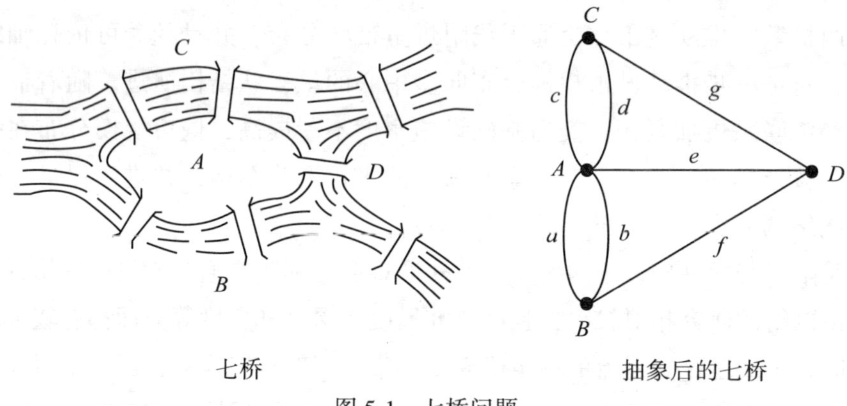

图5-1　七桥问题

在Euler解决七桥问题之后的相当长一段时间，图论的发展相当式弱。至20世纪60年代，Erdos和Renyi建立的随机图理论被公认为开创了复杂网络系统研究的先河。甚至在接下来的40年里被众多学者认为是描述真实世界最为适宜的模型。之后的学者在此基础上先后开展了众多试图解释社会网络特征的有关小世界网络的试验，如Milgram的“六度分离”试验，即任意世界上任意2个人之间的平均距离为6，一个人仅需要经过5次中转即可与任意他人产生联系。Granovetter关于弱连接强度的研究认为，人们在找工作时关系密切的人群所起的帮助反倒没有那些关系一般的朋友所起的作用大。至20世纪末，随着计算机科学的迅猛发展，学者的目光开始转向那些现实中存在的包含大量节点和联系的具有复杂结构的网络，甚至在诸多学科中引发了"网络的新科学"的浪潮。其中可视为开启新纪元的标志性研究成果有两个，一是 Watts 及其导师 Storgatz 教授在 *Nature* 上所发表的《"小世界"网络的集体动力学》(*Collective Dynamics of "Small-World" Networks*)，二是 Barabási 和他的博士生 Albert 在 *Science* 上所发表的《随机网络中的标度涌现》(*Emergence of Scaling in Random Networks*)。这两篇文章分别从复杂网络的小世界和无标度特征出发建立相关理论模型，对网络特性进行了展现。复杂网络的历史进程见表 5-1。

表 5-1　**复杂网络的历史进程**

研究时间(年)	主要学者	具体事件
1736	Euler	七桥问题
1959	Erdos 和 Renyi	随机图
1967	Milgram	小世界试验
1973	Granovetter	弱连接的强度
1998	Watts 和 Storgatz	小世界模型
1999	Barabási 和 Albert	无标度网络

自 Watts 和 Storgatz 以及 Barabási 和 Albert 之后，众多学者对现实世界网络的拓扑结构进行了大量的实证研究，并提出了众多的网络拓扑结构模型(见图 5-2)。一般可归纳为四种网络形态，即规则网络(regular network)、随机网络(random network)、小世界网络(small-world network)和无标度网络(scale-free network)。

规则网络。它是指系统中元素间的连接关系具有一定的规则，即网络中任意节点之间的联系遵循既定的原则，通常每个节点的近邻数目相同。一般分为全局耦合网络、星形耦合网络和最近邻耦合网络。规则网络的普遍特征是具有平移对称性，即节点的度值和聚类系数相同。

随机网络。根据 Erdos 和 Renyi 所提出的 ER 随机图理论，当网络中节点数固定为 N，它们之间有 M 条无向边随机相连，则在此网络中最多有 $N(N-1)/2$ 条可能连接的边，而且每条边出现的概率为 p，它们之间是相互独立的。当这一网络确定后，即可得出其平均度为 $<k>=p(N-1)\approx pN$，平均路径长度 $l\sim \ln N/\ln<k>$。因此网络的聚类系数即为 $C=p=<k>/N\ll 1$，这也就意味着大规模 ER 随机网络没有聚类特征。但事实上现实复杂网络具有明显的聚类特征，说明实际复杂网络聚类系数要比 ER 随机网络大。因此对于固定的随机图平均度<k>不变，则对于充分大的 N，由于各条件的出现与否都是独立的，因此 ER 随机图的度分布可以用 Possion 分布来表示：

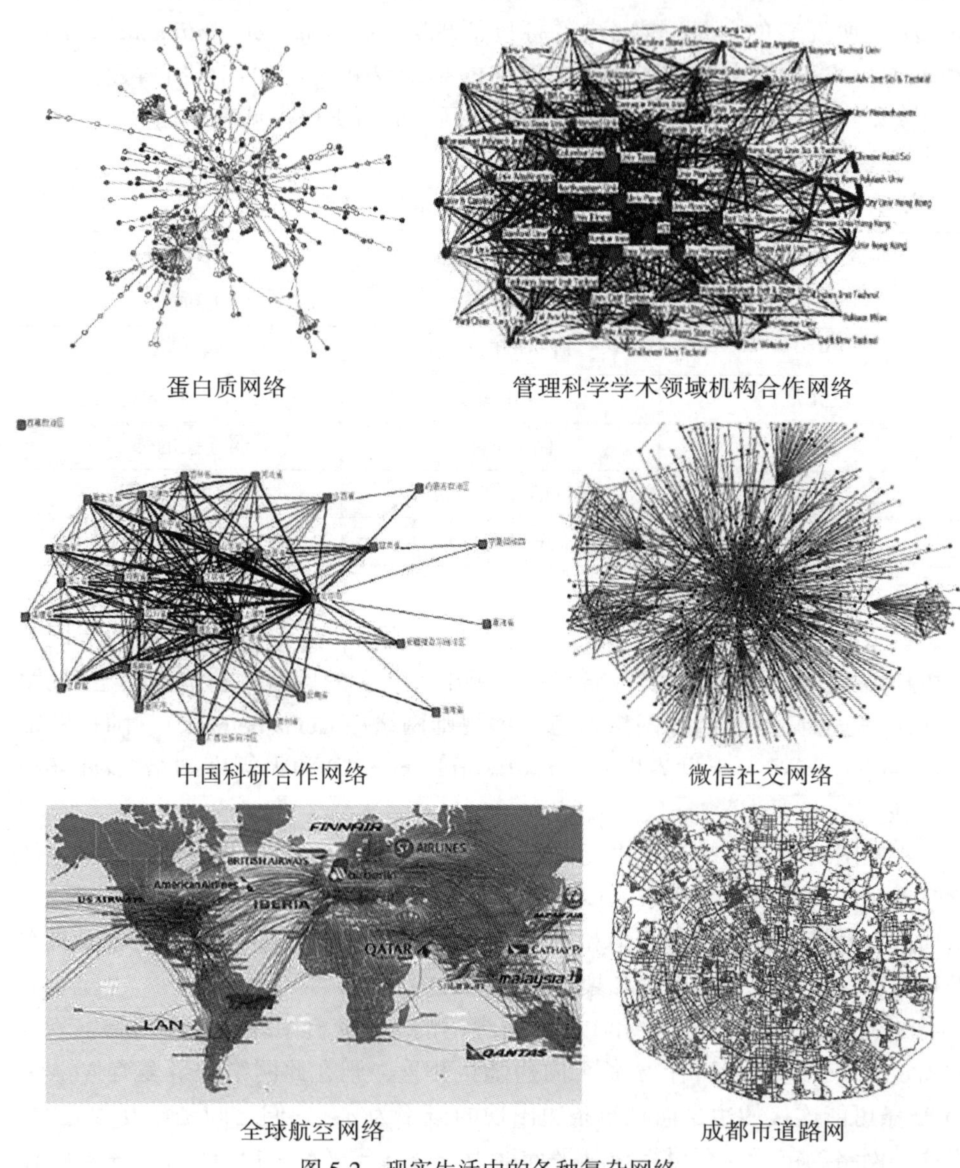

蛋白质网络　　管理科学学术领域机构合作网络

中国科研合作网络　　微信社交网络

全球航空网络　　成都市道路网

图 5-2　现实生活中的各种复杂网络

$$P(k)=\binom{N}{k}p^{k}\,(1-p)^{N-k}\approx\langle k\rangle^{k}\mathrm{e}^{-\langle k\rangle}/k! \tag{5-1}$$

根据随机网络的上述特点，其性质基本可概括为 Possion 度分布，平均路径短同时聚类系数小。

小世界网络。规则网络具有高聚类特征，但并不是小世界网络。随机网络的平均路径短但是聚类系数同样较小，因而对于现实世界的反映能力较弱。在此背景下，Watts 和 Storgatz 提出了小世界网络，称之为 WS 小世界模型，具体构造算法如下：

(1)从规则网络开始，构造一个具有 N 个节点的最邻近耦合网络，每个节点都和与它附近相隔 $k/2$ 个节点相接，k 是偶数。

(2)以概率 p 随机重连网络中的每条边。规定任意两个不同节点之间最多拥有一条边，而且每个节点都不能有边与自身相连。

如此，在以上的构造规则上，$p=0$ 对应规则网络，$p=1$ 对应随机网络。通过对概率 p 值的调节，即可得到具有小世界特征的复杂网络。小世界网络具有平均路径短而聚类系数大的特点，可视为由规则网络向随机网络过渡的网络类型，但就目前来看，关于小世界网络的平均路径长度并没有精确的解析表达式。一般情况下，由规则网络向随机网络演进的过程中其规则性逐渐下降，随机性逐渐上升(见图 5-3)。

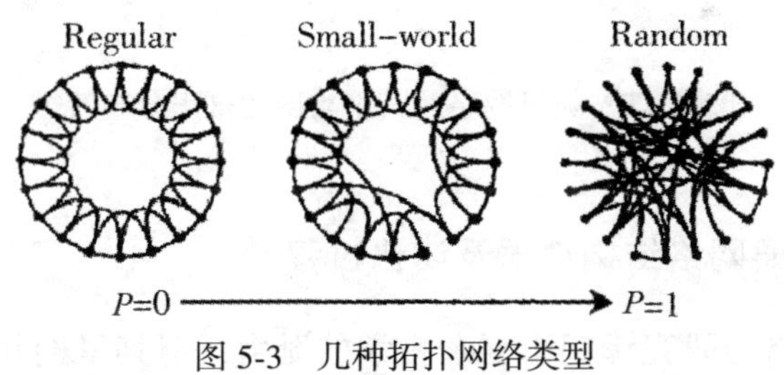

图 5-3　几种拓扑网络类型

无标度网络。无标度网络指的是网络度分布符合幂率分布，但由于在对其进行描述时，难以确定一个精确的特征尺度，因而称之为无标度网络。无标度网络中最为典型的即为 Barabási 和 Albert 所提出的 BA 无标度网络模型，被称为 BA 模型(见图 5-4)。它具有现实网络中最常见的两个特征，即增长性(growth)和择优连接性(preferential attachment)。第一个特征表明无标度网络具有生长性，即其可以不断扩张，如现实互联网中每天都在产生新的网页。第二个特征表明节点连接能力的差异会随着网络规模增大而逐渐增大，也就是网络中的“马太效应”。

无标度网络最显著的特性可归纳为以下三点：

(1)小世界网络特性。两点之间的最短路径长度一般远小于整个网络的大小。

(2)聚类性。指无标度网络包含许多簇或圈，在每个簇或圈内有相当高的连线密度，但在簇与簇(圈与圈)之间的连接密度却相对较低。

(3)网络弹性。假若删除网络中的一个或者多个点，却导致网络中节点距离大幅提升，则网络的连通性就会大幅下降。其弹性也就是指去除网络节点会对网络带来的攻击效果。

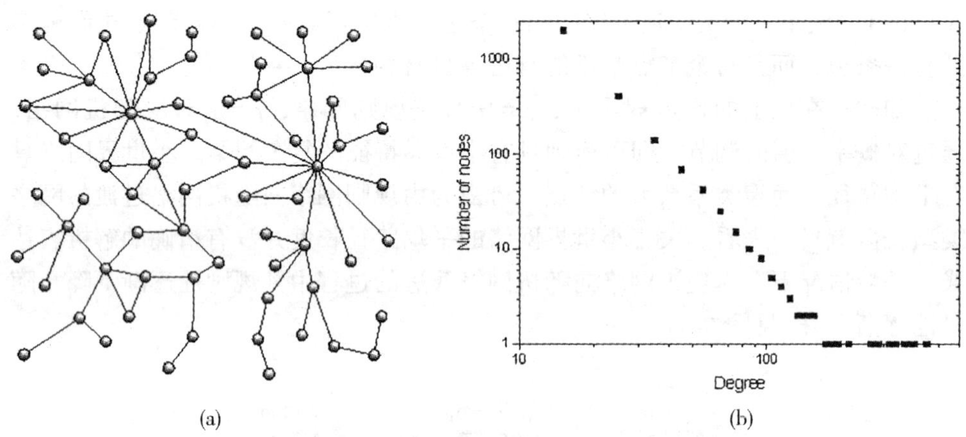

图 5-4　BA 随机网络及其平均度的幂率分布特征

二、复杂交通网络结构性质及演化过程

复杂交通网络的研究缘起于复杂科学的诞生，但其早期并未引起足够的关注。1999 年 Barabási 和 Albert 在 *Science* 上合作发表了 *Emergence of Scaling in Random Networks*，他们发现了网络连接分布的“幂律分布”定律，并形成无标度网络。Watts 和 Strogatz 根据人类社会关系网络关系的特点构建出“小世界”网络，并在 *Nature* 上发表 *Collective Dynamics of “Small-World” Networks*，两篇论文的发表成为复杂网络研究的重要里程碑。之后，众多学者将复杂网络的理论与方法引入交通网络的研究，通过原始法或对偶法等方式将交通网络抽象为节点与线路的组合，并通过对其拓扑结构的分析展现网络的相关性质，取得了广泛的成果。从研究成果看，复杂交通网络的研究主要呈现出以下特点：

(1)结构性质研究更加深入。交通网络的拓扑性质是交通网络相关特征的重要表征指标。对交通网络的拓扑结构性质的研究最初主要集中于简单的几何特征，如 Musso 和 Vuchic(1988)对美国 10 个不同城市地铁网络的长度、线路数、站点数演化进行了统计，并提出了相应的规划建议。随着复杂网络理论与方法的日益完善，交通网络无标度性、小世界性、中心性、层次性、集聚性、可靠性、脆弱性等开始逐渐成为学者关注的重点。如 Lämmer 等(2006)等对德国排名前 20 大城市的道路网络进行了分析，发现无论是分等级路网节点分布还是交通流均符合无标度分布，呈现出显著的等级层次差异。Sienkiewicz 和 Holyst(2005)对波兰 22 个城市的公共交通系统的拓扑性质包括度、平均路径长度、聚类系数、中介中心性等进行了研究，发现所有城市公交系统度中心性和平均路径长度均符合幂律分布，并呈现出显著的小世界特征。Crucitti 等(2006)选择不同发展水平国家的 18 个城市，通过对其道路网络的中心性、聚类系数等进行了分析，并将之分为自组织城市和规划型城市，其中自组织城市的路网拓扑性质展现出显著的无标度特性。Latora 和 Marchiori(2002)研究了波士顿城市地铁网络的拓扑性质，最终发现小世界特性是地铁建设与设计中需要遵循的重要法则。Miyagawa(2011)则以东京为例，通过对其内向、外向、路径交通流的分析，展现了城市路网的层次性差异。Ociveira 等(2016)通过构建脆弱性和可靠性指示模型，通过联系节点性质异同的分析，并以里约热内卢地铁网络为实证，研究了交通网络的脆弱性和可靠性。

(2)研究对象、尺度更加多样。从研究对象上来看，研究对象逐步扩展，从普通路网扩展到公交网络、地铁网络、高速公路网络、铁路网络、航空网络、水运网络。研究尺度则从街区、城市内部区域层面扩展至更大范围的省级乃至国家、全球层面等。如 Quium 和 Hoque(2002)利用复杂网络图论中的α和γ指标研究了孟加拉国的道路交通运输网络连通情况，并对其脆弱性进行了分析。Sen 等(2003)发现印度国家铁路网在 P 空间下才符合小世界网络的基本特征，且节点度分布和聚类系数负相关。Montis 等(2005)利用加权网络对意大利撒丁岛城市内部道路网的复杂性进行了分析，发现其小世界特征显著。Chen(2007)和 Ferber(2007)则分别选取中国 3 个典型城市和世界 14 个特大城市，对其地面公交网络拓扑结构的特征进行了分析，结果发现地面公交呈现较为显著的随机组织状态，且只有在 L 空间才能够呈现出小世界特征的无标度网络。Villas 等(2009)则对全球范围内的高速公路网络使用两种不同的模型进行了比较分析，并对其最优结构参数进行了模拟。Guimera 等(2005)在对全球航空网络拓扑结构进行分析时发现其中心性分布呈现显著的点度分布特征即双段幂律分布，且社团结构特征明显。Fremont(2007)以马尔斯克公司为例对全球海运网络的复杂结构进行了分析，并对其航线调整提出了建议。

(3)网络拓扑构建与统计模型不断革新。从网络拓扑模型构建上来看，主要是基于图论的二部图等理论的拓扑构建方法，在形式上主要集中于L空间、P空间、C空间三种模型构建方法。从网络拓扑性质统计模型上来看，则主要集中于随机网络、小世界网络、无标度网络、复杂加权网络等网络理论模型。如Mohmand等(2013)通过构建加权复杂网络对巴基斯坦高速公路网的结构进行研究，结果发现75%的交通问题是其高速公路网结构性问题造成的。除此以外，还有学者将目光投向了网络演化模型，但其主要侧重于交通网络的动力学过程。

从国内研究进展来看，国内学者对复杂网络的研究起步较晚，但发展较为迅猛。国内复杂交通网络的研究多集中于交通运输工程、交通运输管理、管理科学与工程等相关学科。研究视角则多集中于网络拓扑结构特征识别、网络资源分配、网络稳定性、可靠性评价与模拟、网络结构优化、网络通达性评价、网络演化等方面，从其研究对象来看多集中于城市内部交通系统，如城市内部路网、城市公交线路、城市轨道交通网络等，研究尺度相对较小。铁路、高速公路等虽有涉及但成果相对较少，相比之下航空网络成果较为丰富，进展也较为迅速。地理学诸多学者也利用复杂网络理论在揭示和模拟空间现象中的优越性，对不同类型交通网络的复杂性特征进行了研究，但是研究视角、空间尺度等均存在一定差异。研究视角以结构演化为主，主要体现交通网络的动态变化特征。研究尺度则相比之下较大，从国家范围到经济区范围、省域范围、城市圈(群)等均有涉及。如任启龙等(2014)对东北经济区高速公路拓扑通达性及演化进行了研究。陈春等(2016)对重庆市公路交通网络的拓扑通达性进行了分析。刘承良等(2014)和段德忠等(2013)则分别对武汉城市圈城乡路网复杂结构演化及空间稳定性进行了研究。姜巍等(2013)对中国煤炭资源铁路货运网络的复杂结构及演化进行了分析。王姣娥等(2009)、彭语冰等(2009)、王海江等(2013)则对我国航空网络的结构复杂性进行了研究。

第二节　长江经济带城市交通网络的结构与格局演化

在计算完成长江经济带2014年和2019年交通通达性基础上，通过提取各城市两两间的交通联系时间成本，进行标准化处理后构建两个年份长江经济带城市交通联系网络，并通过对网络的连接性、连通性、集聚性、结构韧性等方面的评价，探讨长江经济带城市网络的等级体系演化。

一、研究方法

（一）节点连接性评价

节点度。节点度指节点连接其他节点的数目，表征该节点在区域中的重要性，节点的度值越大表明该节点在网络中的地位越重要，连接性能越好，其计算公式如下：

$$C_D(m_i)=\sum_{j=1}^{n}c_{ij} \tag{5-2}$$

式(5-2)中，$C_D(m_i)$指单个节点度中心性，c_{ij}指节点i，j之间存在的联系。

网络密度。网络密度是指网络中所有节点已存在联系数与理论联系数之比。网络密度反映了网络中的联系分布，密度越大，网络联系数越多，网络规模越大，其计算公式如下：

$$D=\sum_{i=1}^{n}\sum_{j=1}^{n}c(m_i,\ m_j)/n(n-1) \tag{5-3}$$

式(5-3)中，D为网络密度，n为网络中所有节点数，本书指长江经济带内的130个地级城市37个县区单元，c为网络中实际存在的联系数，m_i、m_j为节点联系函数。

（二）网络连通性评价

平均路径长度。特征路径长度指的是能够连通网络中任意两节点可能存在的最少的联系数。取网络中所有任意两节点间特征路径长度的平均值，即为平均路径长度。平均路径长度越小，意味着连通任意两节点通过的平均联系数越小，网络的连通性越好，其计算公式如下：

$$L=\frac{2}{n(n-1)}\sum_{i\neq j}d_{ij} \tag{5-4}$$

式(5-4)中，L为平均路径长度，n为网络中所有的节点数，d_{ij}为连通两节点i、j的距离。

中介中心性。中介中心性实际上测量的是某个节点有多大的可能性位于相联系的两个节点的中间，也就是该节点实际上控制其他两个节点联系的能力。

因此中介中心性表征节点的媒介作用，节点中介中心性越高则表明该节点对其他节点的影响越大，对于网络的控制能力越强，其计算公式如下：

$$C_B(m_i) = \sum_{j}^{n} \sum_{k}^{n} m_{jk}(i) \tag{5-5}$$

式中，$C_B(m_i)$ 指节点 i 的中介中心性，$m_{jk}(i)$ 指节点 i 经过节点 i、k 之间的概率。

（三）网络集聚度评价

平均聚类系数。聚类系数指的是任意相邻的节点之间实际存在的联系数与可能存在的最多联系数的比。它能够表现网络的局部特征，即任意节点与其相邻节点所在团组与其他团组的重合程度。平均聚类系数即指所有节点聚类系数的均值。聚类系数越大，节点与相邻节点的连接越紧密，局部连接越强，其计算公式如下：

$$C_i = \frac{E_i}{C_{k_i}^2} = \frac{2E_i}{k_i(k_i - 1)} \tag{5-6}$$

式(5-6)中，C_i 为平均聚类系数，K_i 表示度为 k 的节点集合，E_i 为 i 的 K_i 个关联节点构成的网络中实际存在关联的边数。平均聚类系数即所有节点聚类系数的平均值。

（四）网络团组特征评价

团组划分(community detection)是复杂网络中的重要工作之一，其主要思想在于将网络中实际或者潜在联系数较大的节点或者边进行分组，从而形成组内联系频繁，组间联系相对稀疏的若干团组，其结构称为团组结构。为了识别网络团组结构，众多学者提出了不同的团组结构识别方法，如 Girvan 和 Newman 提出的 G-N 算法，模块度概念(modularity)，Raghavan 等提出的 LPA (label propagation algorithm)算法，Palla 等提出的过滤重叠团组的 CPM(clique percolation method)算法，Blondel 等提出的 fast unfolding 算法等，其思路基本上分为两类，即通过添加边进行聚合的分类方法和通过移除边进行裂变的分类方法。

fast unfolding 算法在处理大规模节点时具有较好的表现，且速度较快。为了能够更充分更迅速地体现网络团组划分的优劣与基本状态，此处选取模块度与 fast unfolding 算法作为长江经济带交通网络团组特征的主要评价方法。

2004 年 Newman 等提出了模块度(modularity)的概念用以评价团组(community)划分的优劣。其概念在于观察某一网络中节点的连接状况，假如某些节点联系比较紧密，那么就将这些节点划分至一个团组内。其目的在于使划分后的团组内部节点联系较为紧密，而团组之间的联系相对稀疏。模块度能够充分表现团组划分优劣，模块度越大，则表明团组划分效果越好，其计算公式如下：

$$Q = \frac{1}{2m}\sum_{i,\ j}\left[W_{ij} - \frac{k_i k_j}{2m}\right]\delta(c_i,\ c_j) \tag{5-7}$$

式(5-7)中，Q 为模块度，W_{ij} 表示节点 i，j 之间的权重，k_i 为与节点 i 相连接的所有边的权重和。c_i 为所计算节点所在团组，当 $c_i = c_j$ 时，$\delta(c_i,\ c_j)$ 等于 1，反之则为 0，其中 Q 的取值范围为[-0.5，1)。

fast unfolding 算法的思路在于对网络中模块度进行多层次优化，通过对于网络中节点进行逐轮启发式迭代，实现模块度最优。其基本思路为，第一步，先将节点进行初始化，按照节点联系强度进行初次划分，形成一次团组。第二步，对网络中每一个节点计算当它划分至特定临近团组中时的模块度增加值。当最大增加值大于 0 时，对节点进行二次分配，进入新的团组；当增加值小于 0 时，仍然维持在原有团组。节点分配后的模块度增加值计算公式为：

$$\Delta Q = \left[\frac{\sum_{in} + k_{i,\ in}}{2m} - \left(\frac{\sum_{tot} + k_i}{2m}\right)^2\right] - \left[\frac{\sum_{in}}{2m} - \left(\frac{\sum_{tot}}{2m}\right)^2 - \left(\frac{k_i}{2m}\right)^2\right] \tag{5-8}$$

式(5-8)中，$\sum_{in}$ 表示团组内部边权重的总和，$\sum_{tot}$ 为传入团组的边的权重和，k_i 为网络中与节点 i 存在联系的所有边的权重和，$k_{i,in}$ 为团组中与 i 存在联系的边的权重和，m 为网络中所有存在联系的边的权重和。

第三步，重复计算节点的模块度增加值，直到节点完全分配完毕，不再发生变化。第四步，对团组已分配完成的社团进行新图构建。之后重复第二步，直到获取最大的模块度值。其步骤可大致抽象为两个阶段(见图 5-4)。第一阶段：第一步到第三步，节点分配，即将节点分配至不同的团组，直到团组结构稳定。第二阶段：以分配完成的团组为基础，进行新图建构，之后进行第一至第三步的重复操作，直到模块度值不再变化。

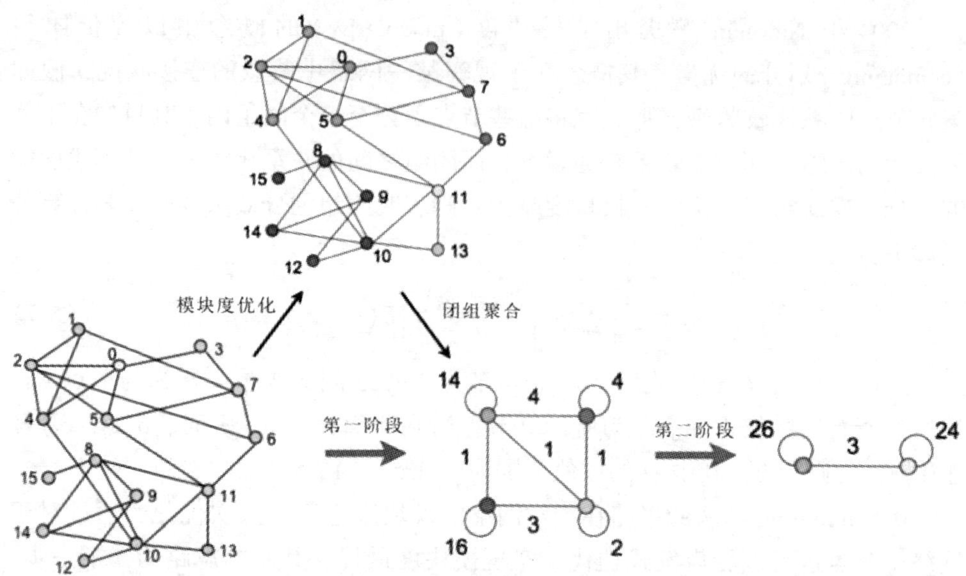

图 5-5 fast unfolding 算法流程

资料来源：改绘自 Blonde(2008)。

(五)空间相关性分析

空间相关性分析的主要目的在于检验特定变量在某一空间范围内是否存在依赖关系，其理论基础来源于 20 世纪 70 年代 Tobler 所提出的“地理学第一定律”，即空间中的任意实体都是相关的，但是距离相近的实体关系要比距离远的实体关系更密切。它能够判定区域中某种现象的分布情况，即离散、随机或集聚。

全局自相关可根据 Moran's I 指数进行判断，其计算公式如下：

$$I = \frac{\sum_{i=1}^{n}\sum_{j=1}^{n} w_{ij}(x_i - \bar{x})(x_j - \bar{x})}{S^2 \sum_{i=1}^{n}\sum_{j=1}^{n} w_{ij}} \tag{5-9}$$

式(5-9)中，w_{ij} 为空间权重矩阵的权重关系，反映相临近要素的空间关系，x_i，x_j 为位置 i、j 的属性，$\bar{x}$ 指要素平均值。I 的取值范围为[-1, 1]，若值为正则说明所观察要素具备空间上的正相关关系，若为负则说明两者负相关，0 则表示要素不具备空间上的相关性，即为完全随机分布。其具体判断标准可参考正态分布表，根据 z 值大小进行判断，z 可理解为要素值与其标准差的偏差程度。根据经典统计学的判断标准，当 z 值在[-1.96，1.96]之外可视为在 95%置信区间下具有某种程度上的空间集聚效应。

局部自相关可以根据局部 Moran's I 即 LISA 指数进行判断，其计算公式如下：

$$I_i = z_i \sum_{j=1}^{n} w_{ij} z_j \tag{5-10}$$

式(5-10)中，$z_i = \frac{x_i - \bar{x}}{S}$；$S = \sqrt{\frac{\sum_{i=1}^{n}(x_i - \bar{x})^2}{n}}$；$z_i$，$z_j$ 分别指空间要素 i 和 j 的某个属性的标准化值，反映了其自身属性与期望值的偏离程度。

二、长江经济带城市交通联系排名前列的空间格局

根据长江经济带各城市交通联系成本分布，分别提取 2014 年和 2019 年与每个城市交通联系时间成本最小的前 5、10、20 和 30 的城市，它们可被视作与每个城市交通联系最为紧密的城市，并对不同排名城市进行可视化表达。

(一)交通联系紧密程度存在较为明显的时间稳定性与空间邻近偏好性

根据各城市交通联系排名分布可以看出，时间成本联系存在明显的时间稳定性。2014 年和 2019 年，排名前 5、10、20 和 30 的城市格局并未发生显著变化，紧密联系城市主要集中分布于城市外围，围绕各城市形成各自独立的城市连接圈，其空间格局表现出显著的时间稳定性。也就意味着城市交通联系仍然受地理衰减规律的严格限制，距离越近，城市间产生交通联系的可能性越大，地理空间仍然是限制城市间交通联系的最主要影响因素，城市交通联系存在极为显著的空间邻近偏好性。分析不同排名城市的平均时间成本分布可以看出(见表 5-2)，伴随排名的逐渐下降，时间成本出现明显提升，但同时 2014—2019 年城市交通联系的时间成本出现了明显下降。2014 年各城市交通联系排名前 5 的城市平均时间成本为 1.08 个小时，也就意味着与该城市交通联系前 5 的城市，交通联系的时间成本基本上在 1 小时左右，至 2019 年排名前 5 城市的交通联系时间成本降低至 1.02 小时，时间成本下降 5.56%，交通联系的紧密程度明显提升。其他排名城市的时间成本也同时出现明显下降，排名前 10、20、30 的城市，时间成本分别由 1.45、2.05、2.57 小时下降至 1.35、

1.93、2.42 小时。可以看出，各城市交通联系排名前 10 的城市，时间成本下降最为显著，也就意味着各城市与近缘城市的交通联系进步幅度最为明显，说明近缘城市交通联系强度开始逐渐向外缘扩展，城市外围交通基础设施建设进步最为显著，并且时间成本排名前 20 和 30 的城市进步幅度均明显高于排名前 5 的城市，说明交通基础设施向外缘扩张的进步幅度更为显著，反映出长江经济带总体交通基础设施建设开始逐渐向城市外围扩张，也在一定程度上说明区域交通基础设施在 2014—2019 年有了显著进步。

表 5-2　**不同排名城市的平均时间成本分布**

年份	平均时间成本(小时)			
	5	10	20	30
2014	1.08	1.45	2.05	2.57
2019	1.02	1.35	1.93	2.42
进步幅度	5.56%	6.90%	5.85%	5.84%

(二)紧密交通联系存在东西差异，东部地区交通联系紧密城市的时间成本显著小于中西部城市，并在近 5 年间改善幅度最为显著

分别对东、中和西部排名前列城市的时间成本进行计算，并对其差异进行比较，明显可以看出，各城市排名前列的时间成本分布存在明显的东西差异，也就意味着城市间交通联系的便捷程度存在显著的东西差异。为了更好地表现城市联系的时间成本差异，分别统计东、中、西部紧密联系城市的平均时间成本分布(见表 5-3)，可以看出东部城市交通联系前 5 城市 2014 年的平均时间成本仅为 0.87 小时，2019 年更是降低至 0.66 小时，低于中部城市 2014 年的 0.97 小时与 2019 年的 0.91 小时，与西部城市 2014 年的 1.32 小时和 2019 年的 1.27 小时，更是分别低了 51.72%和 92.42%，这一现象一方面说明与东部城市存在紧密交通联系的时间成本要显著低于中西部城市，另一方面则说明 2014—2019 年东部城市的局部交通联系的时间成本出现极为显著的下降，交通联系紧密程度的提升水平要远高于西部城市。排名前 10、20 和 30 城市的交通联系时间成本分布也呈现出相同的空间格局，即东部城市间交通联系便捷程度要显著高于中部和西部城市。

表 5-3　**长江经济带不同地区不同排名城市的交通联系时间成本分布(小时)**

省市		2014				2019			
		5	10	20	30	5	10	20	30
东部	上海	0.77	1.15	1.70	2.13	0.53	0.71	1.16	1.56
	江苏	0.89	1.03	1.47	1.87	0.63	0.84	1.20	1.56
	浙江	0.93	1.28	1.81	2.21	0.83	1.13	1.58	1.94
	平均	0.87	1.15	1.66	2.07	0.66	0.89	1.31	1.68
中部	安徽	0.80	1.05	1.47	1.82	0.72	0.94	1.32	1.62
	江西	1.08	1.45	1.99	2.39	1.03	1.37	1.89	2.27
	湖北	0.96	1.31	1.89	2.35	0.90	1.23	1.79	2.23
	湖南	1.06	1.37	1.93	2.40	1.00	1.30	1.84	2.29
	平均	0.97	1.29	1.82	2.24	0.91	1.21	1.71	2.10
西部	重庆	1.18	1.53	2.05	2.52	1.08	1.41	1.92	2.39
	四川	1.17	1.53	2.21	2.91	1.11	1.45	2.11	2.79
	贵州	1.29	1.77	2.49	3.04	1.25	1.72	2.42	2.96
	云南	1.66	2.22	3.18	4.01	1.64	2.20	3.14	3.96
	平均	1.32	1.76	2.48	3.12	1.27	1.69	2.40	3.02

分别观察东部、中部、西部不同排名城市平均时间成本 2014—2019 年的变化幅度，可以发现不仅东、中、西部之间城市交通联系的时间成本分布存在差异，东中西部内部不同排名城市的改善幅度也存在显著差异。以东部为例，2014—2019 年东部各城市排名前 5、10、20、30 城市的时间成本改善幅度分别为 24.14%、22.61%、21.08%、18.84%，恰好呈现出紧密度越高，改善幅度越大的变化格局，也就意味着近 5 年间东部城市交通基础设施与外围城市的对接能力呈现出伴随距离外扩逐渐下降的趋势，也就意味着东部城市与周边城市近 5 年间交通一体化的发育程度最高。而反观中西部城市，则呈现出伴随排名区间波动变化的格局，也就意味着交通基础设施布局并未严格围绕城市向外拓展，而是形成空间上的波动变化，交通一体化建设的进度显著落后于东部城市。从不同排名城市时间成本变化的时间演化来看，东、中和西部城市与外围城市交通联系的改善幅度恰好呈现由东至西的近三级阶梯下降的格局，东部城市改善最为显著，任一排名区间的改善程度均超过 20%，中部城市次之，但

均在6%以上，西部城市最低，普遍在4%以下。

表5-4　　不同地区排名城市的平均时间成本分布与变化幅度

年份	地区	平均时间成本(小时)			
		5	10	20	30
2014	东部	0.87	1.15	1.66	2.07
	中部	0.97	1.29	1.82	2.24
	西部	1.32	1.76	2.48	3.12
2019	东部	0.66	0.89	1.31	1.68
	中部	0.91	1.21	1.71	2.1
	西部	1.27	1.69	2.4	3.02
进步幅度	东部	24.14%	22.61%	21.08%	18.84%
	中部	6.19%	6.20%	6.04%	6.25%
	西部	3.79%	3.98%	3.23%	3.21%

(三)城市交通联系表现出明显的地域分割性，基本形成东、中、西三大空间阵营

从各城市紧密交通联系的地域分布来看，城市交通联系的便捷程度存在明显的地域分割性，在空间上表现出东部的上海、江苏、浙江，以及中部安徽的大部分城市形成长江经济带交通联系的东部空间阵营，中部的江西、湖北、湖南各城市形成交通联系的中部空间阵营，而重庆、四川、贵州、云南则形成交通联系的西部空间阵营，并且在东、中、西部之间形成了交通联系的典型塌陷带。从空间上来看，以安徽六安市、安庆市、湖北黄冈市、江西景德镇市、上饶市为界一定程度分割了东部与中部地区的交通联系，以重庆市、湖北恩施州、贵州铜仁市、黔南州、黔东南州为界，分割了中部与西部地区的交通联系，在空间上形成东部、中部、西部内部相对紧密的交通联系，而东、中、西部之间的交通联系则出现明显的空间断裂。

从不同排名城市交通联系的空间分布来看，城市交通联系存在较为明显的行政区分割态势，各城市交通联系更倾向于与各自行政区内部的城市进行连接，形成省域内部的局部交通联系网络。随着交通联系时间成本的逐渐增大，

联系空间范围开始逐渐向外围扩张，交通联系开始逐渐突破行政区边界束缚，省域之间的联系得到强化，但伴随时间成本的逐渐增大，省域交通联系并未能突破地区限制，而是在东、中、西部内部形成了强交通联系网络，并且仔细观察交通联系网络的内部结构可以发现，东、中、西部内部城市群交通联系强度明显强于城市群外的其他城市，在空间上表现为东部长三角、中部长江中游城市群、西部成渝城市群以及黔中、滇中城市群等局部的强交通联系。长江经济带各城市交通联系排名的可视化表达见图 5-6。

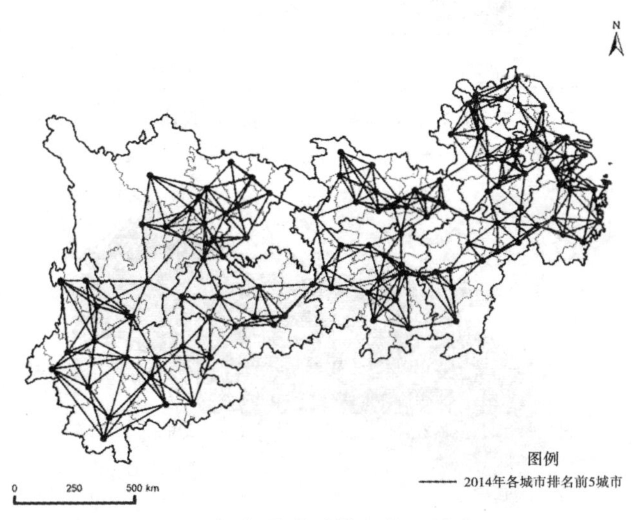

2014 年交通联系排名前 5 城市

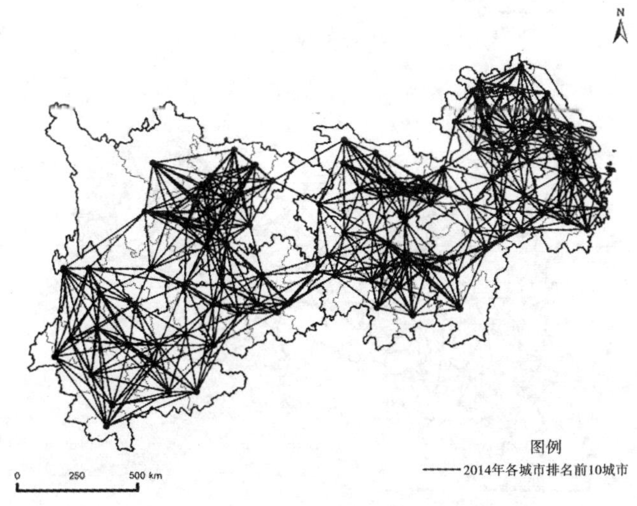

2014 年交通联系排名前 10 城市

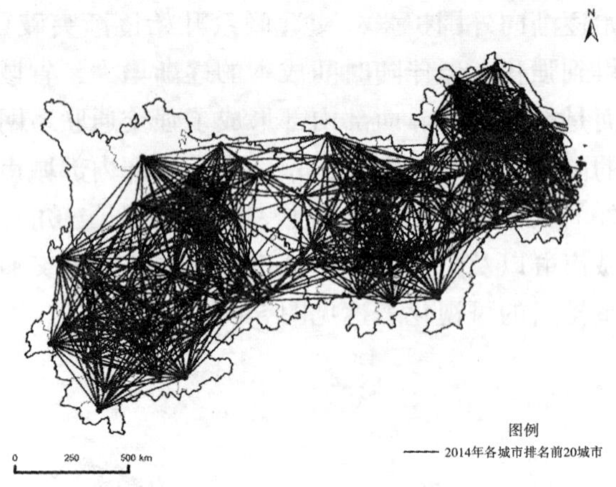

2014 年交通联系排名前 20 城市

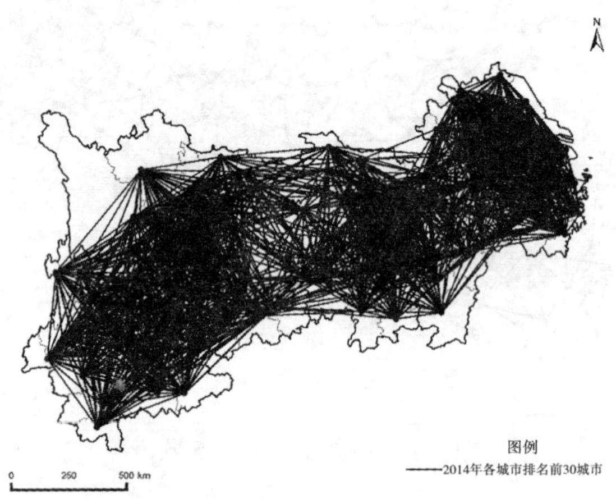

2014 年交通联系排名前 30 城市

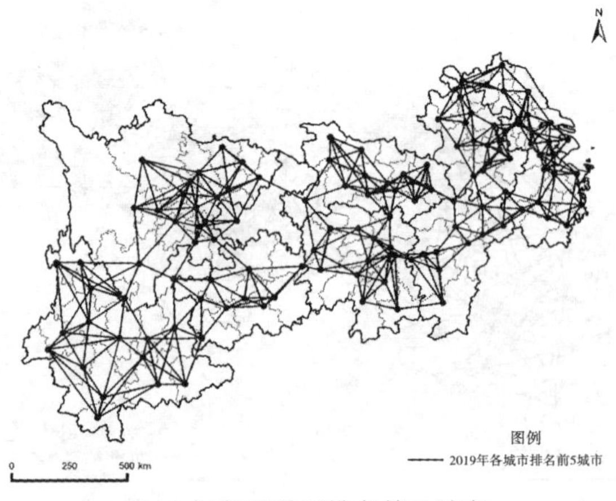

2019 年交通联系排名前 5 城市

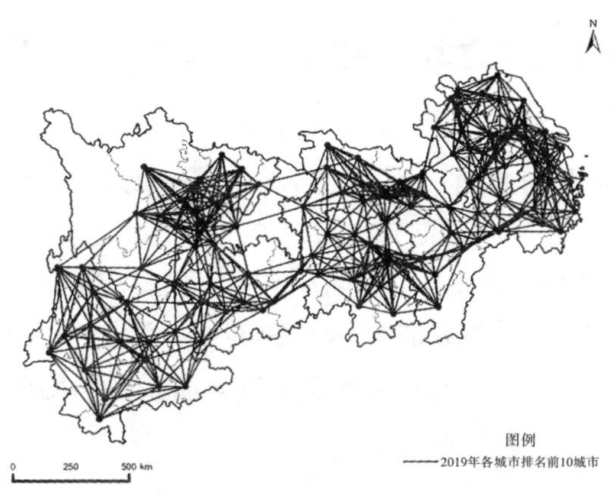

2019 年交通联系排名前 10 城市

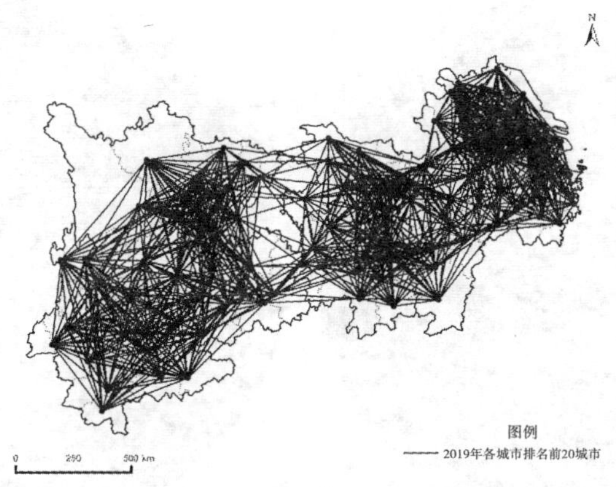

2019 年交通联系排名前 20 城市

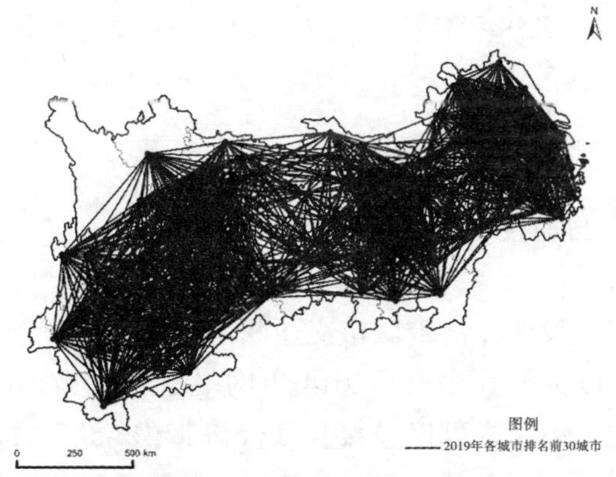

2019 年交通联系排名前 30 城市

图 5-6　长江经济带各城市交通联系排名的可视化表达

三、长江经济带整体交通联系网络的空间结构与演化

为了深度表现长江经济带整体交通联系网络的空间结构，按照 1 小时、3 小时、6 小时的阈值划分标准，时间成本在 1 小时以内的赋值为 1，在 1~3 小时的赋值为 2，在 3~6 小时的赋值为 1，在 6 小时以上的赋值为 0，进而构建形成长江经济带 2014 年和 2019 年两个年份的加权和无权有向网络（见图 5-7）。在此基础上，对长江经济带整体交通网络的复杂性特征与基本空间格局进行分析，从而揭示 5 年来长江经济带城市交通联系网络的整体结构特征与演化过程。

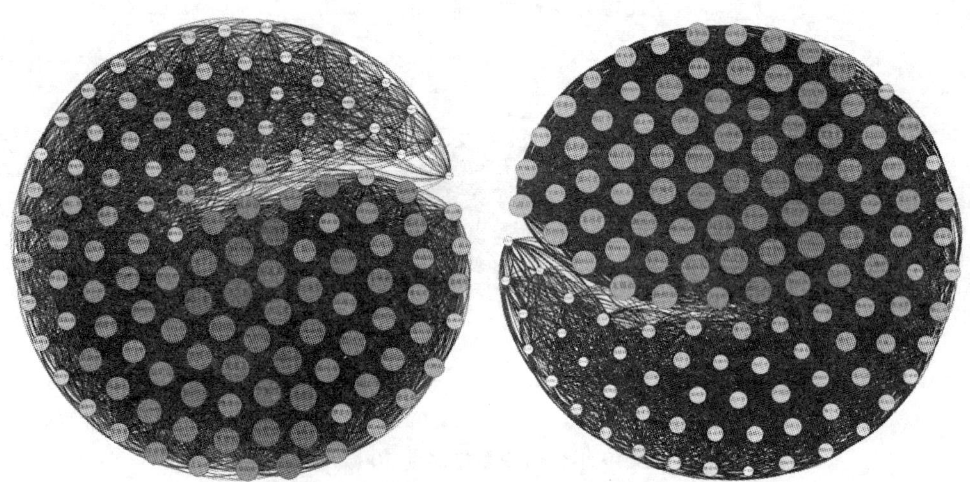

图 5-7　长江经济带城市交通联系加权网络的拓扑结构图

（一）长江经济带城市交通联系网络的空间复杂性演化

1. 网络平均度与加权度值随时间推移逐渐增大，并且表现出一定的幂率分布特征

伴随时间推移，长江经济带城市交通联系网络的节点连接性显著强化，网络的平均度与加权度值明显增大。2014 年网络平均度为 109. 24，也就意味着网络中任一节点在 6 小时内可以连接长江经济带内 55 个城市，网络平均加权度为 157. 84，显著高于网络平均度 44. 49%，也就意味着网络中有超过四成的城市联系其他城市的时间成本在 3 小时和 1 小时之内。至 2019 年网络平均度增加至 115. 71，平均加权度增大至 171. 08，加权平均度比不加权平均度高出

47.85%，与 2014 年相比，分别高出 5.93%和 8.39%，说明一方面 5 年间长江经济带 6 小时时间成本范围内城市联系的数量明显增多，任一节点 6 小时内平均连接城市数增加至 58 个，另一方面则说明网络连接增多的部分更加集中于低时间成本联系，交通联系更加紧密。为了更好地表现节点度值与加权度值的分布特征，分别对其区间分布进行统计，可以看出度值明显集中于度值中等的区间(见表 5-5)。2014 年度值占比最高的区间为 90~109，占比为 25.40%，2019 年则变化为 110~129，占比达到 26.98%，加权度值也基本表现为相同的区间分布特征。但是可以看出，5 年间高度值节点的占比数量大大提升，特别是在高度值的区间进步极为明显。

表 5-5　**长江经济带城市网络度值的区间分布**

度值	2014	占比	2019	占比	加权度值	2014	占比	2019	占比
30~49	5	3.97%	5	3.97%	40~59	2	1.59%	3	2.38%
50~69	8	6.35%	7	5.56%	60~79	7	5.56%	6	4.76%
70~89	17	13.49%	14	11.11%	80~99	7	5.56%	4	3.17%
90~109	32	25.40%	20	15.87%	100~119	10	7.94%	8	6.35%
110~129	29	23.02%	34	26.98%	120~139	22	17.46%	20	15.87%
130~149	23	18.25%	24	19.05%	140~159	14	11.11%	13	10.32%
150~170	12	9.52%	22	17.46%	160~179	12	9.52%	9	7.14%
					180~199	25	19.84%	12	9.52%
					200~219	13	10.32%	21	16.67%
					220~240	14	11.11%	18	14.29%
					240~259	0	0.00%	12	9.52%

将节点城市度值、加权度值与城市排名进行 zipf 分布拟合(见图 5-8)，可以看出 2 个年份无权与加权网络节点度值的 zipf 分布拟合都不是典型的幂率分布，但是可以看出高值和低值所跨越的数量区间极为显著，表现出明显的度值高低差异，意味着其具有和幂率分布类似的性质，即高值少而中低值多。但是观察其拟合特征可以看出，无权网络的度值拟合相对更为平滑，变化也相对更为平稳，而加权度值拟合则在一定区间范围内表现出波动变化，特别是 2019 年的拟合曲线，在低值区开始出现明显的离散和断裂现象，也就意味着低值地区的对外联系能力要显著弱于高值地区，并且与其存在交通联系的城市度值也

相对较小，形成交通联系能力的低值集聚空间。

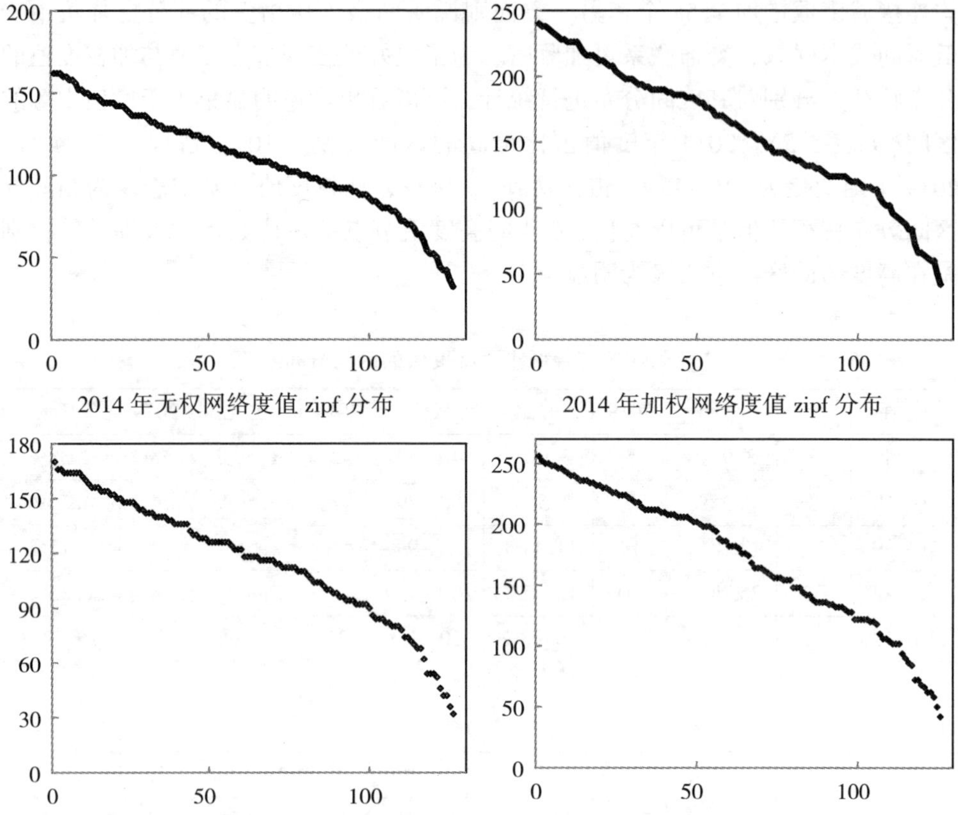

2014 年无权网络度值 zipf 分布

2014 年加权网络度值 zipf 分布

2019 年无权网络度值 zipf 分布

2019 年加权网络度值 zipf 分布

图 5-8　长江经济带城市交通联系网络的 zipf 分布拟合

2. 网络表现出较好的整体连通性，但城市连通能力存在差异，少数区域和城市承担了网络中转连接的关键职能

从网络整体连通性来看，网络的最短路径长度明显较低，2014 年网络平均路径长度为 1.99，2019 年路径长度则变化为 1.82，说明长江经济带城市在 6 小时内最多不需要超过两次的中转连接即可与带内的任一城市产生交通联系。从网络的城市路径长度分布来看，以平均路径长度为界，2014 年和 2019 年路径长度低于网络平均路径长度的城市占比分别为 51.58%和 54.76%，也就意味着有超过半数城市网络的连通性强于其他城市，其他城市的路径长度要显著高于上述城市，节点连通的便捷程度存在着空间上的马太效应。从节点最

短路径长度的区间分布来看(见表 5-6)，2019 年最短路径长度占比大幅度上升，特别是 1.4~1.6 路径长度区间，占比由 0 增长至 30.16%，是增长幅度最大的长度区间，也就意味着 2019 年城市交通联系的便捷程度显著提高，节点间的直接联系大幅增多，网络连通性进步明显。但与此同时，观察节点中介中心性则可以看出，中介中心性符合幂律分布的特征，表现出极为显著的"长尾"分布特征，即高中介中心性城市的中介中心性远大于低值城市，且数量要远少于中低值城市，形成中介中心性分布的"二八法则"。中介中心性意味网络联系过程中被经过的概率，该值越大，意味着节点对网络的控制作用越强，而从节点中介中心性的分布来看(见图 5-9)，网络联系被少数城市所控制，它们承担了城市中转连接的主要功能，并且从其时间演化来看，其幂指数和拟合优度分别从 2014 年的 1.499 和 0.6052，增大至 2019 年的 1.536 和 0.6293，也就意味着不但城市中介中心性的高低值分异在 5 年间有所加大，而且高中介中心性城市对于网络的控制能力也进一步提升。

表 5-6　**节点最短路径的区间分布**

区间			1.4~1.6	1.6~1.8	1.8~2	2~2.2	2.2~2.4	2.4~2.6	2.6~2.8	2.8~3
年份	2014	个数	0	45	20	34	17	4	5	1
		占比	0.00%	35.71%	15.87%	26.98%	13.49%	3.17%	3.97%	0.79%
	2019	个数	38	26	33	15	6	3	4	1
		占比	30.16%	20.63%	26.19%	11.90%	4.76%	2.38%	3.17%	0.79%

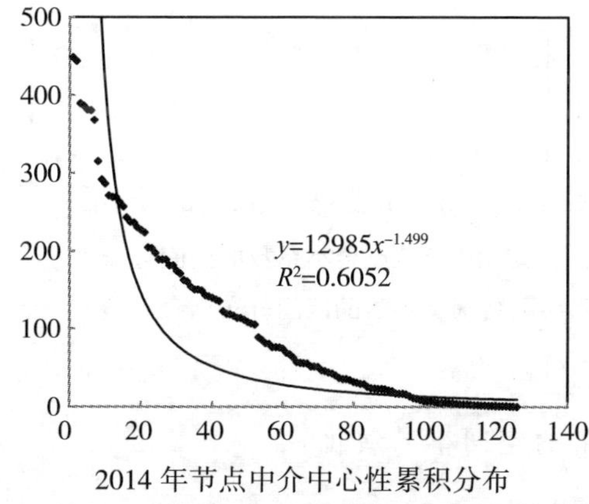

2014 年节点中介中心性累积分布

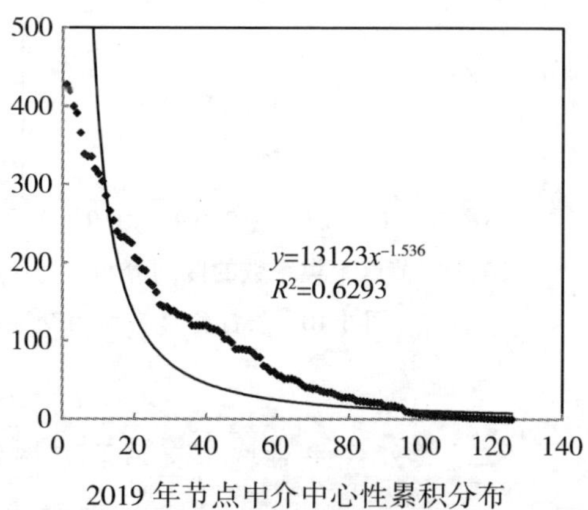

2019 年节点中介中心性累积分布

图 5-9　长江经济带城市交通联系网络节点中介中心性的累积分布

3. 网络同时具有较小的路径和较大的聚类系数，呈现出较为明显的小世界网络特征

网络路径长度和聚类系数是判定网络属性的重要特征指标，网络的平均路径长度越小，意味着节点连接的中转次数越少，网络的聚类系数越大，意味着节点局部集聚程度越强，产生局部直接联系的可能性越大。因此一般认为具有较小的网络路径长度和较大的聚类系数，可视作网络具有小世界网络特征。而观察长江经济带城市交通联系网络可以发现，长江经济带城市交通联系网络的平均路径长度较小，2014 年和 2019 年平均最短路径长度分别为 1.99 和 1.82，网络连接的中转次数非常少。同时 2014 年和 2019 年网络平均聚类系数则分别为 0.806 和 0.818，即使聚类系数最小的城市也均在 0.65 以上，显示出高度局部集聚特征。为了更好地表现聚类系数的分布，对长江经济带城市交通联系网络聚类系数的区间分布进行统计(见图 5-10)，可以看出 2014—2019 年高聚类系数的节点数显著增多，特别是 0.8～0.9 区间范围的城市数增长幅度较为显著，也就意味着 2019 年各城市与周边城市产生的直接交通联系大幅度增多，网络局部交通联系的集聚程度进一步增强，长江经济带城市交通联系网络表现出较为明显的小世界网络特征。

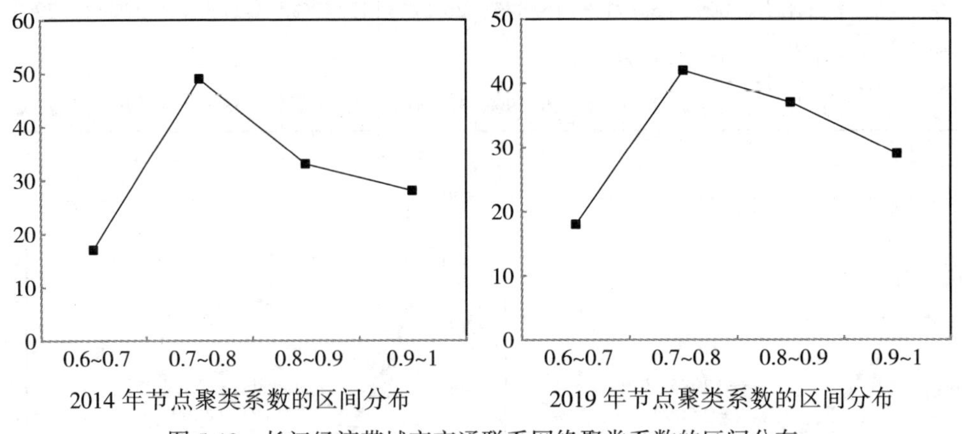

图 5-10　长江经济带城市交通联系网络聚类系数的区间分布

(二)长江经济带城市交通联系网络的空间格局演化

1. 城市交通连接能力存在较为明显的地理空间二维平面限制性，高度值城市集中于长江经济带中部，但存在西向空间扩张的趋势

地理平面存在显著的二维平面特征，使得交通联系难以突破地理空间的限制，进而形成越靠近长江经济带中部，其与长江经济带内的其他城市的交通联系越便捷。因此从城市节点度值的空间分布来看(见图 5-11)，高度值节点显著集中于湖北东部、安徽南部和江西北部地区，也就意味着在 6 小时的时间成本范围内，这些地区的城市所能够连接的城市数最多，其对外交通联系能力也相对更强。从最短路径长度的分布来看，这一特征表现得更加显著，湖北、湖南、江西等中部省区占据了最短路径长度低值区的最主要空间范围，也就意味着这些地区进行交通联系的中转次数要大大少于外围城市，联系能力和便捷程度都相对较高。然而观察高度值城市的时间演化来看，高值区的范围开始逐渐扩张，特别是加权度值的高值分布空间扩张趋势更加明显，并且扩张方向呈现出西向和西南向扩张。2014 年高值集聚空间显著集中于湖北东部、江西北部和安徽西南部，至 2019 年这一范围则明显西向扩张至湖北的荆门、天门、荆州一线，西南向则扩张至湖南岳阳一线，但总体来看城市交通联系的地理格局相对较为稳定，地理区位条件仍然是决定地区对外交通联系能力的重要影响因素。

2. 加权与不加权网络的度值分布存在空间异配，高加权度值城市分布更倾向于东部地区

对比加权与不加权网络的节点度值空间分布可以看出，两者出现明显的空间异配，不加权网络高度值集聚区的分布范围大致呈现出围绕湖北东部、江西北部和安徽西南部的近方形结构，而加权网络高度值集聚区则呈现出以湖北武汉为起点向东延伸的近椭圆形结构，高加权度值城市的分布空间明显向东部城市偏移，并且伴随时间推移，高加权度值集聚区的空间范围也出现向东部移动的趋势。2014 年高加权度值集聚区的外缘集中于安徽合肥、芜湖、宣城一线，至 2019 年东缘开始延伸至江苏南京、无锡附近。加权网络由于权重的影响，若某城市的该值越大则意味着与该城市相联系的城市的交通时间成本越小，交通联系越便捷。因此，加权度值与不加权网络度值高值区的空间异配，特别是高加权度值集聚区的东向偏移，证实东部城市的短时间成本联系要大大多于中西部城市，其交通联系的便捷程度与紧密程度都要大大高于中西部城市。

3. 城市交通联系呈现出东西差异，重庆以东一线是连通东西交通联系的关键区域

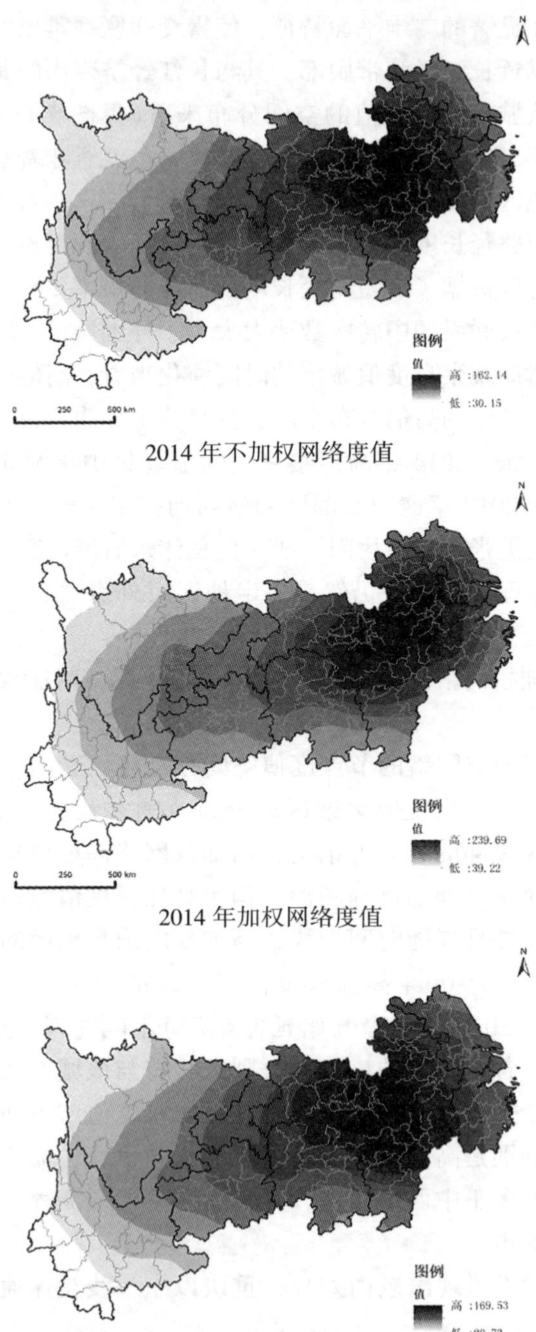

2014 年不加权网络度值

2014 年加权网络度值

2019 年不加权网络度值

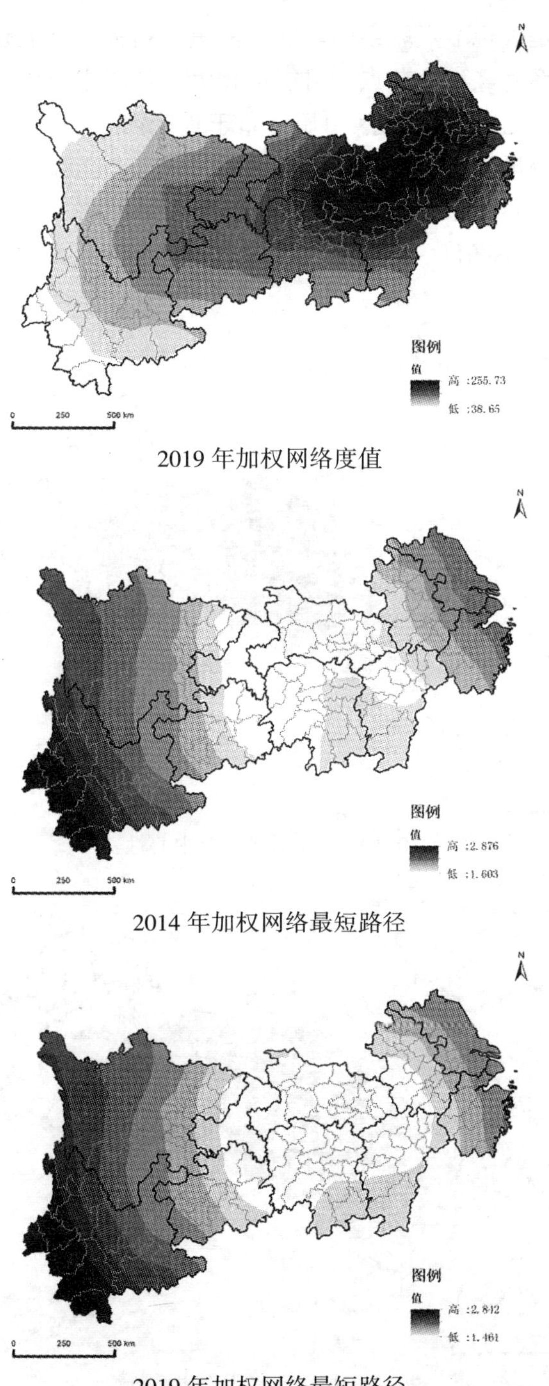

2019 年加权网络度值

2014 年加权网络最短路径

2019 年加权网络最短路径

图 5-11　城市交通联系网络的节点联系能力属性空间分布

中介中心性是表现节点联系中转能力的重要指标，该值越大意味着其他节点在进行交通联系时经过该节点的可能性越大。从高中介中心性城市的空间分布来看(见图 5-12)，高值集聚区明显分布于重庆以东一线，特别是 2014 年这一空间格局表现得最为明显。2014 年高中介中心性城市显著集中于重庆以东，形成湖北宜昌、湖南张家界、湘西州，贵州铜仁市、黔东南州一线高值集聚区。至2019年高值区开始出现一定程度的东移，形成湖北南部和贵州

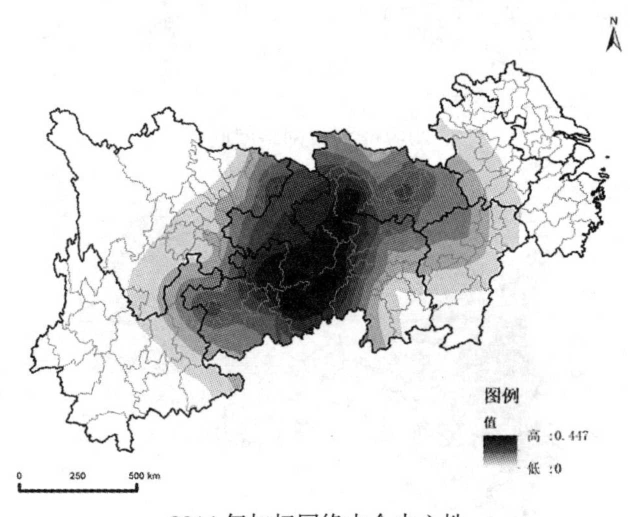

2014 年加权网络中介中心性

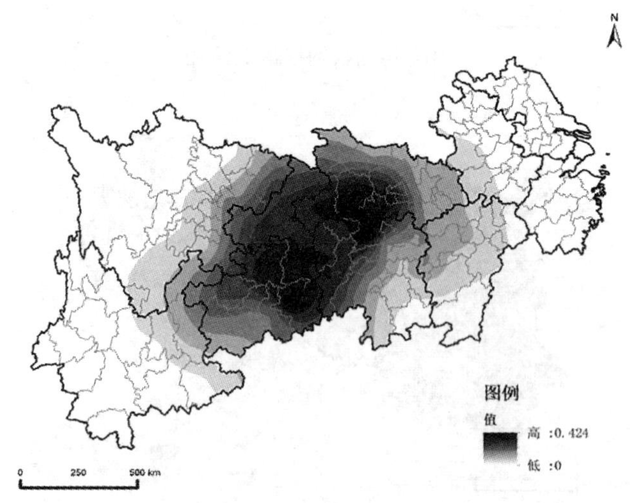

2019 年加权网络中介中心性

图 5-12 加权城市网络中介中心性的空间格局

东部两大高值集聚区，其他地区城市的中介中心性相比则有所弱化。中介中心性的线状分布，意味着这一线上的城市承担了东西部城市交通联系的关键门户作用，城市交通联系必须突破这些城市的限制才能实现交通联系。而分析这些地区的地形可以发现，高中介中心性城市的高值集聚区恰恰是中国地形二三级阶梯的分界区域，是巫山、大巴山脉的集中分布区。也就意味着，东西部城市之间若要产生交通联系，必须突破这些山脉的阻隔。但同时可以看出，高值集聚区开始出现一定程度的东向偏移，也就意味着地形条件的控制作用开始有所减弱，山区交通基础设施的布局强度有所提高。

4. 城市交通联系表现出较为明显的地理和行政区划分割性，形成东、中和西部三大空间阵营

为了表现长江经济带城市交通联系的空间团组特征，利用 fast unfolding 算法对网络中的节点模块度进行多层次优化，并获取最后的城市组团分布结果。从最终的交通联系组团分布可以看出(见图 5-13)，长江经济带城市交通联系存在极为明显的地理和行政区划分割性，相同模块度城市基本集中于同一省市，并在地理上分别形成东部(上海、浙江、江苏)、中部(湖北、湖南、江西)和西部(重庆、四川、贵州、云南)三大空间组团。但观察城市组团的细节划分可以看出，各组团虽基本在行政区范围内，但仍然存在少数城市突破了行政区的限制，进入其他城市组团。从这些城市分布来看，2014 年江西的景德镇市、鹰潭市、上饶市进入东部组团，贵州的铜仁市进入中部组团。2019 年上述江西三城市在保持东部组团的情况下，江西的九江市、湖北的黄冈市、咸宁市进入东部组团，湖南的湘西州、怀化市，湖北的恩施州进入西部组团。从其时间变化来看，表现出东部组团向西扩张，西部组团向东扩张的变化态势，也就意味着江西西北部城市相比之下更倾向于与东部城市之间产生交通联系，并且伴随时间推移，中部部分城市与西部城市的交通联系同时更趋加强。这一现象也就说明，由于地区交通基础设施建设一体化建设的逐渐加速，地区交通联系有突破行政区限制的趋势，而更倾向于与实际交通联系或经济联系较紧密的城市产生直接交通连接。特别是湖北的恩施州、湖南的湘西州、怀化市，从实际的地形条件与地理联系来看，与西部的同质性高于异质性，在交通基础设施建设水平出现显著进步的情况下，其与西部城市产生直接交通联系的可能性更高。值得一提的是，不管 2014 年还是 2019 年均出现了若干城市交通联系组团的飞地，如西部地区的四川广安市、眉山市，中部地区的湖北随州市等均被分配至东部组团，造成这一现象的主要原因就在于在 fast unfolding 算法下，城市更倾向于分配至与该城市交通联系情况相类似的城市组团中，也就意味着这

些城市与周边城市的交通联系属性与东部城市相比更为相似，说明这些城市与周边城市的交通联系时间成本相比更低。

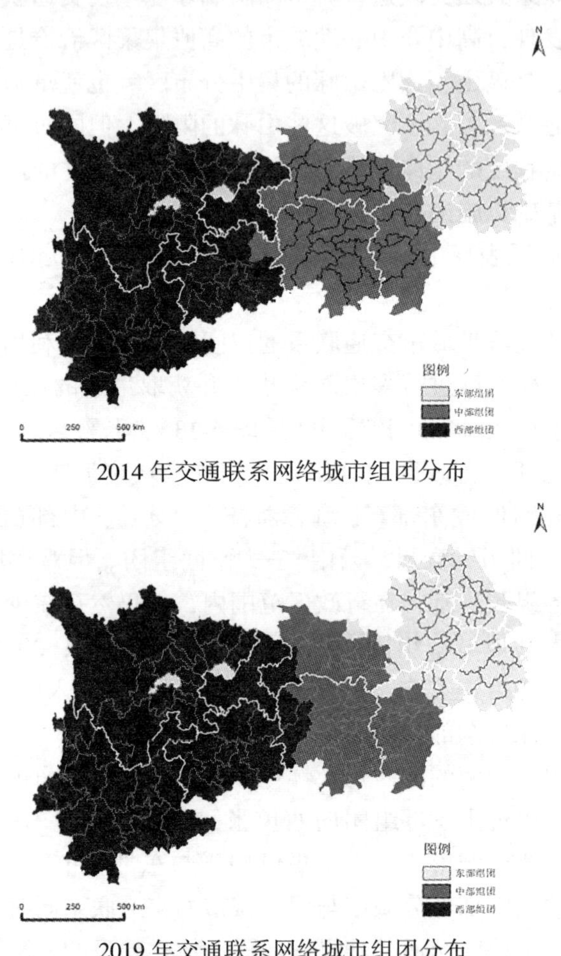

2014 年交通联系网络城市组团分布

2019 年交通联系网络城市组团分布

图 5-13　长江经济带交通联系网络的城市组团分布

四、长江经济带分层次城市交通联系网络的空间结构

为了更好地表现长江经济带交通联系网络空间结构的内部分异与等级层级结构特征，分别以 1 小时、3 小时和 6 小时为阈值，构建 2 个年份的长江经济带城市交通联系的无权有向网络(见图 5-14)，并对 2014 年和 2019 年不同时间阈值网络的结构与属性特征进行分析。

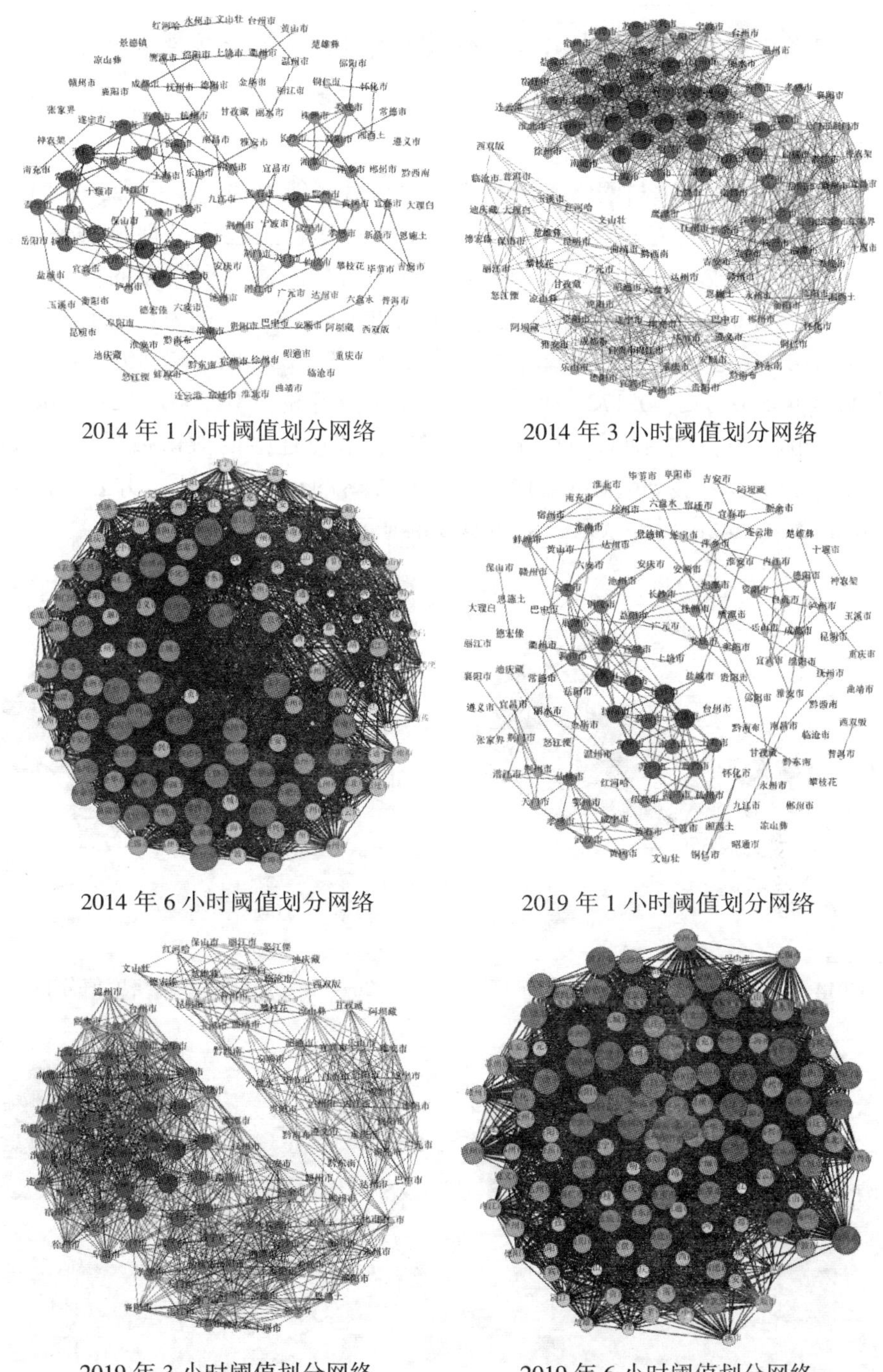

2014 年 1 小时阈值划分网络　　2014 年 3 小时阈值划分网络

2014 年 6 小时阈值划分网络　　2019 年 1 小时阈值划分网络

2019 年 3 小时阈值划分网络　　2019 年 6 小时阈值划分网络

图 5-14　长江经济带分层次城市交通联系网络的拓扑结构示意图

(一)长江经济带分层次城市交通联系网络的节点连接性分析

1. 随着时间成本增大城市节点连接能力逐渐增强，地域空间覆盖范围显著扩张

城市节点度值大小与网络密度是表征城市联系能力的重要指标，在对不同层次城市交通联系网络的节点度值进行计算的基础上进行可视化表达(见图5-15)。伴随时间成本的增大，城市节点连接的平均度值出现明显的增大，2014年1小时、3小时和6小时城市交通联系网络的平均度值分别为2.794、21.508、54.619，2019年这一数值更是进一步增大至5.079、23.984、57.857，网络密度也从2014年的0.022、0.172、0.437变化至2019年的0.045、0.192、0.463(见表5-7)，也就意味着伴随着时间成本的增大，节点连接的城市数量显著增加，城市联系时间成本与城市节点连接能力存在显著的正相关关系，并且伴随着时间成本的增大，城市对外联系的空间地域也显著扩大。

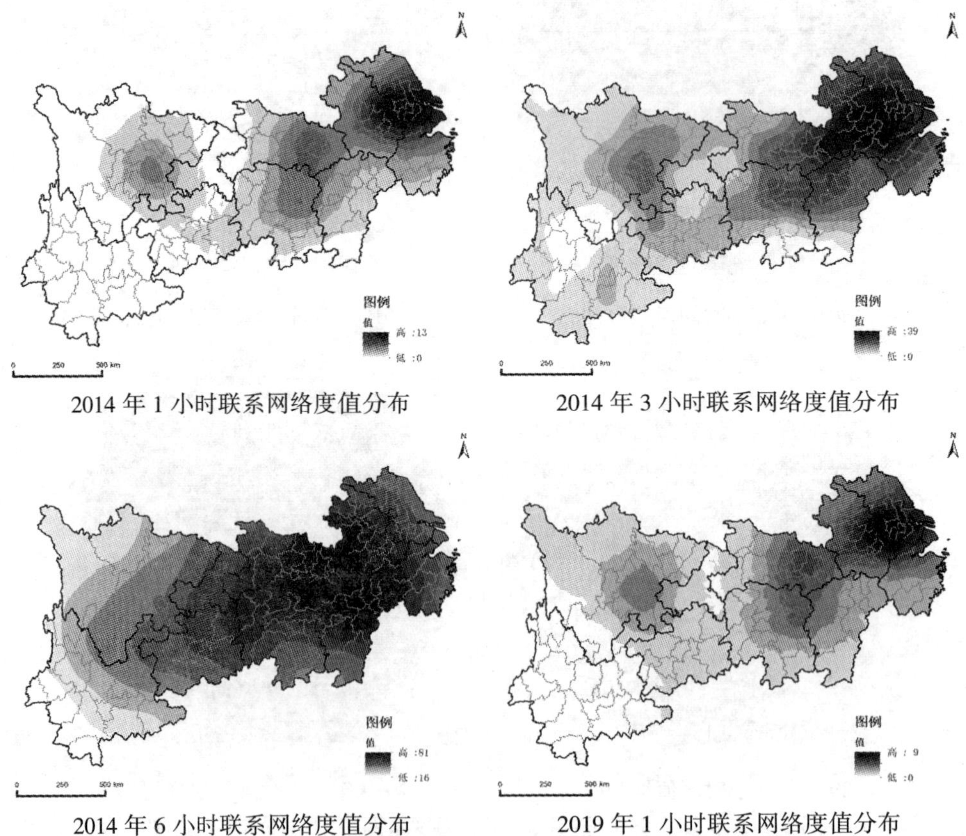

2014年1小时联系网络度值分布

2014年3小时联系网络度值分布

2014年6小时联系网络度值分布

2019年1小时联系网络度值分布

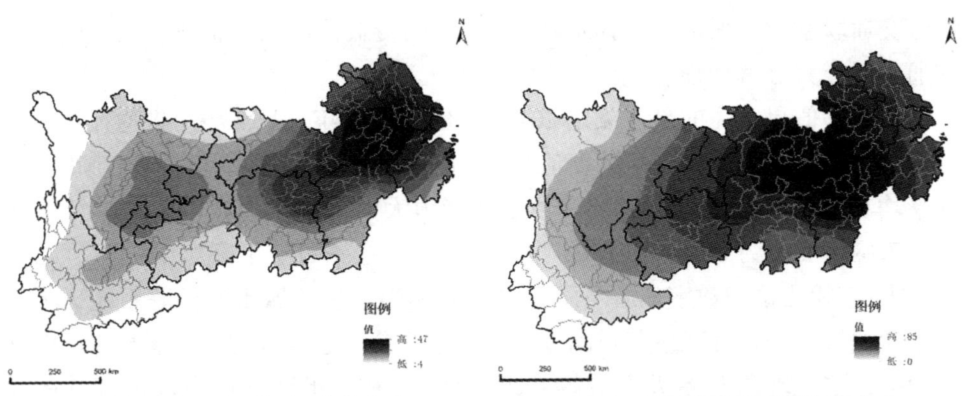

2019 年 3 小时联系网络度值分布　　2019 年 6 小时联系网络度值分布

图 5-15　长江经济带分层次城市网络节点连接性的空间格局及演化

表 5-7　**长江经济带分层次交通网络属性演化**

网络属性	2014 年			2019 年		
	1 小时	3 小时	6 小时	1 小时	3 小时	6 小时
网络密度	0.022	0.172	0.437	0.045	0.192	0.463
网络直径	21	9	4	14	9	4
平均度值	2.794	21.508	54.619	5.079	23.984	57.857
平均最短路径	8.163	3.389	1.834	6.688	3.295	1.762
平均中介中心性	0.005	0.019	0.007	0.029	0.019	0.006
平均聚类系数	0.332	0.71	0.806	0.516	0.729	0.817

2. 不同层次城市网络的结构致密性与空间连接能力均得到显著提升，城市交通联系便捷程度改善明显

从长江经济带城市交通联系网络的时间演化来看，2014—2019 年城市网络内部联系的紧密程度大大提升。网络密度表示网络全部节点存在联系的可能性，该值越大意味着网络中全部节点存在交通联系的可能性越大。1 小时、3 小时、6 小时联系网络的平均度值分别增大 143.63%、106.59%、105.93%，1 小时联系网络的平均度值由 2.794 增大至 5.079，说明与城市在 1 小时内能够产生交通联系的平均城市数从约 3 个增长至约 5 个，城市对外的短程交通联系能力显著增强，城市交通联系的便捷程度显著改善。与此同时，2104—2019 年，长江经济带 1 小时、3 小时、6 小时联系网络的密度分别增大 104.55%、11.63%、5.95%，也就意味着网络中节点联系数大大增加，特别是城市间的 1

小时交通联系数量增加，1小时交通通达圈的覆盖范围出现扩张，城市间短程交通联系能力显著增强。

但特别值得关注的是，无论2014年还是2019年，长江经济带均存在相当数量的城市1小时城市网络的度值为0，也就意味着这些城市与周边城市交通联系均在1小时以上，其对外交通联系能力大大弱于其他城市。2014年1小时城市网络度值为0的城市有21个①，2019年这一数字下降至13个②，尽管与2014年相比这一数字显著下降，但仍有相当数量的城市对外联系能力大大弱于其他城市，并且观察其空间分布，基本均分布于西部省市。观察3小时联系网络，这一现象开始大大缓解，2019年和2014年已不存在度值为0的城市，也就意味着长江经济带所有城市均存在与之在3个小时内即可达成交通联系的城市，而且根据3小时网络节点的度值分布来看，2014年和2019年3小时联系网络度值最小的城市均为云南的怒江州与西双版纳州，但其度值却均为4，说明存在4个城市与这2个州在3小时内可达成交通联系。

3. 节点度值分布呈现明显的空间正相关性，且呈现出随时间成本增加相关性减弱而随时间推移相关性增强的现象

根据各节点城市的度值分布，利用ESDA工具对其度值的空间相关性进行检验(见表5-8)，可以发现，2个年份长江经济带1小时联系网络的Moran's I指数均在0.7以上，3小时联系网络的Moran's I指数均在0.68以上，6小时联系网络的Moran's I指数均在0.38以上，意味着长江经济带城市交通网络的度值分布存在着极为显著的空间正相关性，呈现出显著的空间集聚态势，即与度值较高的城市相邻接的城市度值往往也较高，对外交通联系能力较强的城市呈现出地理邻近偏好性。观察Moran's I指数分层次差异可以看出，1小时联系网络的城市Moran's I指数最大，6小时最小，说明1小时网络的城市度值分布的空间相关性更大，空间集聚态势更强，也就说明对外交通联系能力强的城市仅集中于少数城市，并且这些城市多集中分布于若干区域，形成度值分布的高值区。从联系网络Moran's I指数分布的时间动态演化来看，2014—2019年1小时、3小时和6小时联系网络的Moran's I指数分别增长18.33%、7.36%和

① 2014年21个度值为0城市分别为襄阳市、衡阳市、楚雄州、永州市、张家界市、岳阳市、景德镇市、重庆市、遵义市、丽江市、曲靖市、大理州、黔西南、郴州市、赣州市、昭通市、攀枝花市、临沧市、恩施州、凉山彝、阿坝州。

② 2019年13个度值为0城市分别为遵义市、曲靖市、郴州市、丽江市、大理州、黔西南州、赣州市、昭通市、攀枝花市、恩施州、凉山州、临沧市、阿坝州。

3.38%，同样呈现出1小时网络的城市度值Moran's I指数增长最多，6小时最小的格局，说明1小时网络度值的空间集聚态势进一步增强，且在3种层次网络中增强的程度最大，说明长江经济带城市对外交通联系能力开始呈现出强者越强的“马太效应”形势，即交通连接能力强的城市在2014—2019年的集聚态势更加明显，而且集聚形势的强化程度更加集中于1小时联系的城市之间。

表5-8　**长江经济带不同层次交通网络城市度值的Moran's I指数分布**

年份		Moran's I 指数	z	p
2014	1小时	0.711035	21.337887	0.000000
	3小时	0.683270	20.543863	0.000000
	6小时	0.387651	11.800575	0.000000
2019	1小时	0.841345	25.308456	0.000000
	3小时	0.733550	21.994370	0.000000
	6小时	0.400770	12.187534	0.000000

4. 城市交通连接能力呈现出明显的东西分异，东部城市短时间成本的城市连接数显著高于中西部城市

为了更加清晰地表现城市交通连接能力的空间分异，分别对2014年和2019年不同层次交通联系网络的度值分布进行克里金插值。结合不同层次网络的城市度值分布，可以发现城市度值分布存在显著的东西空间分异与时间成本分异(见表5-9)。从东西分异来看，2014年1小时网络度值较高的城市集中于东部地区，特别是江苏、安徽、浙江交界地区的城市，在该区域形成了区域交通联系的1小时通达圈，并且随着时间推移，1小时高度值城市开始逐渐向东偏移。至2019年，安徽合肥、铜陵退出度值排名前10行列，上海、苏州则进入前10，一方面说明该地区城市交通联系的便捷程度要显著高于中部和西部地区，绝大多数城市可在1小时内实现交通联系，另一方面则说明城市对外交通连接能力出现一定程度的东向移动，特别是长三角地区城市对外交通联系能力和区域交通一体化水平进步更为显著。观察3小时和6小时联系网络则会发现，与1小时联系网络高度值城市相比，度值排名较高的城市开始出现一定程度西向偏移，更加趋向于几何中心地区。3小时联系网络的高度值城市绝大部分集中于安徽省内，6小时联系网络的高度值城市则明显集中于湖北、江西省内，这一现象说明，对于短时间成本联系而言，地区交通基础设施布局强

度、一体化建设水平等是影响区域交通联系的关键因素，而对于长时间成本交通联系而言，地理区位优势所发挥的作用则更加明。除此之外，观察高度值城市的空间分布可以看出，在高值集聚区之外，出现若干次高值集聚区，在空间上集中于中部武汉城市圈、西部成渝城市群等区域，说明城市群是长江经济带城市间强交通联系的主要空间载体。

表 5-9　　**长江经济带分层次交通网络度值排名前 10 的城市**

排名	2014						2019					
	1 小时		3 小时		6 小时		1 小时		3 小时		6 小时	
1	无锡	9	池州	41	鄂州	81	镇江	13	铜陵	47	潜江	85
2	马鞍山	9	铜陵	41	黄石	81	无锡	13	池州	46	天门	83
3	南京	8	芜湖	40	黄冈	81	马鞍山	12	安庆	46	仙桃	83
4	常州	8	合肥	39	武汉	80	扬州	11	芜湖	43	鄂州	82
5	合肥	8	马鞍山	38	九江	80	南京	11	合肥	43	黄石	82
6	扬州	7	南京	37	孝感	79	常州	11	宣城	43	武汉	82
7	镇江	7	安庆	37	南昌	79	苏州	11	合肥	42	孝感	82
8	芜湖	7	合肥	37	咸宁	78	芜湖	10	六安	42	咸宁	82
9	铜陵	7	宣城	36	仙桃	76	泰州	10	马鞍山	40	黄冈	82
10	泰州	7	黄山	36	安庆	76	上海	9	扬州	39	南昌	81

（二）长江经济带分层次城市交通联系网络的连通性分析

1. 随时间推移与时间成本增大，网络规模逐渐扩大，网络连通性提升明显。

2014 年长江经济带 1 小时、3 小时和 6 小时联系网络密度分别为 0. 022、0. 172、0. 437，2019 年网络密度则分别增大至 0. 045、0. 192、0. 463，说明不同层次网络中的节点连接数均出现显著增多，网络规模显著增大，网络联系明显增强。特别是 2019 年 6 小时联系网络的密度达到 0. 463，也就意味着在 6 小时时间成本内任一城市均可与长江经济带内近一半的城市产生直接交通联系，城市交通联系的可能性大大提高。网络直径表征网络中任意两节点间距离的最大值，该值越小意味着网络中节点进行连接时需要中转经过的可能节点数越少，网络中的直接联系越多，网络连通性越好。从长江经济带不同层次城市交通联系的网络规模与连通性来看，2014 年 1 小时、3 小时和 6 小时联系网络直径为分别为 21、9、4，2019 年则分别变化为 14、9、4，意味着 1 小时联系网络城市进行连接时经过的平均城市数由 21 个明显下降至 14 个，节点进行连接的成本损失明显下降。但同时可以看出，3 小时和 6 小时联系网络的直径则没有发生变化，说明对于高时间成本联系网络来说，城市联系便捷程度基本保持稳定，城市交通联系变化多出现于城市 1 小时联系时间成本范围内。最短路径长度意味着节点进行连接的相对便捷程度，节点最短路径长度越小意味着该节点城市与其他节点进行连接时经过的节点越少，连接越便捷。从不同层次交通联系网络的最短路径长度分布可以看出，2014 年 1 小时、3 小时、6 小时联系网络的平均最短路径分别为 8. 163、3. 389、1. 834，2019 年则分别下降至 6. 688、3. 295、1. 762，意味着节点连接的中转连接次数明显减少，城市间连接过程中的便捷程度显著提升。

2. 伴随着网络规模扩大，地区交通联系便捷程度呈现出较为明显的中心-外围特征

为了更好地显示城市交通联系便捷程度的空间格局，对不同层次交通联系网络最短路径进行克里金插值并进行可视化表达，可以看出最短路径长度存在极为明显的中心-外围特征(见图 5-16)。对于 1 小时联系网络，可以看出，由于西部大量城市缺少 1 小时对外交通联系，其最短路径长度为 0，形成西部城市普遍的低路径长度集聚区。而对于联系紧密的东部城市，特别是长三角地区则形成以南京、常州、无锡、合肥等城市为中心，以安徽、江苏、浙江等省边缘城市为外围的中心-外围结构。对于 3 小时、6 小时联系网络而言，其中心-外围结构表现得更为显著，并且伴随着时间成本的逐渐增大，中心-外围结构表现得更为明显，且这一结构表现出较为明显的时间稳定性。对于 3 小时联系网络而言，低路径长度城市集中于安徽西南部、江西西北部、湖南北部以及湖北大部分地区，也就意味着这些地区在进行 3 小时网络联系过程中最为便捷，节点连接的中转次数大大小于外围城市。对于 6 小时联系网络，低路径城市的范围出现进一步扩张，西向由湖北境内扩展至重庆大部、四川东北部、贵州东部，南向扩展至湖南中部、南部，江西大部，东向则出现向安徽东部扩展的态势。从城市交通联系网络最短路径的空间格局来看，长江经济带城市交通联系受到明显的地理空间限制，位于地域空间中部的城市在与其他城市进行交通联系时，具有明显的时间成本优势，在相同的时间成本下，这些城市网络能够联系更多的城市，交通联系的便捷程度与成本损失最低。

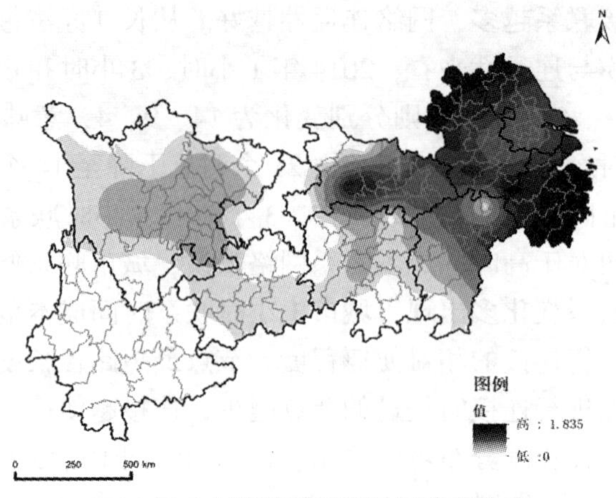

2014 年 1 小时联系网络最短路径分布

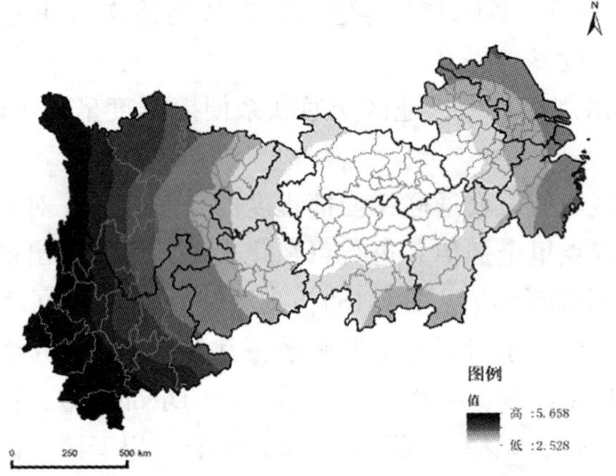

2014 年 3 小时联系网络最短路径分布

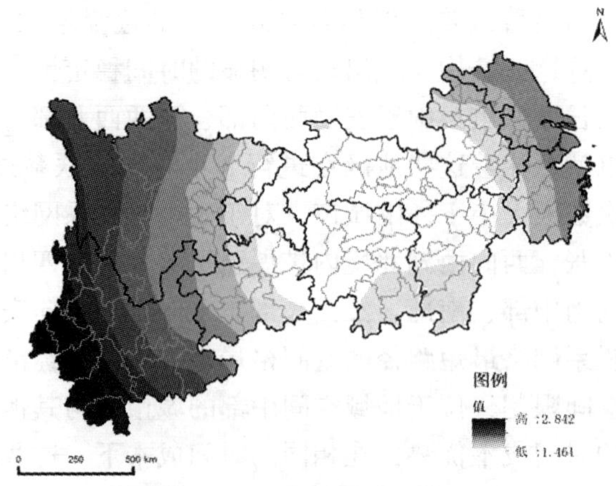

2014 年 6 小时联系网络最短路径分布

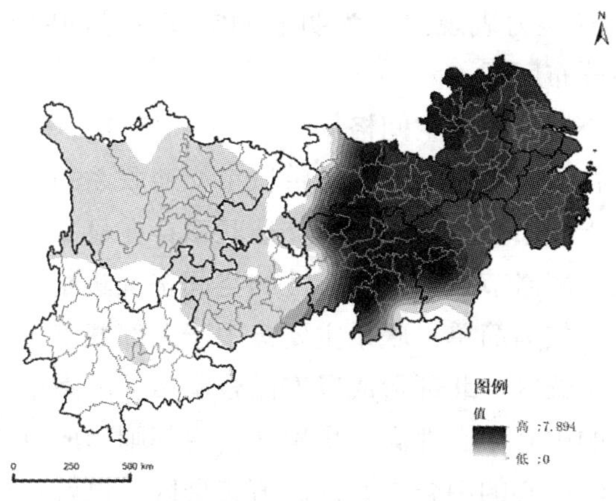

2019 年 1 小时联系网络最短路径分布

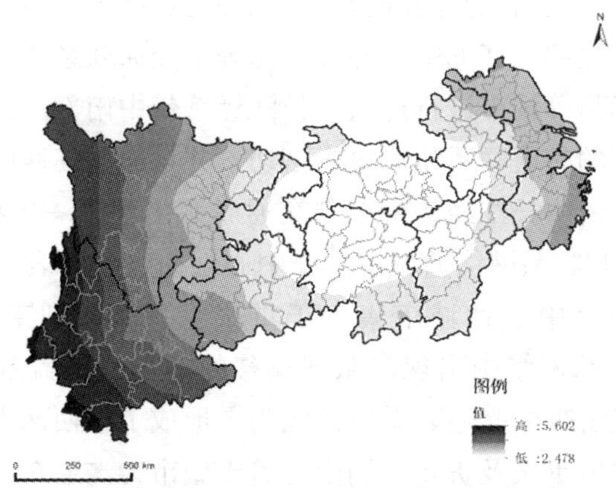

2019 年 3 小时联系网络最短路径分布

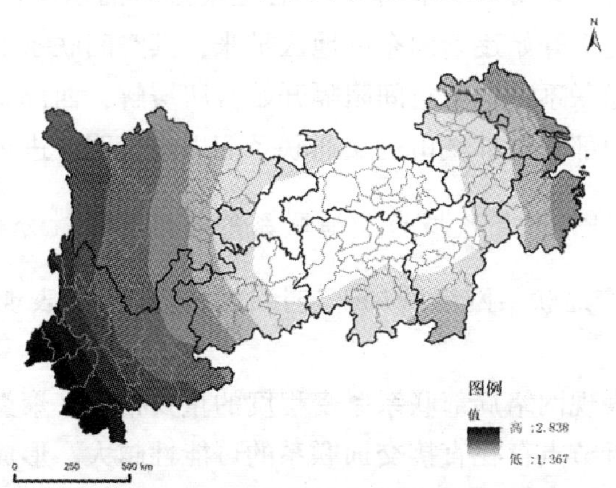

2019 年 6 小时联系网络最短路径分布

图 5-16　长江经济带分层次城市交通联系网络的最短路径分布

3. 城市中转连通能力表现出较为明显的空间地域间隔，形成若干中介中心性高值城市集中分布区域

从节点中介中心性分布的空间格局来看(见图5-17)，高中介中心性城市存在明显的空间集聚特征，说明长江经济带城市交通联系的中转连接存在明显的地域空间限制，若干城市对地区间城市交通联系存在显著的控制作用。通过对于不同层次交通联系网络节点中介中心性的空间格局进行的分析来看，1 小时联系网络由于其结构较为简单，联系主要集中于东部城市，因此形成两个中介中心性高值的显著集聚区。北部形成以安徽合肥市、淮南市，江苏无锡市、泰州市等为中转中心的中介中心性高值集聚区，南部则形成以江西省南昌市、九江市、抚州市为中转中心的中介中心性高值集聚区，也就意味着长江经济带东部交通联系形成了南北两大空间阵营，南北部交通联系出现一定程度的空间断裂。北部的安徽中北部、江苏中南部及上海等地交通联系相对更为密切，并通过合肥、无锡、泰州等城市进行连通。长江经济带中南部的江西北部、湖北东部、浙江西部城市的交通联系相对更为密切，并且通过江西的南昌、九江等城市进行空间连通，说明长江经济带东部交通联系出现了一定程度的空间断裂。对于 3 小时、6 小时联系网络的城市中介中心性而言，则表现出极为明显的东西空间分异，高中介中心性城市集中于重庆至贵州、湖南北部一线，并在 2019 年的 6 小时联系网络中出现向东部偏移的形势且覆盖范围也出现明显扩张，意味着长江经济带的交通联系以该线为界形成了东西两大相对独立的城市交通联系格局，并以重庆及贵州、湖南的若干城市为沟通东西城市的中转连接中心。2019 年 6 小时联系网络高中介中心性集聚区的东向偏移则意味着西部城市的交通联系范围开始逐渐向东部地区扩张，其空间联系范围有所扩大，东西部城市之间交通联系的地域空间阻隔开始有所缓解，西部城市的对外交通联系能力特别是与中部和东部城市的交通联系能力出现明显进步。

(三)长江经济带分层次城市交通联系的网络集聚性分析

1. 不同层次交通联系网络的局部连接性逐渐增强，表现出较为明显的局部空间耦合现象

聚类系数是表现网络局部联系紧密程度的重要指标，聚类系数越大也就意味着节点和其邻近节点存在直接交通联系的可能性越大，形成闭合拓扑连接三元组的可能性越大。从长江经济带不同层次交通联系网络聚类系数的分布可以看出(见图 5-18)，2014—2019 年网络平均聚类系数均出现明显增大，

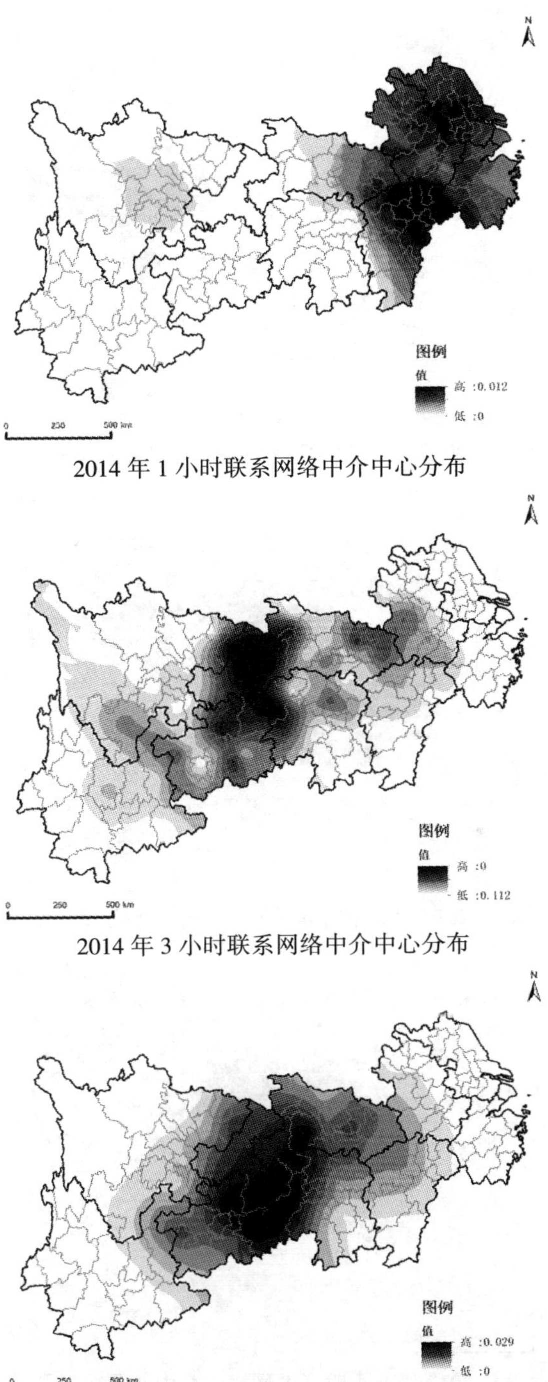

2014 年 6 小时联系网络中介中心分布

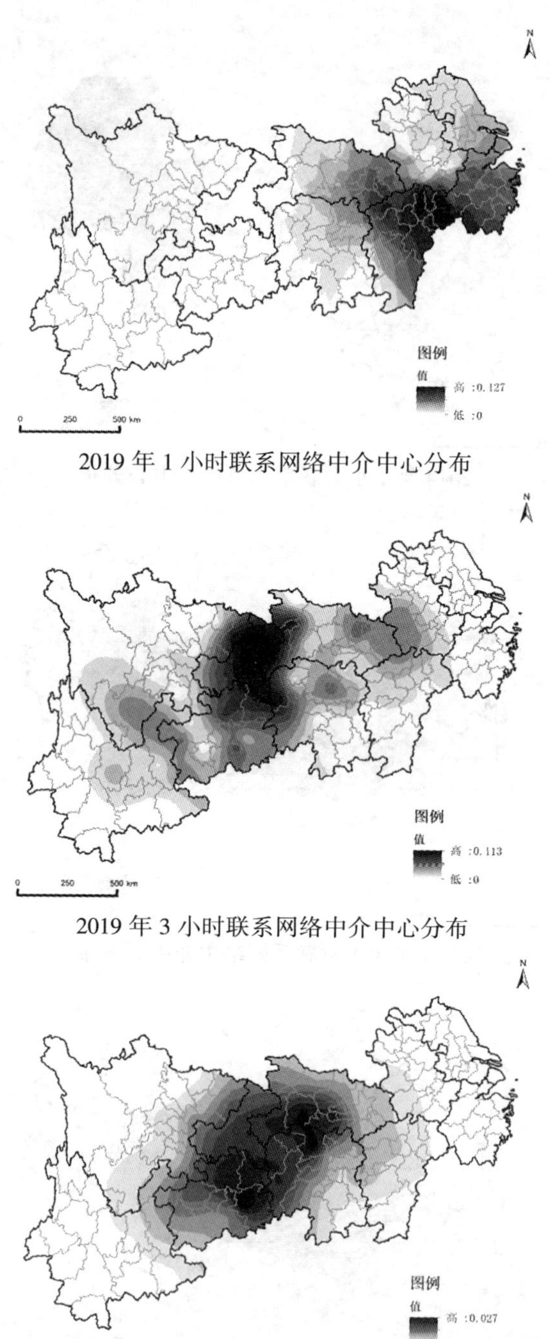

2019 年 1 小时联系网络中介中心分布

2019 年 3 小时联系网络中介中心分布

2019 年 6 小时联系网络中介中心分布

图 5-17　长江经济带分层次城市交通联系网络的中介中心性分布

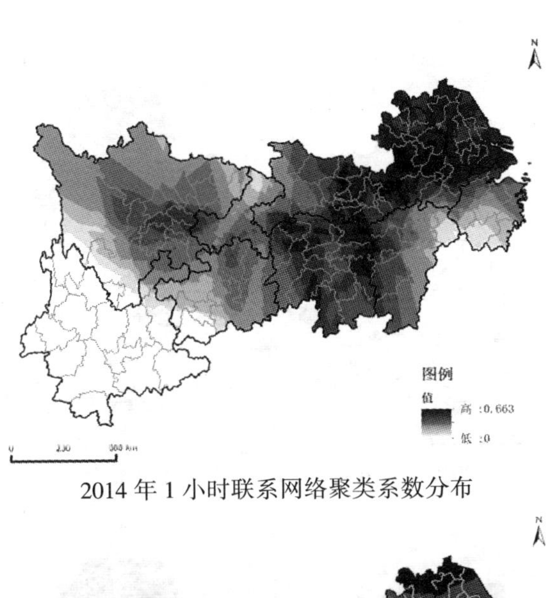

2014 年 1 小时联系网络聚类系数分布

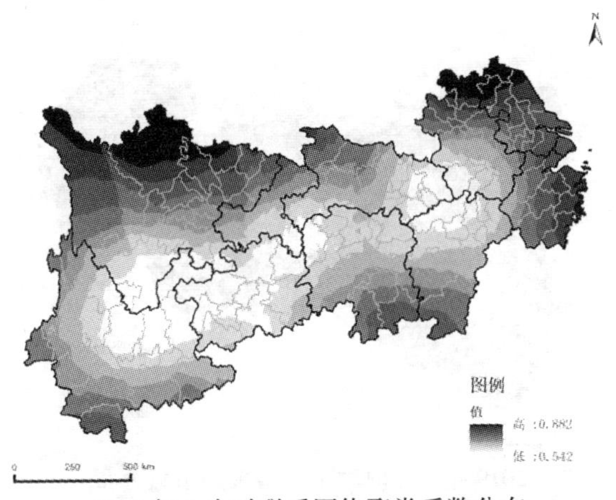

2014 年 3 小时联系网络聚类系数分布

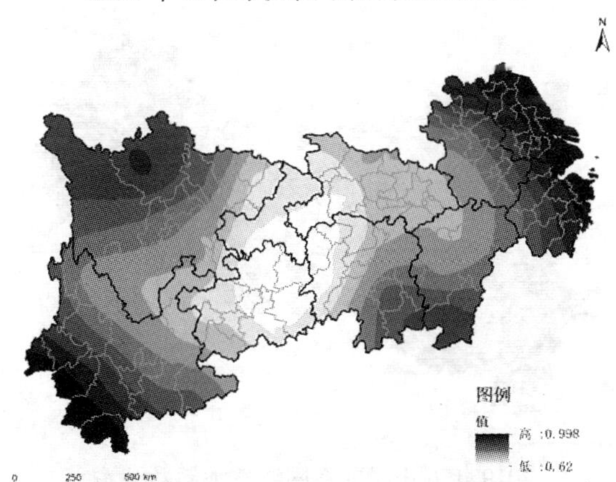

2014 年 6 小时联系网络聚类系数分布

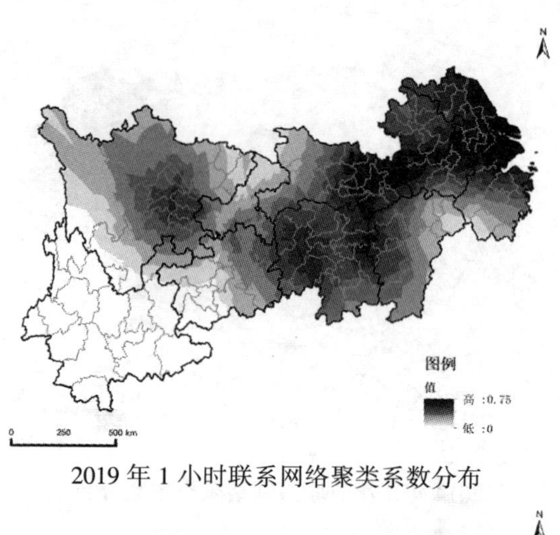

2019 年 1 小时联系网络聚类系数分布

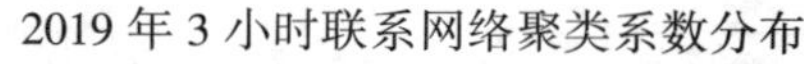

2019 年 3 小时联系网络聚类系数分布

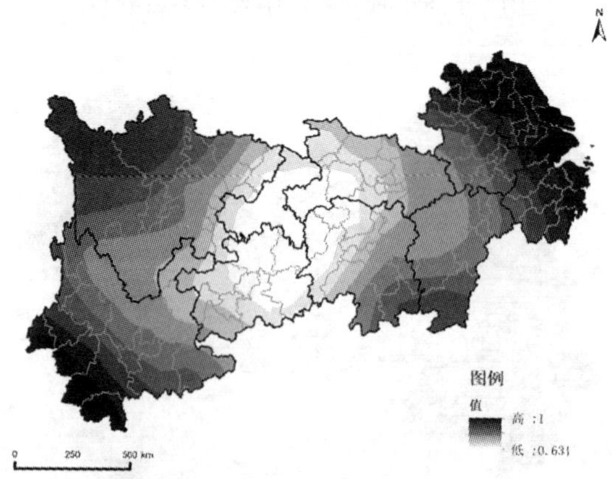

2019 年 6 小时联系网络聚类系数分布

图 5-18　长江经济带分层次城市交通联系网络的聚类系数分布

2014年1小时、3小时、6小时网络的聚类系数分别为0.332、0.71、0.806，2019年则分别提升至0.516、0.729、0.817，增长率分别达到55.42%、2.68%、1.36%，可以看出1小时联系网络的聚类系数提升最为显著，也就意味着短时间成本联系的紧密度大大提升，在1小时内即可实现交通联系的城市数大大提升。而且观察1小时联系网络的聚类系数空间格局可以看出，形成了若干个局部空间耦合区。从高聚类系数城市的空间分布来看，江苏南部、安徽中部、湖北东部以及江西和湖南的少数地区形成1小时联系网络聚类系数的显著高值区，在成都与重庆毗邻的地区形成聚类系数的次一级高值区，也就意味着这些地区的城市之间存在相对更为直接的局部交通联系，形成网络内部的局部耦合。

2. 地区边缘城市形成聚类系数的高值集聚区，外围城市交通联系存在地理邻近偏好性

1小时城市网络可以反映出短时间成本局部城市交通联系的紧密度，但由于相当数量的城市不存在1小时交通联系，因此对于全局交通联系的反映有所欠缺。观察3小时、6小时交通城市交通联系网络可以看出，城市交通联系的局部紧密度表现出较为明显的边缘-中心形势，并且随着时间成本的提高，边缘-中心形势更加明显。对于3小时网络而言，聚类系数形成了以四川南部、贵州西部和云南北部为中心的低值集聚区以及湖北东部、安徽西南部和江西北部为中心的次一级低值集聚区。对于6小时网络，则可以看出低值集聚区的范围显著扩展，并且出现向东偏移的态势，而且边缘城市高聚类系数的集聚程度有所加强。低值集聚区意味着该区域城市与周边全部城市存在直接交通联系的概率较低，也就说明这一地区并未形成完整的局部闭合交通联系，而反观聚类系数的高值集聚区，则明显集中于外围城市，也就意味着外围城市更倾向于与邻近城市产生直接交通联系，存在明显的地理临近偏好性，在外围形成互联互通的局部城市交通联系网络。

第三节　长江经济带城市交通网络的空间韧性特征及其演化

一、网络韧性评价

给定一个网络，当网络遭受攻击即网络中的节点或边在某种特定情况下被移除时，会使得网络中的部分节点间的联系中断。假如在移除节点之后的网络

中任意 i，j 两节点间仍然存在联系，由于节点和边的移除，那么节点间的距离必然发生变化。如果节点的移除导致两个节点难以产生联系，那么这两个节点也就成为相互孤立的节点(见图 5-19)。如果在移除网络中部分节点后，整个网络的绝大部分节点仍然是连通的，也就是说网络的功能并未受到较大影响，那么可认为该网络对于节点攻击具有鲁棒性(Robustness)，即可视为网络在遭受攻击时的韧性，其计算公式可表示如下：

$$P = P(f)\text{，}L = L(f) \tag{5-11}$$

式(5-11)中，P 指最大连通子图内的节点总数占整个网络节点总数的比例，f 指受攻击的节点占网络节点总数的比例，$P(f)$ 为遭受攻击时网络中受影响的节点比例变化函数。L 为特征路径长度，$L(f)$ 为网络遭受攻击时由于节点受影响而造成的特征路径长度变化函数。

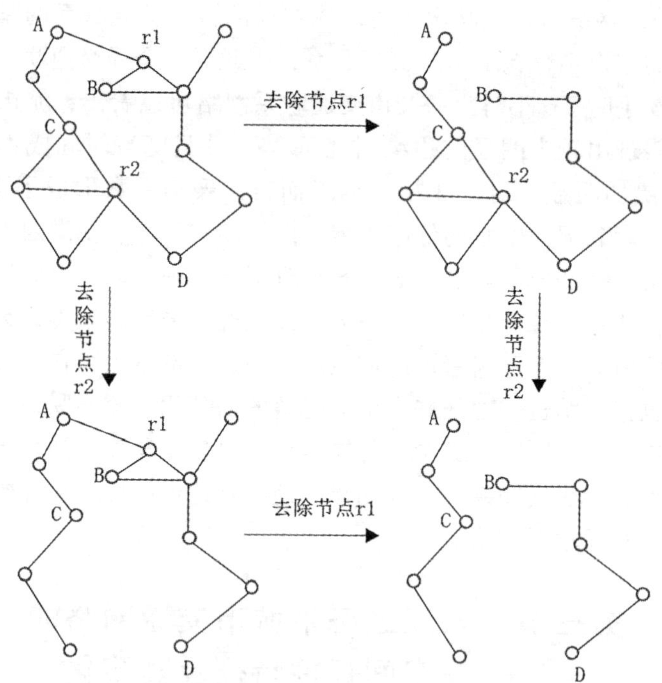

图 5-19　节点受攻击对网络整体结构的影响示意

资料来源：改绘自汪小帆(2006)。

为了更好地表现节点受攻击后网络形态与性质的变化，此处引入最大连通子图相对大小、网络全局效率、网络局部效率(最大连通子图效率)等概念。

最大连通子图(giant connected subgraph)是指能够将网络中所有节点以最少的边进行连接的网络内部的子图。当网络中节点遭受攻击时，与之联系的边消失后会产生若干孤立节点，此时全局网络的相关性质难以再进行度量。以最短路径为例，由于与孤立节点不连通，可视网络中节点 i 与孤立节点 j 之间的路径 d 为正无穷大，即 $d=+\infty$，因此，此时选择与其仍然相联系的规模最大的网络即最大连通子图的相关特征进行评价，从而展现网络攻击对其结构造成的影响。最大连通子图相对大小指子图内节点数与未受攻击的全局网络节点总数之比，一般使用 S 表示。

$$S=\frac{N'}{N} \tag{5-12}$$

式中，N' 指当网络遭受攻击后最大连通子图的节点个数，N 指未遭受攻击时全局网络节点总数。网络遭受攻击之前，不存在节点损失，S 为 1。随着攻击强度的逐步提高，节点损失逐步增多，S 也随之降低，这一指数可以简明表达网络遭受攻击时的破坏程度。

当对网络的韧性进行评价时，一般使用最短路径长度作为主要的评价指标，最短路径大则证明节点连接中转的次数多，一旦节点间联系路径发生故障，网络的连通性就会出现下降，因而其可靠性就越弱，反之可视为越好。但如前文所述，当网络遭受攻击之后，节点与边的数量逐渐减少，规模变小时，最大连通子图的路径长度也随之变小，此时已无法再使用最短路径长度对其可靠性进行评价。有鉴于此，引入网络全局效率(global efficiency)、网络局部效率(local efficiency)以及相对效率(relative efficiency)作为评价网络变化的主要指标。网络连接效率 ε_{ij} 一般使用节点 i，j 之间距离 d 的倒数来表示，意指节点间距离越近其连接效率越高，反之越低。当 i，j 中存在孤立节点时，其距离为 $d=+\infty$，此时 $1/d$ 则为无穷小，可视为 0。

网络全局效率即为遭受攻击后网络中全部节点间连接效率之和的均值，其计算公式如下：

$$E_g=\frac{\sum\limits_{i\neq j\in G}\varepsilon_{ij}}{N(N-1)}=\frac{\sum\limits_{i\neq j\in G}\frac{1}{d_{ij}}}{N(N-1)} \tag{5-13}$$

式(5-13)中，E_g 指网络全局效率，$\varepsilon_{ij}=1/d_{ij}$ 指节点 i，j 间的连接效率，N 指未遭受攻击的网络节点个数。

网络局部效率指网络遭受攻击后最大连通子图内全部节点间连接效率之和的均值，其计算公式如下：

$$E_1 = \frac{\sum\limits_{m \neq n \in G'} \varepsilon_{mn}}{N'(N' - 1)} = \frac{\sum\limits_{m \neq n \in G'} \frac{1}{d_{mn}}}{N'(N' - 1)} \tag{5-14}$$

式(5-14)中，E_l为网络局部效率，$\varepsilon_{mn} = 1/d_{mn}$指最大连通子图内节点 m，n 之间的连接效率，N'指最大连通子图内的节点数。

相对效率指遭受攻击后的最大连通子图的网络效率与全局网络效率的比值，其计算公式如下：

$$E_r = \frac{E_l}{E_g} \tag{5-15}$$

式(5-15)中，E_l为网络局部效率，E_g指网络全局效率。

网络的失效一般出于两种原因，一种是由于不可预测的原因，如不可测的自然灾害、突发性灾害等，此时对网络造成故障的具体位置难以事先确定，可视为随机攻击(random attack)；另一种则是出于人为因素，如战争原因破坏导致城市对外联系能力丧失等，此时受到影响的一般为网络中重要的节点(边)，可视为蓄意攻击(selected attack)。网络中某些节点(边)由于上述特定原因出现故障，从而引发整个网络出现传递效应，形成网络中大量节点(边)失效，甚至造成瘫痪的过程称为级联失效(cascade failure)。

在此分别通过随机攻击和蓄意攻击对网络在遭受攻击时的级联失效过程进行动力学模拟，从而分析交通网络的鲁棒性(robustness)和脆弱性(fragile)。鲁棒性是指若移除网络中部分节点，网络中剩余节点和边依然保持连通状态，整个网络能够保持基本的连通功能，可视为网络具有鲁棒性。对于交通网络脆弱性的定义目标尚未统一，参考 Jenelius、Luathep、Nagurney 研究交通脆弱性的定义，此处将网络脆弱性定义为网络遭受小概率但是后果严重的破坏性事件导致网络功能出现明显下降时的敏感性。事实上，鲁棒性与脆弱性往往相伴而生，即网络存在鲁棒性，但在特殊节点或边遭受攻击时又会表现出强烈的脆弱性，鲁棒并脆弱(robust-yet-fragile)是网络对立统一的一体两面，Albert 形象地将其称为“阿喀琉斯之踵”。

对于随机攻击，本书提出的攻击策略为对于网络的每次攻击均为随机选取，即不考虑网络节点度等相关属性，移除节点为随机选择。

对于蓄意攻击，Holme 等提出了四种攻击策略：

(1)ID(initial degree)攻击法。即根据网络中节点初始度的大小进行降序排列，之后按照度值由大至小逐次删除。这是目前研究中最为常用的攻击方法。

(2)IB(initial betweenness)攻击法。即根据网络中节点初始介数大小进行降序排列，之后按照介数值大小由大至小逐次删除。

(3)RD(recalculated degree)攻击法。即先根据网络中节点度数进行降序删除，之后，再次根据攻击后网络度值排列进行二次删除……循环至整个网络。

(4)RB(recalculated betweenness)攻击法。其原理与RD攻击法相同，即删除节点介数较高的节点后，重新计算网络节点介数，并进行二次删除。

二、随机攻击下长江经济带城市交通联系网络的韧性评价

根据所设定的攻击策略，随机选择网络中的城市节点进行随机批量移除，并对移除后的最大联通子图的网络属性进行统计，观察随机攻击下长江经济带城市交通联系网络维持系统运行能力变化的动力学过程。

(一)长江经济带城市交通联系网络具有较高的韧性，随机攻击下网络呈现出高度的鲁棒性特征

网络节点度值的变化是网络在遭受攻击时韧性的重要表征指标。从长江经济带城市交通联系网络遭受随机攻击时的度值变化可以看出，节点度值变化基本呈现出典型的线性变化特征，即在对两个年份的节点度值变化进行线性拟合时可以看出，其拟合优度均在0.99以上，呈现出高度拟合状态，说明节点度值的降低幅度基本和网络节点移除比例呈现高度同步的状态，交通联系网络的节点联系较为均匀。随着节点移除比例的增多，网络平均度值变化呈现出几乎匀速下降的变化趋势(见图5-20)，也就意味着在随机攻击状态下，随机移除特定比例的节点并不会造成其他节点度值的显著变化，网络在遭受随机攻击时能够在大比例区间保持高度的网络连接功能，也进一步证实长江经济带交通联系网络的高稳定性。

(二)网络裂解存在阈值影响效应，在一定的阈值空间出现显著波动变化

从随机攻击状态下的网络最短路径以及中介中心性、子图直径和子图密度的变化过程来看，长江经济带交通联系网络在遭受随机攻击时在一定的比例区间内，网络联系的便捷程度与中转次数并不会发生显著变化，但是存在一定的阈值空间，当超出这一阈值空间时，网络结构会发生显著变化。从4属性的变

化可以看出(见图 5-21 至图 5-24)，2014—2019 年网络最短路径的裂解阈值比例分别为 83%，89%，中介中心性的阈值比例分别为 83%，92%，子图直径的阈值比例分别为 68%，77%，子图密度的阈值比例分别为 83%，89%，说明只有当网络超过 65%以上的节点遭到攻击时，网络结构才发生明显变化，而在此之前，节点联系的便捷程度、中转次数与网络形态并不会发生显著变化。因此，对于长江经济带的城市交通联系网络而言，只要网络节点受损比例不高于 65%，对于网络的整体结构与连接能力并不会造成显著的破坏，节点通过改变联系路径仍然可以保持较为便捷的连接能力。

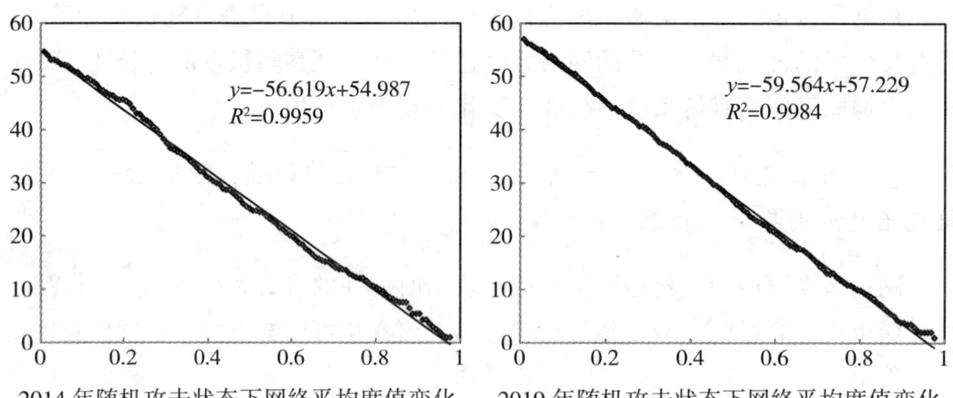

图 5-20　随机攻击状态下长江经济带城市交通联系网络的平均度值变化

注：横轴为移除节点比例，纵轴为网络属性，下同。

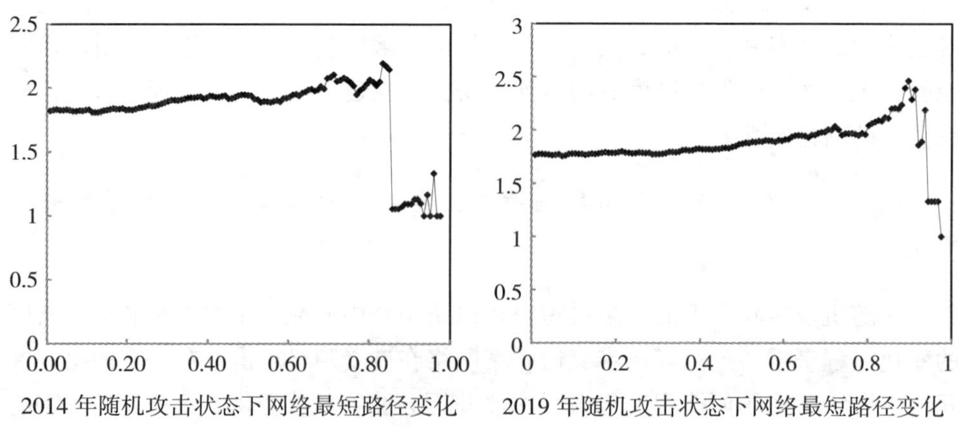

图 5-21　随机攻击状态下长江经济带城市交通联系网络的平均度值变化

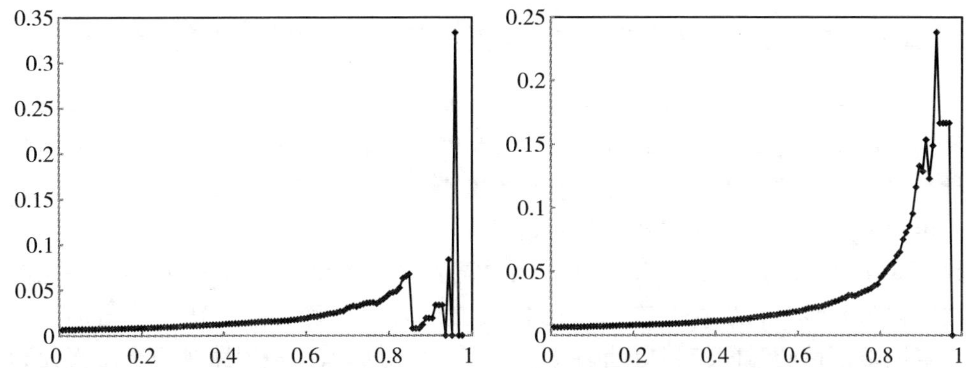

2014 年随机攻击状态下网络中介中心性变化　2019 年随机攻击状态下网络中介中心性变化

图 5-22　随机攻击状态下长江经济带城市交通联系网络的中介中心性变化

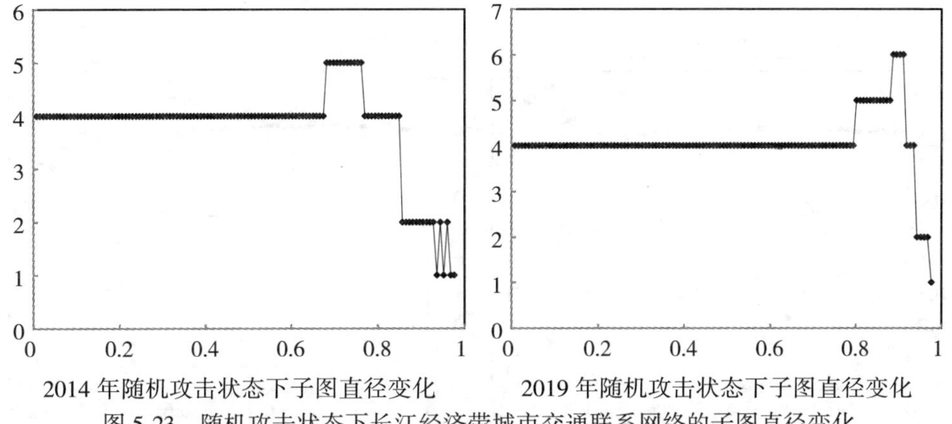

2014 年随机攻击状态下子图直径变化　2019 年随机攻击状态下子图直径变化

图 5-23　随机攻击状态下长江经济带城市交通联系网络的子图直径变化

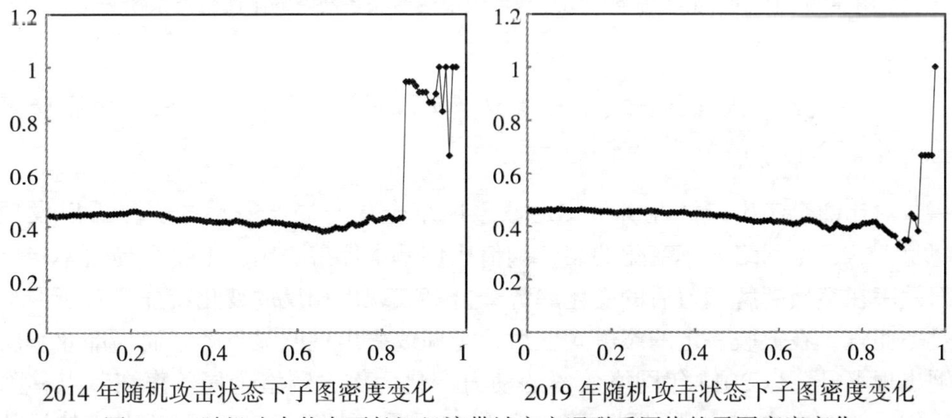

2014 年随机攻击状态下子图密度变化　2019 年随机攻击状态下子图密度变化

图 5-24　随机攻击状态下长江经济带城市交通联系网络的子图密度变化

（三）随时间推移网络整体韧性有所加强，网络裂解阈值有所提升

聚类系数是表现节点局部连接能力的重要指标，对比两个年份，可以看出聚类系数基本都维持在 0.8 以上（见图 5-25），说明长江经济带交通联系网络具有较高的局部连接能力，任一节点均能够与邻近 80%以上的节点产生联系，一定程度上证实了交通联系网络的紧密程度。与此同时，对比两个年份聚类系数的变化可以看出，2014 年剧烈变化的阈值比例在 85%，而 2019 年这一比例则变化为 89%，说明网络在遭受随机攻击之后的裂解阈值出现显著增加，意味着网络韧性随时间推移更趋强化。事实上，对比前文最短路径、子图直径和子图密度以及中介中心性的变化同样可以看出，4 属性 2019 年的裂解阈值比例均高于 2014 年，也就说明 2019 年长江经济带城市交通联系网络的鲁棒性相比之下更强，网络连接能力更强，面对随机攻击具有更强的韧性。

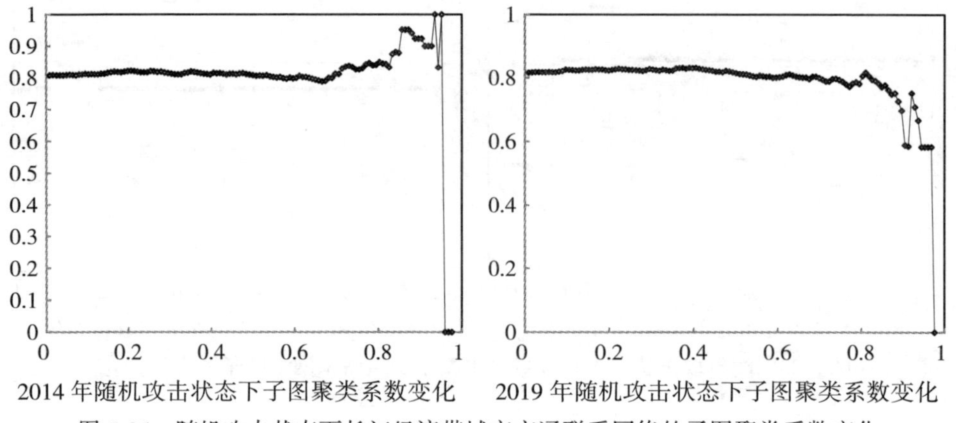

图 5-25　随机攻击状态下长江经济带城市交通联系网络的子图聚类系数变化

（四）网络全局与局部效率阈值波动呈现逆向变化特征，随机攻击状态下网络子图仍保持较高的连接能力

对比两个年份长江经济带交通联系网络全局与局部效率的变化可以发现（见图 5-26），网络效率变化的裂解阈值比例基本保持稳定，但是全局效率与局部效率在突破裂解阈值后的变化趋势却恰好表现出相反的变化特征。对于网络效率而言，在突破一定的裂解阈值后，全局效率出现明显下降，而局部效率反倒出现上升，以 2014 年网络效率的动力变化为例，网络全局效率在节点移除比例为 83%左右时出现剧烈下降，由 0. 62 剧烈下降至 0. 45，而相对应的局部

效率则从 0. 62 剧烈上升至 0. 97，意味着当网络节点移除比例超过裂解阈值后，网络中剩余节点开始出现大量的孤立节点，使得节点连接出现大量超路径，大大拉大了网络剩余节点直接的联系路径。而对于网络最大联通子图而言，节点移除并未造成子图路径的剧烈变化，甚至由于网络自身连接能力较强，子图内部的节点联系能力增强，联系效率提高，进一步证实了长江经济带城市交通联系网络的高韧性特征。

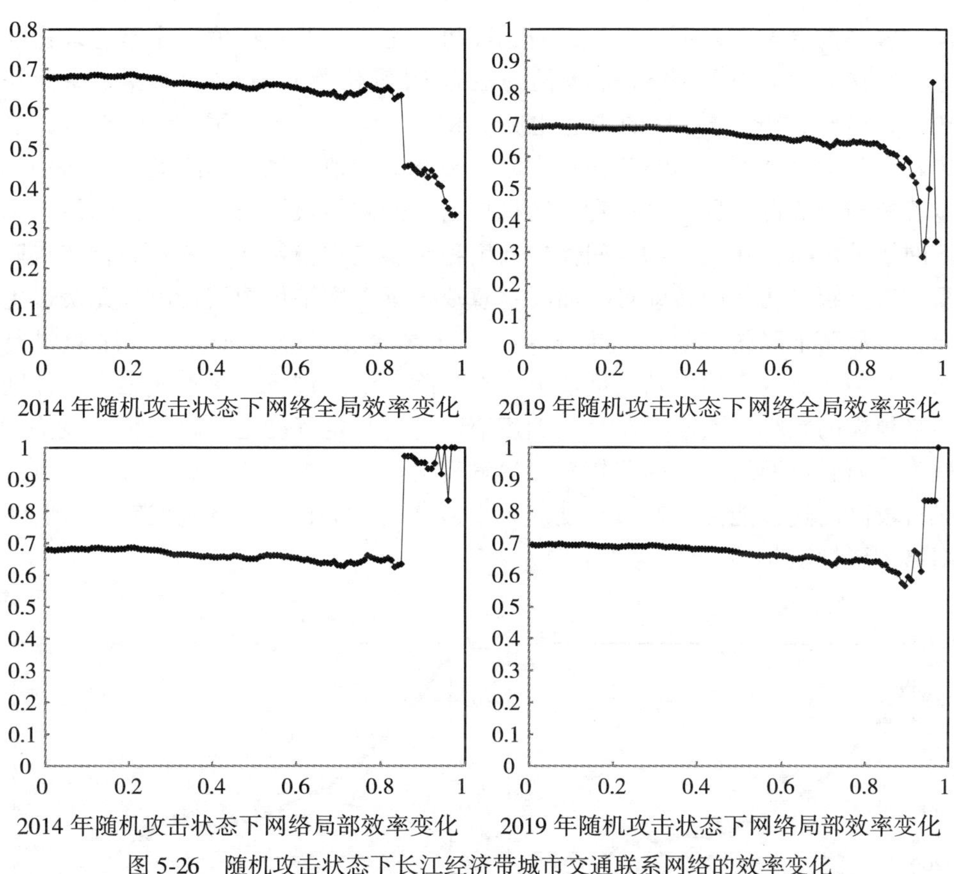

图 5-26　随机攻击状态下长江经济带城市交通联系网络的效率变化

三、蓄意攻击下长江经济带城市交通联系网络的韧性评价

(一)按节点度值大小蓄意攻击下的网络韧性

1. 与随机攻击相比，网络对节点度值蓄意攻击的鲁棒性下降明显，网络

规模裂解的波动变化更为明显

与随机攻击相比，可以看出，网络平均度值变化的波动程度明显较大，随机攻击状态下，网络平均度值与节点移除比例基本上呈现同比例的线性变化特征(见图 5-27)。而当按照度值进行移除时，可以发现，平均度值与移除比例开始出现一定的阈值波动，其中 2014 年的波动阈值在 64%，2019 年的波动阈值在 55%。在阈值之前，度值变化速度相对较缓，而突破这一阈值之后，平均度值的下降速度则开始明显加速。对比其他属性的动态变化过程，这一现象表现得更为显著，对比随机攻击与按节点度值大小蓄意攻击状态，2014—2019 年网络最短路径的裂解阈值比例由 83%，89%，降低至 60%，56%，中介中心性的阈值比例由 83%，92%，降低至 63%，55%，意味着在蓄意攻击下，网络结构初次剧烈裂解的阈值比例大幅降低，网络韧性显著减弱。值得一提的是，对比随机攻击下的网络最短路径变化，随机攻击下网络最短路径在大比例区间保持高度稳定，基本稳定在 1.8 左右，节点联系不需要超过两次中转即可，而在蓄意攻击下，网络最短路径出现先缓慢上升，后显著下降的趋势(见图 5-28)，意味着蓄意攻击初期拉大了节点进行联系的中转次数，但伴随高度值节点的移除，节点进行二次重连之后，伴随网络规模的减小，其联系路径反倒逐渐降低，一定程度上反映了长江经济带城市交通联系网络中的回路较多，尽管高度值节点被移除，剩余节点仍可以保持较高的连接能力。按节点度值大小蓄意攻击下长江经济带城市交通联系网络的属性变化图见图 5-27 至图 5-29。

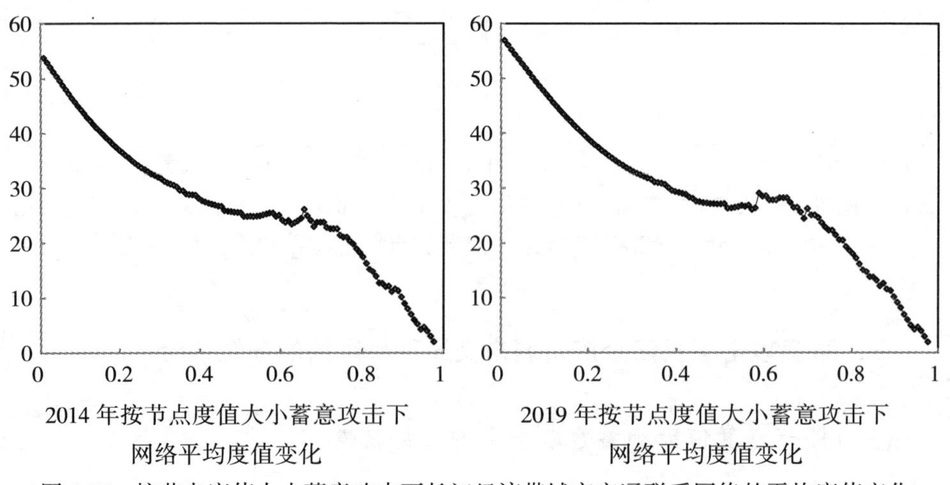

图 5-27　按节点度值大小蓄意攻击下长江经济带城市交通联系网络的平均度值变化

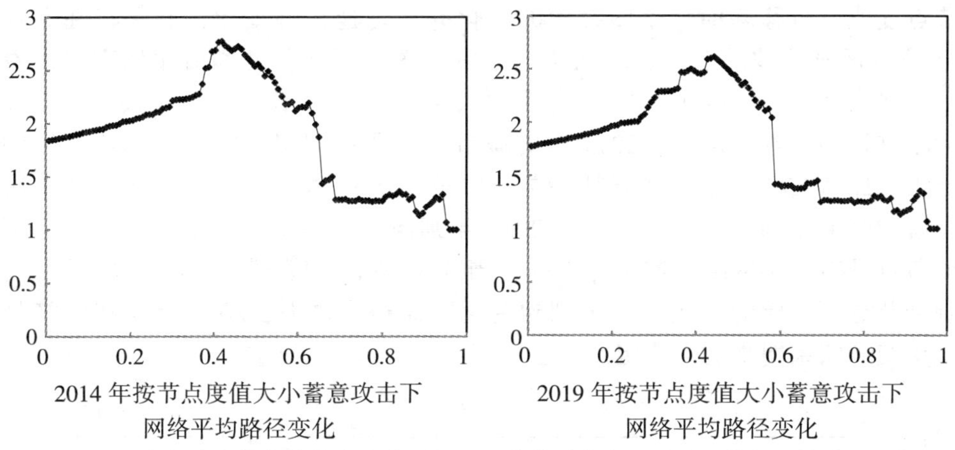

2014 年按节点度值大小蓄意攻击下网络平均路径变化

2019 年按节点度值大小蓄意攻击下网络平均路径变化

图 5-28　按节点度值大小蓄意攻击下长江经济带城市交通联系网络的平均路径变化

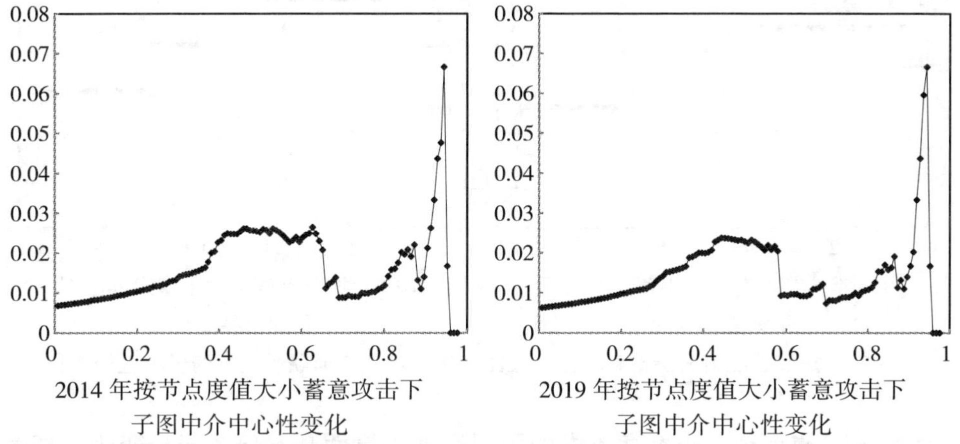

2014 年按节点度值大小蓄意攻击下子图中介中心性变化

2019 年按节点度值大小蓄意攻击下子图中介中心性变化

图 5-29　按节点度值大小蓄意攻击下长江经济带城市交通联系网络的子图中介中心性变化

2. 高度值节点的移除造成子图规模的剧烈波动变化，形成稳定-突变的阶梯状变化格局

与随机攻击子图直径保持高度稳定相比，按节点度值大小蓄意攻击的子图直径则表现出极为显著的波动变化特征(见图 5-30)，也就意味着按节点度值大小进行蓄意攻击所造成的网络结构波动变化更显著、更剧烈。与此同时，可以看出，在按节点度值大小进行蓄意攻击的状态下，两个年份网络子图呈现出多个明显对应的裂解阈值。2014 年、2019 年相对应的初次裂解阈值比例分别为 3.17%、13.49%，2 次裂解阈值比例分别为 36.50%、40.47%，3 次裂解阈值比例分别为 56.34%、63.49%。也就意味着当按照

节点度值进行移除时，子图结构的变化并非匀速线性变化，而是存在着稳定-突变的梯状波动变化。对比 2 个年份子图直径变化的阈值比例则可以看出，多次裂解的阈值比例 2019 年都要大于 2014 年，说明在遭受按节点度值大小进行的蓄意攻击时，2019 年的城市交通联系网络保持稳定的比例区间更大，保持结构的稳定状态越持久。以第 1 次裂解为例，2014 年，第 1 次裂解的阈值比例仅为 3.17%，而 2019 年则高达 13.49%，说明 2014 年高度值节点城市对于网络的控制力更强，当 3.17%的高度值节点城市被移除后，剩余节点所构成的子图即发生剧烈变化，而相比之下，2019 年长江经济带城市交通联系网络更为稳定。

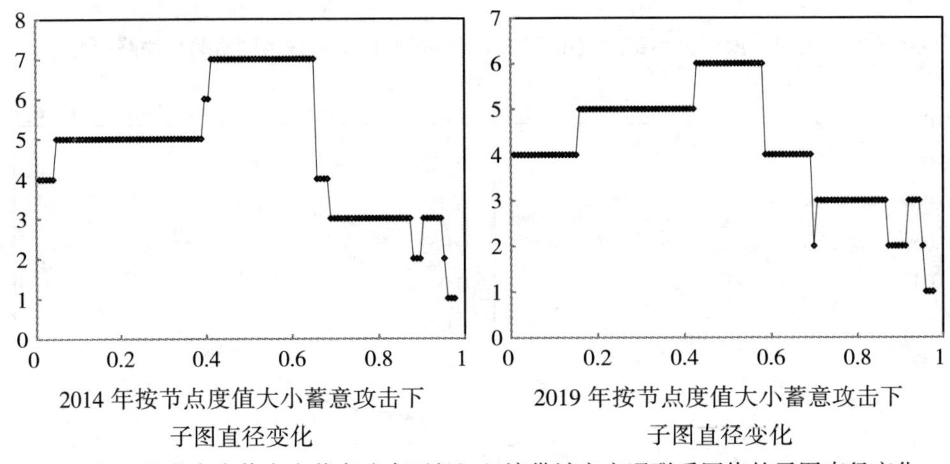

图 5-30 按节点度值大小蓄意攻击下长江经济带城市交通联系网络的子图直径变化

3. 按节点度值大小蓄意攻击的子图密度等属性基本保持同步变化，高度值节点的移除对于网络结构变化的影响存在一定的稳定性

与随机攻击下相比，子图密度与子图聚类系数变化的阈值比例相对较小，进一步证实了前文关于按节点度值大小进行蓄意攻击对于网络结构的影响要强于随机攻击。但值得注意的是，在针对节点度值进行攻击的状态下，2014 年和 2019 年基本保持相同的变化路径，子图密度基本保持先降低再波动上升的状态(见图 5-31)，聚类系数保持大比例区间稳定(见图 5-32)，全局效率和局部效率也基本保持相同的变化路径(见图 5-33 和图 5-34)，也就意味着对于长江经济带城市交通联系网络而言，高度值节点的逐步移除对网络内部节点连接的影响具有较高的一致性。伴随高度值节点的移除，网络节点的连接倾向基本保持一致，网络结构变化的阈值比例也保持较为明显的一致性。

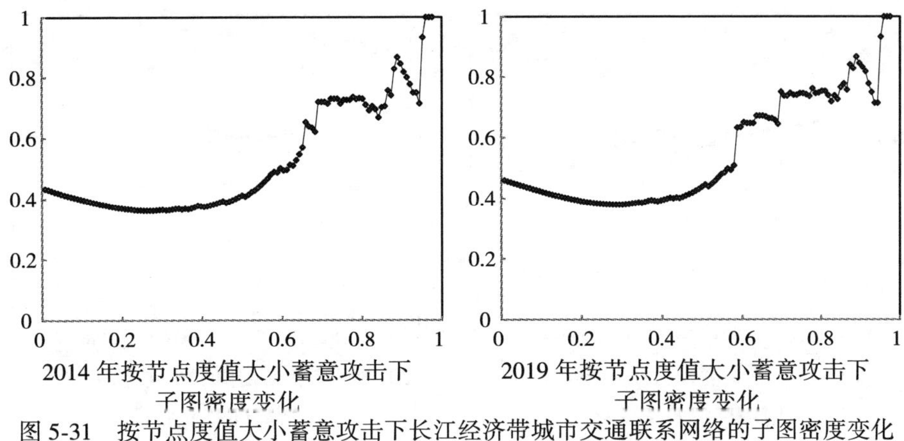

2014 年按节点度值大小蓄意攻击下子图密度变化　　2019 年按节点度值大小蓄意攻击下子图密度变化

图 5-31　按节点度值大小蓄意攻击下长江经济带城市交通联系网络的子图密度变化

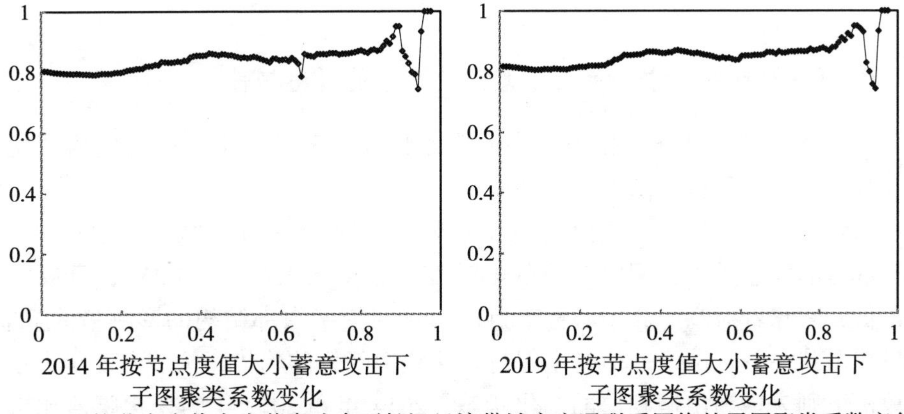

2014 年按节点度值大小蓄意攻击下子图聚类系数变化　　2019 年按节点度值大小蓄意攻击下子图聚类系数变化

图 5-32　按节点度值大小蓄意攻击下长江经济带城市交通联系网络的子图聚类系数变化

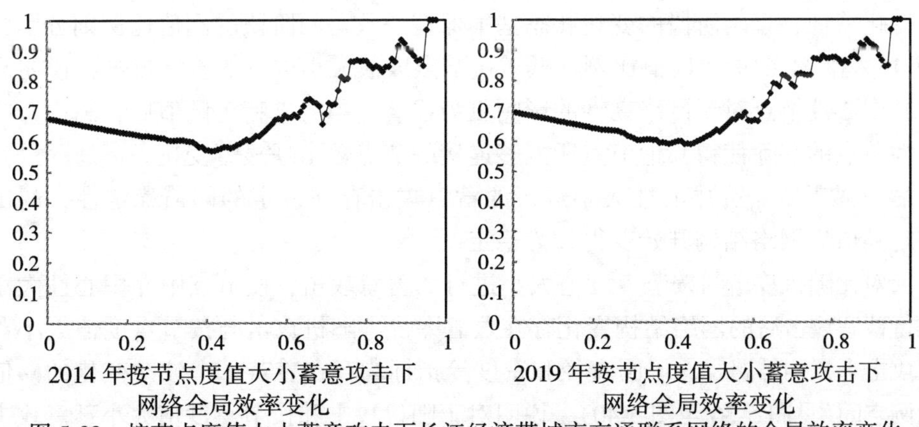

2014 年按节点度值大小蓄意攻击下网络全局效率变化　　2019 年按节点度值大小蓄意攻击下网络全局效率变化

图 5-33　按节点度值大小蓄意攻击下长江经济带城市交通联系网络的全局效率变化

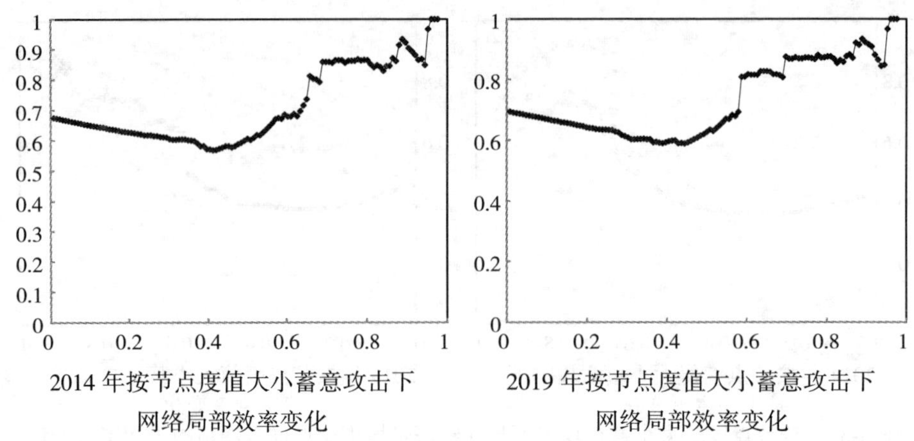

图 5-34　按节点度值大小蓄意攻击下长江经济带城市交通联系网络的局部效率变化

(二)按节点中介中心性大小蓄意攻击下的网络韧性

1. 三种攻击方式下，按节点中介中心性大小蓄意攻击下网络度值变化的幅度最大，网络裂解的阈值比例最低

与随机攻击和按节点度值大小蓄意攻击对比可以看出，按节点中介中心性大小进行的蓄意攻击，网络度值的波动变化幅度最大(见图 5-35)，且阈值比例最低，意味着对高中介中心性节点的攻击对网络内部结构的影响最为显著。随机攻击状态下，网络度值基本保持匀速线性降低的趋势，按节点度值大小蓄意攻击下则表现为由慢到快的变化状态，2014 年和 2019 年的变化阈值比例分别为 64%和 55%。而按节点中介中心性大小蓄意攻击下，其基本保持两阶段的变化特征，且两阶段的变化状态基本保持一致，两阶段的阈值比例则分别为 30. 15%和 24. 61%，阈值比例远低于按节点度值大小进行的蓄意攻击，说明高中介中心性节点对于网络韧性的影响更为显著，当突破特定阈值后，高中介中心性节点的移除使得其他节点所能够连接的节点数出现显著变化。

2. 按节点中介中心性大小进行的蓄意攻击存在一定的阈值稳定性，超出特定阈值后网络结构开始变得较为稳定

对比随机攻击与按节点度值大小进行的蓄意攻击，按节点中介中心性大小进行蓄意攻击后的网络结构变化存在显著差异。随机攻击与按节点度值大小蓄意攻击下，网络路径、子图直径和密度等指标均存在着若干个波动变化的阈值比例空间(见图 5-36 至图 5-40)，说明对于随机攻击和按节点度值大小蓄意攻击网络结构存在多个突变阈值，伴随节点移除比例的增大，网络内部的连接形态

与细部结构出现多个突变。而对比按节点中介中心性的移除，当突破某一特定阈值比例后，虽然网络规模发生变化，但网络结构开始保持高度稳定。如网络平均路径在按照节点中介中心性进行移除时，当移除比例分别超过 30. 14%和 24. 60%时，网络平均路径开始出现大幅下降，并且在后续移除过程中保持高度稳定，基本维持在 1. 15 左右。子图密度在节点移除比例达到 30. 95%和 24. 63%时，开始出现大幅增加，并在后续移除过程中保持缓慢增长。网络平均中介中心性、聚类系数以及网络效率等也基本保持相同的变化形态，说明高中介中心性节点的移除尽管会更早地使网络结构发生突变，但网络结构的突变并非脱离原网络的结构形态，移除节点后的网络仍然保持着较为明显的连接能力。

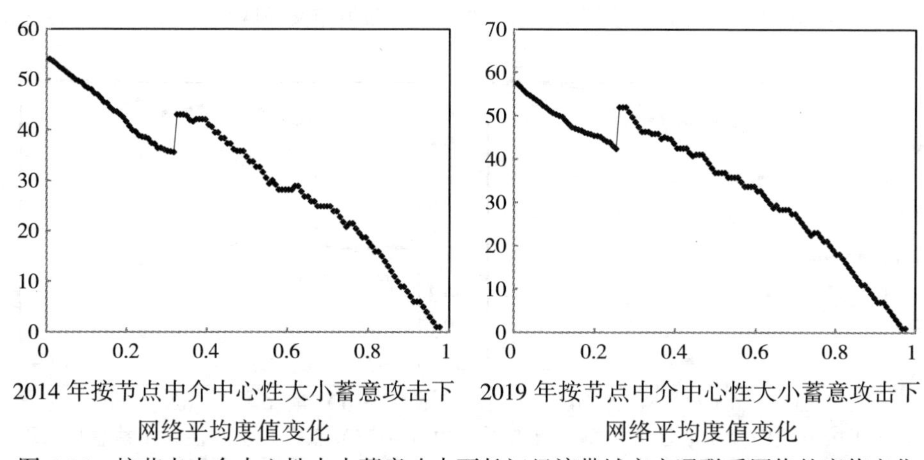

图 5-35　按节点中介中心性大小蓄意攻击下长江经济带城市交通联系网络的度值变化

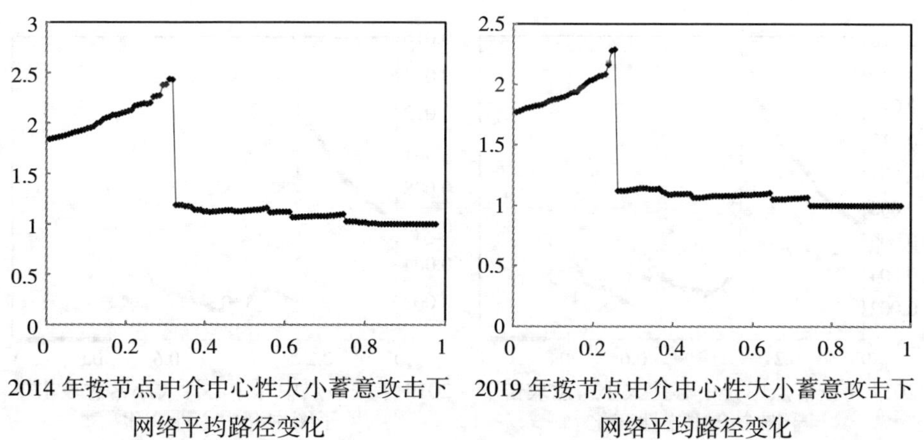

图 5-36　按节点中介中心性大小蓄意攻击下长江经济带城市交通联系网络的平均路径变化

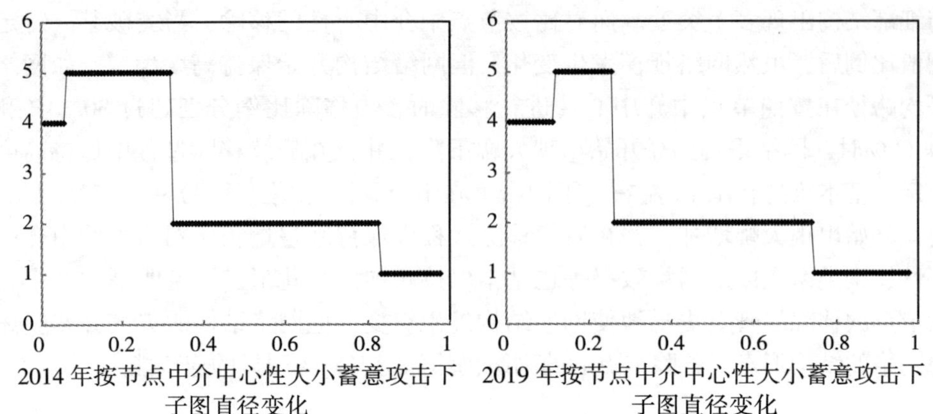

2014 年按节点中介中心性大小蓄意攻击下子图直径变化　2019 年按节点中介中心性大小蓄意攻击下子图直径变化

图 5-37　按节点中介中心性大小蓄意攻击下长江经济带城市交通联系网络的子图直径变化

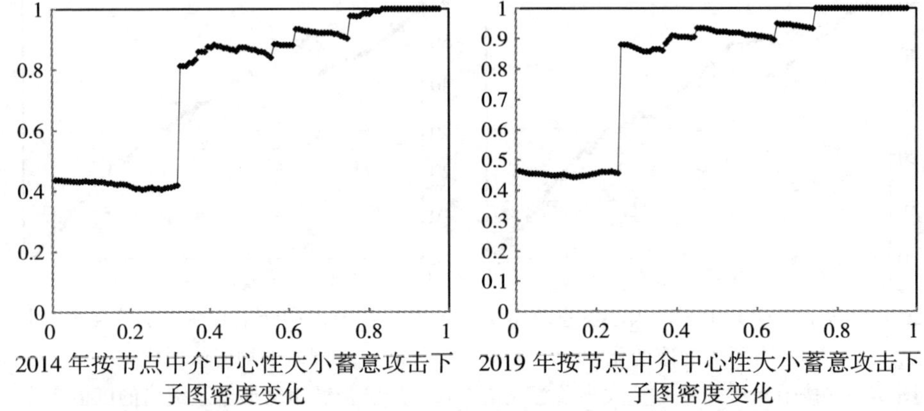

2014 年按节点中介中心性大小蓄意攻击下子图密度变化　2019 年按节点中介中心性大小蓄意攻击下子图密度变化

图 5-38　按节点中介中心性大小蓄意攻击下长江经济带城市交通联系网络的子图密度变化

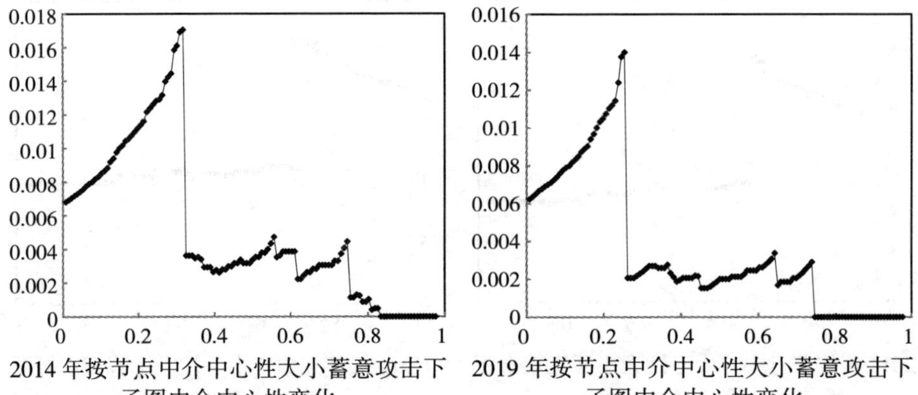

2014 年按节点中介中心性大小蓄意攻击下子图中介中心性变化　2019 年按节点中介中心性大小蓄意攻击下子图中介中心性变化

图5-39　按节点中介中心性大小蓄意攻击下长江经济带城市交通联系网络的子图中介中心性变化

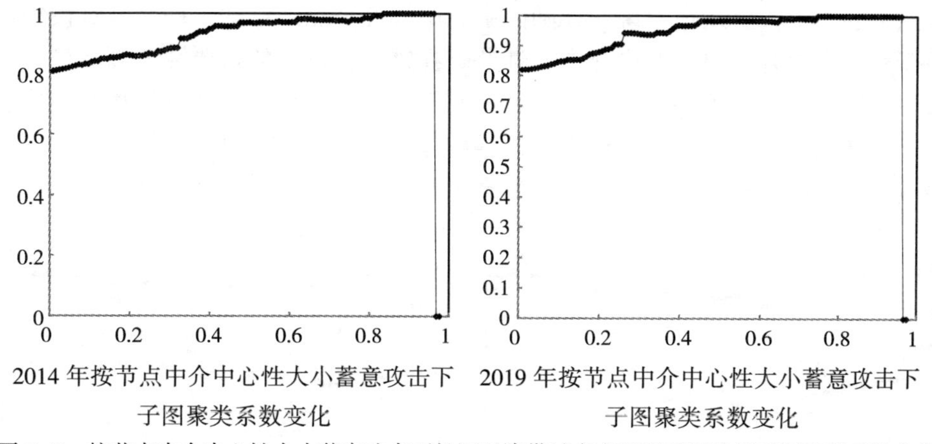

图 5-40　按节点中介中心性大小蓄意攻击下长江经济带城市交通联系网络的子图聚类系数变化

3. 高中介中心性节点的移除增强了剩余节点的相对连接能力，使网络连接强度增加

观察按节点中介中心性大小进行蓄意攻击的几个主要指标的变化，可以看出节点路径在经历突变后显著下降(见图 5-36)，子图密度则大幅上升(见图 5-38)，聚类系数则平稳上升再突然下降，全局效率先下降再提升(见图 5-41)，局部效率则在突变后大幅提升(见图 5-42)。节点路径的显著下降意味着节点连接便捷程度大幅提升，节点的平均中转次数显著下降。子图密度的提升则意味着剩余节点的连接概率明显提高，聚类系数平稳上升说明网络局部连接能力提高。全局和局部效率的变化也基本反映了类似的结果，即网络连接强度出现

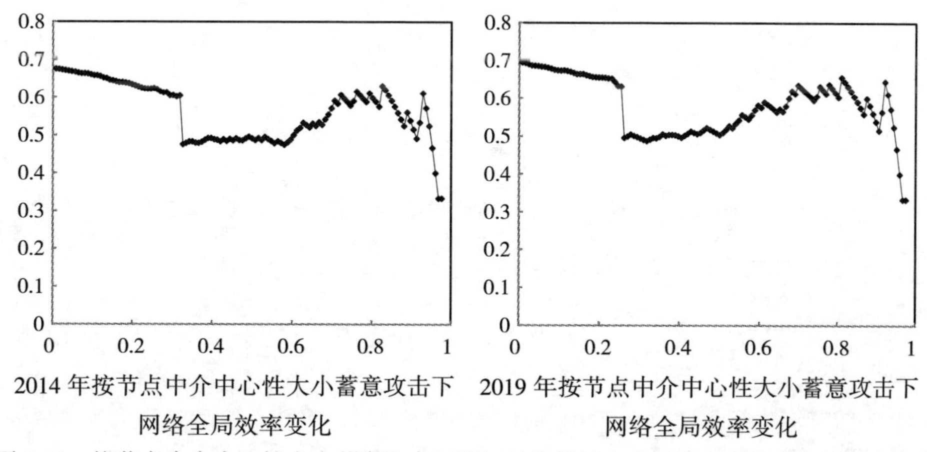

图 5-41　按节点中介中心性大小蓄意攻击下长江经济带城市交通联系网络的全局效率变化

增强。事实上，上述现象说明伴随高中介中心性节点的移除，剩余节点被经过的概率大大提升，原本低中介中心性节点在这一背景下的重要性大幅凸显，剩余节点连接的中转无须经过原高中介中心性节点，网络剩余节点的相对连接能力得到增强，在网络规模逐渐缩小的情况下，剩余节点的连接概率大大上升，并进而造成路径长度下降，密度、聚类系数等相关属性也出现上升。

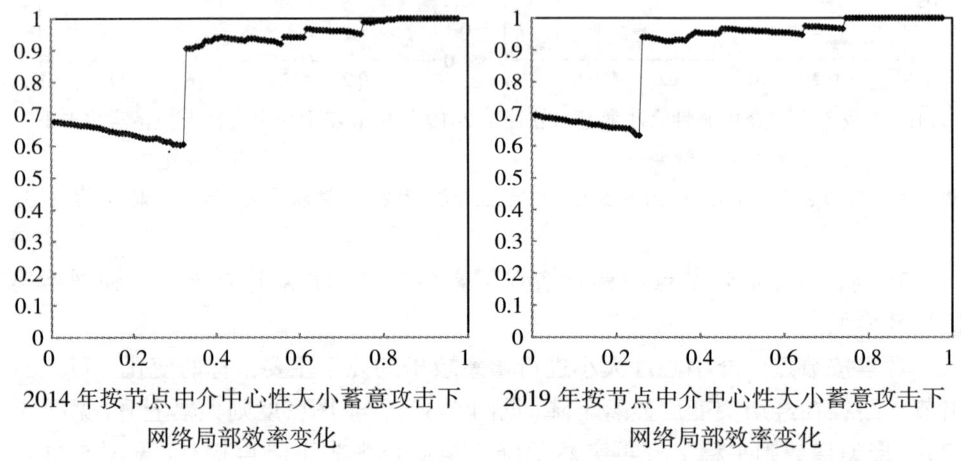

2014 年按节点中介中心性大小蓄意攻击下网络局部效率变化　　2019 年按节点中介中心性大小蓄意攻击下网络局部效率变化

图 5-42　按节点中介中心性大小蓄意攻击下长江经济带城市交通联系网络的局部效率变化

第六章　交通基础设施建设的国外经验借鉴

交通基础设施作为国民经济发展的先导性行业，其适度超前发展可以支撑和促进经济发展，反之则可能成为经济发展的瓶颈。从发达国家的经验来看，在现代化的初期和中期，交通基础设施建设得到了政府的广泛鼓励和支持，对推动经济增长起到了十分重要的作用。事实上，从我国的经济发展实践来看，由于改革开放后我国实施“不平衡”的发展战略，将发展资源向若干条件较好的区域倾斜，取得了显著的成效。但 2000 年以后，随着经济发展规模和深度的逐渐增加，交通基础设施的瓶颈逐渐凸显。长江经济带作为引领我国高质量发展的关键战场，交通基础设施的合理布局与建设对全国经济发展具有重要影响，因此吸收和借鉴国外先进经验对于长江经济带交通基础设施建设具有重要的借鉴意义。

第一节　公路交通

一、主要发达国家和地区公路交通概况

(一)欧洲

法国的公路由高速公路、国道、省道和市镇辖道构成，分别由中央政府、省和市镇负责投资和管理。高速公路和国道由中央政府负责修造和维护，其主要功能在于构建沟通全国以及对外联系的主要骨干网络，用以沟通全国各大中城市以及省会城市，并且与国际高速相连接，东、南、北分别与意大利、西班牙以及比利时和德国相联系。省道是各省内部的主要交通线路，主要由省议会负责与地方公路团体下达任务，开展道路修造和维护管理，同时中央和省政府会予以资金补助。市镇辖道是连接市镇之间的道路，由地方市镇自行筹资建设和管理，中央和省政府予以补助。这四种公路总长度为 80. 3 万公里，其中高速公路为 6085 公里。法国的公路就其质量和密度而言，位居欧洲国家首位。

高速公路的建设有力地推动了公路网的建立，对开发法国落后地区，活跃法国经济起到了重大作用。

德国高速公路的品质受到各国的高度认可，也是世界上第一条高速公路——艾福思高速公路的诞生地。德国高速公路被称为 autobath，传统上是没有速度限制的，但是随着车辆的增加，在经过城镇的路段存在限速设置。德国的高速公路有 60 多年的历史，最早发轫于 1932 年的德国科隆市。德国高速公路路面一般宽 40 米，分上下行道，有 3 或 4 条车道，在高速路上没有任何其他公路、铁路同其平面交叉，均采用立体交叉避开。德国高速公路与世界上其他高速公路一样，都是拥有多线道、双向分离行驶、完全控制出入口、采用两旁封闭和天桥与道口以及容许高速行驶的道路。在德国，大部分高速公路无限速或者动态调整限速，其他路段通常规定 120～130 公里/小时，在无限速的条件下，建议速度值为 130 公里/小时。

（二）美国

美国公路中最为知名、规模最大的州际公路系统，属于美国公路系统的一部分，主要由高速公路构成。由于美国基础设施建设时间较早，因此绝大部分高速公路是不收费的，部分连接大城市与郊区的高速公路收费。美国州际公路限速具有较为明显的地区差异，绝大部分区域限速为 70 英里/小时（约 113 公里/小时），大城市附近为 50～60 英里/小时（80～95 公里/小时）。1937 年美国修筑了其历史上第一条高速公路——宾夕法尼亚高速公路，线路全长 257 公里。1938 年美国提出了建成 4.3 万公里的综合跨区域公路系统的设想。1941 年时任总统罗斯福提出了国家州际公路系统的建设目标，总长度约为 6.3 万公里。1944 年美国国会通过“联邦公路资助法案”，确定了总长度 6.5 万公里的国家州际公路建设计划，从法律意义上确定了美国国家州际公路的建设规划。1945 年出于提高美国部队机动联系能力的设想，美国政府制订了高速公路网的建设计划，即通过大规模的高速公路建设，连接全国各大主要城市，形成覆盖全国的公路系统。在上述相关建设规划和计划的指导下，美国的高速公路建设速度突飞猛进。2009 年美国已完成以州际高速公路为核心的高速公路网，连接了所有 5 万人以上的城镇，并与加拿大、墨西哥等周边国家相连接。截至 2012 年，美国高速公路达到 92000 公里，2013 年年底，美国高速公路总里程突破 100000 公里。美国高速公路布局具有极为显著的人口布局倾向性，西部建设密度要大大低于东部地区，北部地区低于南部地区，特别是科罗拉多等州的高速公路与东北部华盛顿、纽约等地区的公路密度差距极为显著。

二、阶段划分

从美国、欧洲等发达国家和地区公路交通建设的经验来看，其公路交通建设可划分为工业化和城市化初期的大规模建设，到工业化和城市化中期的效率提升以及后工业化时期的注重个人感受优化与可持续发展的三大阶段。

(一)工业化初期的大规模建设阶段

这一时期的主要特点在于为了服务于工业化和城市化发展，交通基础设施特别是公路交通建设规模急速扩张。总量持续提升，结构逐步优化，网络不断丰富，这一阶段的主要目标在于满足经济快速增长所带来的运输需求在数量上的迅猛增长，以支持经济持续快速地发展。

(二)新技术进步提高运行效率

这一阶段新的信息技术等逐渐被引入交通基础设施的建设中，通过优化多种交通运输方式之间的衔接，提升优化组合效率，提高服务能力，实现交通基础设施的网络化、自动化、智能化，提升交通基础设施运行的可靠性，这一阶段主要是为了满足经济社会发展对于交通基础设施与交通运输管理质的提升要求。

(三)个体感受提升与交通可持续发展

这一阶段在满足交通运输量的增加与质的提升的基础上，进一步考虑了人的主观感受，并考虑到经济社会发展的可持续性，对部分发展理念也进行了反思和扬弃。如不再片面强调基础设施单纯的规模扩张，而是适时适度地引导和管理居民的出行需求，减少交通发展的资源消耗和环境代价。更加注重交通参与者素质和能力的提升，注重交通与环境、资源相协调的综合性交通系统。20世纪70年代以降，伴随欧美主要发达国家和地区工业化的基本完成，大规模的交通基础设施建设也暂时告一段落。进入21世纪以来，伴随全球技术革命的日新月异，网络技术和数字技术被不断应用于交通运输领域，新的发展理念和社会思潮不断涌起，欧美主要发达国家和地区的交通事业发展正表现出从第二阶段向第三阶段迈进的过程。

三、发展特征

欧美主要发达国家和地区经历了长时间的大规模交通基础设施建设进程，

表现出了以下共同的发展特征。

(一)普遍重视公路交通对于贫困地区的脱贫效应，以促进区域间的均衡发展

在基础设施建设的过程中，国外发达国家普遍认同公路交通建设对于缩小地区发展差距，平衡区域发展的巨大影响。因此，在经济高速发展，基础设施大规模建设的过程，普遍通过扶贫规划、资金补贴、倾向性政策等方式来促进贫困地区的交通事业发展。如美国自20世纪60年代开始，大规模推进阿巴拉契亚山区的公路扶贫工程，将公路建设作为阿巴拉契亚山区脱贫工作的重要核心，该政策涉及的人口高达2300万。加拿大1967年公布了《国家交通法案》，其中重点强调交通运输的布局要着重考虑加拿大西部偏远地区的交通需求，并且在后续1987年和1996年的修正案中也都对这一意见进行了进一步的强调。日本对于落后地区的交通基础设施的建设也极为重视，希望通过交通基础设施建设强化落后地区与发达地区的经济联系，缩小地区差距。1957和1965年，日本政府先后出台《东北开发促进法》《山村振兴法》等相关法案，其中关于交通基础设施建设的部分内容都是重要内容。从上述国家的相关政策、规划、计划等可以看出，各主要发达国家都颇为重视交通基础设施在平衡地区发展上的重要作用，特别是对落后地区的带动影响。

(二)高度重视先进技术创新和推广对于交通运输领域的重要促进作用

国外发达国家和地区一直将科技进步视做交通运输创新发展的重要手段，希望通过科技创新打造新型交通运输系统，试图通过先进的科技和信息化技术，实现交通运输效率、服务水平和综合营运能力的全面提升。例如，美国大力推进智能交通系统(intelligent transport system)，试图通过新型信息技术的采用，提升联邦运输系统的运行效率与全球物流竞争力。加拿大则将技术创新视为保持交通物流系统竞争力，提升城市综合环境质量与生活质量的重要途径，并且大力支持和鼓励政府与企业在交通科技创新领域进行合作攻关。日本自2001年开始普及电子收费系统，并通过给予用户补贴、通行费折扣等方式，提高高速公路电子不停车收费系统(ETC)的使用率。目前，日本装备有ETC车载器的车辆突破了6000万辆，有效地缓解了车辆拥堵问题，降低了能源消耗，提升了交通通行效率。

(三)普遍高度重视公路发展过程中的安全要求，并对环保和节能提出了更高的要求以期实现交通运输系统的可持续发展

伴随人口集聚水平逐渐提高和机动车保有量的不断增加，交通运输发展所带的负外部性影响日益突出，诸如交通安全、环境污染、能源消耗、交通拥堵等现象越发严峻，发展安全、可靠、节能、绿色的交通运输系统日益成为发达国家关注的重点。众多发达国家和地区开始将“提升装备排放标准，提高资源利用效率，有效利用可持续能源”作为环保的切入点，同时采取有效的交通管理和引导措施，适度减少车流量过大所造成的负面影响。美国在2007年发布的《10年20%目标》中明确指出，要通过改善小汽车的平均燃油经济性标准并强化汽车二氧化碳排放控制，实现可再生能源利用与汽车尾气减排。欧盟《2020战略计划》和《2011新能源效率计划》中指出，要强化技术进步，加快清洁能源的使用，提高能源资源利用效率，以减少对水源、土地等的负面影响。加拿大则要求，交通政策的制定，必须对政策实施对空气、水、土壤以及生物栖息地的影响进行深度评估，减轻对上述要素的负面影响，同时加快发展可替代燃料和环保技术创新，减少交通污染。

第二节　铁路交通

一、主要发达国家和地区铁路交通概况

(一)欧洲

由于欧洲铁路建设起步较早，因此在客货运领域的铁路系统发展均较为完善。除英国外，德国、法国、俄罗斯的电气化铁路里程数均占总里程数量的50%以上。自2008年开始，欧洲铁路的客运量每年以超过2%的速度持续增长，国际客运量的强劲增长势头体现了欧洲铁路一体化建设的显著需求。英国是世界铁路的诞生地，自1825年世界上第一条铁路建成通车后，至1890年即已形成全国性的铁路网，路网总长度高达32000公里。英国铁路运营模式经过了从公有化到私有化再到公有化的历程，目前英国铁路主要采用“网运分离”运行模式，并实施特许经营，形成了一条线路有一个或多个运营商的现状。英国铁路总体布局以伦敦为中心向周边扩张，是比较典型的发射状结构。与此同时，由于英国铁路建设较早，铁路系统的覆盖范围较广，城际铁路和地铁形成

了便捷完善的轨道交通系统，具有高度的衔接性和可达性，形成了便捷的换乘方式、灵活的票价体系和快捷的售票方式以及完善的监督体系。

法国铁路建设同样较早，最早的铁路线路建设于1827年，被用于早期的煤炭运输。得益于工业革命所带来的资金保障和技术支持，法国铁路扩展速度极快，至1914年开放铁路线路的总长度达到39400公里的历史最高峰。180余年的铁路发展，为法国建立了成熟的城市与区域互联互通的铁路交通网络，加强了区域之间的联系，加快了经济要素的交换速度。法国面积仅有674483万平方公里，但拥有着5.29万公里的铁路运输线路，而其中仅有3.36万公里为开放商用运输线，其中运营的高速铁路线路有2696公里。目前，法国85%的铁路货运线和90%的铁路客运线实现了电气化，法国铁路的潜在和实际运能远大于运量。法国铁路线路呈现出以巴黎为中心向外扩散的形态，同时法国作为欧盟的重要成员国，拥有较多的跨国线路，且主要跨国线路多为高速铁路线路。法国铁路以高速铁路网作为未来发展的主要目标，强调与周边邻国的快速铁路联系和国内高速铁路的速度提升，并进一步提高铁路服务水平。

德国第一条铁路最早建成于1835年，19世纪50年代德国铁路建设飞速发展，至19世纪70年代初，覆盖德国全国的铁路网络格局基本形成。德国的铁路建设在全世界处于较为领先的地位。截至2011年，德国的铁路总里程数达到41981公里，电气化里程达到20497公里。尤其是货运铁路系统最为发达，形成覆盖面极为广泛的货运铁路运行体系。与此同时，受益于莱茵河等多条国际性河流，德国高度重视多式联运的货运发展模式，形成了独具特色的德式多式联运模式，货运中心的建设处于全球领先地位。客运方面，德国铁路货运企业根据市场需求开行了多种形式的旅客列车，根据不同列车的旅客需求制定不同的客票价格和优惠政策，满足不同类型旅客的出行需求。根据德国铁路运输的发展趋势以及对铁路客货运的发展需求，德国未来的发展规划一方面主要集中于局部线路的更新和改建以优化路网结构，提高运行效率。另一方面则主要集中于建成客运和货运相对独立的干线网络，将快速和高速的客运与低速货运干线网络进行适度分离。除此之外，在高速铁路的发展上，虽然德国相比其他发达国家起步较晚，但经过逾30年的研究，德国的磁悬浮列车已经进入了商业化进程。

（二）美国

美国东北部是美洲铁路交通最为发达的地区。美国第一条铁路始建于1827年，至1916年铁路线路总里程达到最高峰，共计408745公里。伴随第二次世界大战之后美国公路和航空运输的迅速崛起，美国铁路运输在 20 世纪 60 年代开始逐渐衰落，大量铁路线路被拆除。但就目前来看，美国的铁路货运在世界运输系统中仍占据较为显著的优势，铁路货运系统的配套设施也较为完善，但铁路客运系统的发展却较为滞后。其中，路网分布不均衡是美国铁路线路分布最为突出的问题，以密西西比河为界，可将美国铁路分为东西两大部分。东部人口密集，产业集聚程度较高，铁路密度同样较高，而西部山区人口较为稀少，铁路密度也较低。美国铁路多为单线，复线率为 10%左右，平行单线较多，主要干线有多条平行铁路线，构成主要的运输廊道。此外，美国铁路的利用率相对不高，且运量分布不均。东西向运量较大，南北间的运量主要集中在美国东部地区，全国铁路运量的一半左右由 10%的线路承担，同时 30%的铁路仅承担了 2%的运量。美国政府推出的城市间综合高速铁路网是美国重构铁路网络的重要工程，计划线路为 11 条，远景目标是打造一个长达 1. 7 万公里的高速铁路网。

(三)日本

日本最早的铁路开通于 1872 年，到第二次世界大战爆发之前，日本已经基本形成了覆盖全国的铁路系统。战后，以高速铁路为代表的新型铁路运输系统成为日本铁路发展的重要特征。20 世纪 60 年代日本新干线开始运营，使得日本铁路发展水平达到世界前列。随后，又相继建成山阳线等多个新干线，形成了以四大新干线为主，覆盖全日本国土的高速铁路网。日本铁路总里程在 1982 年达到 2. 34 万公里的顶峰。日本的铁路线网已基本饱和，随着高铁技术的发展，日本铁路网络建设的重心是将原有的旧线路改造更新为高速电气化铁路。日本新干线经过逾 60 年的发展，运营里程从 500 公里提升至超过 2500 公里，运营速度从 210 公里/小时提高到平均时速 300 公里/小时，从侧面反映了日本高速铁路运营技术的不断进步。日本未来的铁路建设规划除了本土高速铁路密度的提升外，还注重与中国、韩国等国的高铁网络对接。

二、发展特征

从上述发达国家的铁路建设历程来看，普遍建设历史较长，虽然各国国情、自然地理条件、人口分布情况等有所不同导致其不同时期的发展重点和特色优势有所差异，但总体来看，其在基础设施建设、铁路路网规划设计、科技创新、服务管理等领域仍存在着共性特征。

(一)铁路网建设历史悠久，路网规模大、质量高

英法美德日等国的铁路建设历史均超过100年，尽管铁路在美国运输系统中的地位有所下降，但美国仍是全球铁路建设规模最大的国家，目前保有铁路里程数高达22.4万公里，位居全球第一。德国、法国、日本的铁路总营运里程也均在3万公里左右。尽管铁路网规模如此之大，日本、德国、法国的铁路电气化率及复线率均位于世界前列，路网质量和运营能力强。此外，日本、德国和法国还拥有发达的高速铁路系统，高速铁路建设运营能力同样位居世界前列。

(二)铁路网与公路、水运、航空等多种交通方式的衔接融合较好

欧盟国家长期以来均高度重视多种交通方式在中转衔接上的方便快捷与融合发展。2011年欧盟发布《交通发展白皮书》，提出要建立一体化交通运输体系以及不同交通运输方式之间的有效衔接与转运以及不同交通运输方式的平衡发展，避免出现交通瓶颈。其中最为典型的是德国铁路公司，德国铁路公司为了提升城市联系能力，消除乘客换乘不便，对于客运系统，构建了连接全国各大主要机场的铁路客运联系线，使得各大机场成为铁路网的构成节点，大大提升了旅客换乘的便捷程度。与此同时，由于德国空铁水等多运输方式的高度融合，德国铁路公司能够为客户提供定制化的多式联运服务，为托运人提供全球化的陆海空运综合物流运输方案，大大提升了德国铁路的运输效率与全球竞争力。

(三)科技创新始终是发达国家推动铁路发展的核心动力

美、德、日、法均高度重视新技术在铁路领域的发展与应用。美国在重载铁路建设以及相关配套设备的研发上长期处于世界领先地位。日本是世界高速铁路的创始国，1964年10月1日开通的东海道新干线是世界上第一条高速铁路，高速列车运行速度达到210公里/小时，从东京出发到大阪，中间经过名古屋、京都等地，从东京至大阪间旅行时间由6小时30分钟缩短到3小时。德国建造了世界第一条电气化铁路和第一台电力机车。1988年德国自主研发的城际特快列车ICE原型试验车，曾创造了当时最快的铁路运行速度记录406.9公里/小时。2007年法国高速列车TGV创造了铁路在轨最高实验速度的世界纪录574.8公里/小时。除了保持在传统铁路技术领域的优势外，上述国家往往更加注重未来铁路技术进步并及时调整相关发展战略规划。2015年德

国提出了铁路发展领域的数字化发展战略，其主要核心在于以信息化和互联网技术作为未来铁路领域进步的主要推动力。法国国营铁路公司(SNCF)也几乎同时提出了“SNFC数字化”计划。

(四)高度重视铁路企业经营管理效率提升

德国铁路公司不断拓展业务范围，通过多种手段挖掘运营潜力，提高运输质量和经营效益。2015年在世界500强企业中位居第203位，已经成长为全球领先的综合物流运输企业。美国铁路的市场化程度较高，主要依靠市场机制引导企业行为。目前，美国多家I级铁路公司已经上市，货运领域形成了以企业为主体，以市场需求为导向的经营环境。

(五)高度重视铁路企业运营安全管理与节能环保

日本作为地震多发国，铁路运营安全是其重要的经营考量。日本新干线运营多年积累了丰富的铁路营运安全经验，即使在3·11地震和海啸等重大自然灾害中也没有发生重大的人员伤亡事故。德国铁路公司则长期致力于成为交通运输领域的环保引领者。如2012年，德国铁路公司提出2020年二氧化碳排放量要比2006年减少30%，同时牵引电力中来自可再生能源的电能总量占比要超过45%。事实上，2017年德国铁路公司使用的可再生能源在牵引电能中的占比已经达到44%。在此背景下，德国铁路公司进一步提出至2030年清洁能源在占比要超过70%，2050年实现二氧化碳零排放。

第三节　水运交通

一、内河航运

(一)主要发达国家和地区内河航运概况

1. 欧洲

欧洲水系纵横，是传统内河航运发达的地区。欧洲的内河航道网主要集中在荷兰、德国、法国、比利时，以莱茵河流域为主，其发生的运量占全欧总运量4.5亿吨的66.7%。欧洲的内河航运及航道的现代化发展与欧洲的工业化进程紧密相连，航运及航道发展的历史，就是各国高度重视内河航运与加强国际合作的标准化、国际化的历史。

早在 1815 年，欧洲各国为了寻求内河航运发展的道路，改变各国航道标准各异、运输船舶不能直达的困难局面，经过磋商后成立了莱茵河航运中心委员会(CCNR)，为欧洲内河航运航道的发展提供了组织保证。CCNR 规定莱茵河为国际河流，由沿岸各国共同建设、共同管理，各国的船只在河流中均拥有自由航行权，莱茵河沿岸的各国均具有对本国区段河流的经营自主权。CCNR 作为负责协调莱茵河管理工作的机构，对莱茵河的航道规划、通航标准、航行要求等提出各国必须遵守的规范性建议，对莱茵河水运的可持续发展起到了至关重要的作用。1861 年，沿江各国签订了《曼海姆—莱茵航道公约》，规定了莱茵河航运的自由权和免税权，同时也规定了各国在航道整治和维护、运输规划等方面应承担的义务。沿岸各国必须负责本国河段航道的养护疏浚，保证规定的通航尺度，确保船舶畅行无阻，此外涉及船员技术标准(资质)、船舶航行条件等要求也由 CCNR 规定。CCNR 对莱茵河的管理坚持以航运为主，在保证航运畅通并且符合《欧洲水资源使用法》规定的前提下，各国可以自由引水灌溉或建设发电站。

德国的河流为三纵一横。为了建立内河航道网，德国自 19 世纪开始修建了基尔运河、沿海运河、多特蒙德—埃姆斯运河、韦塞尔—达特恩运河、中德运河等一系列人工运河，这些航道工程至第二次世界大战前已基本完成。第二次世界大战后，德国又继续对航道进行了大规模的整治和建设工程，经过渠化河流、开挖运河，几乎将全德重要城镇、工业区、海港和河港口紧密地连接起来，逐步形成了以莱茵河为主的“三纵两横”、沟通波罗的海、北海的庞大的畅通无阻的国际性内河航道网，现通航里程为 5603 公里(其中运河为 1334 公里)。内河航道在德国运输体系中虽仅占总里程的 1%，但却完成了全社会 6%以上的货运总量，20%以上的货物周转量。

荷兰作为国际海运强国，内河航运同样十分重要。荷兰系统的航道建设始于 1860 年，为了解决航行安全和缩短航距，荷兰政府于 1966 年开挖了鹿特丹港至荷兰角 33 公里长、深达 15 米的新航道，使莱茵河有了最便捷且不易淤积的深水出海通道，从而把内陆更加牢固地纳入其影响范围，使鹿特丹长期占据世界第一大港的地位。第二次世界大战后，荷兰又修建了一系列的人工运河，构成了四通八达、纵横交错的内河航道网，航道里程为 8791 公里(其中运河占到 40.3%)。目前，荷兰占据莱茵河与马斯河运输量的 53%，拥有一支 5000 余艘船舶的庞大的内河航队，货运量 2.8 亿~3 亿吨、货运周转量 1300 多亿吨公里，均居世界前列。

法国的航运也比较发达，其内河航道整治始于18世纪上叶，经过200多年的努力，内河航道的通航条件有了很大的改善。法国的河流主要发源于中央高原，向西北和东南方向呈扇形分布，分别注入大西洋和地中海。由于法国自然河流的条件在欧盟国家中相对较差，政府注重整治开发工作，特别是为了整治罗讷河，于1921年颁布了《罗讷河开发治理条例》，于1934年成立了国家罗讷河公司。该公司与美国的田纳西河流域管理局性质相近，拥有河流的全面开发建设和经营管理特权。根据《罗讷河开发治理条例》，其主要职责为：渠化罗讷河，为航运、发电和灌溉服务；按欧洲统一标准进行航道建设；在筑坝建闸的同时兴建电站，以售电收入进行投资开发与支付营运费用。至1980年，法国政府又授权该公司对罗讷河进行深度开发并享有其他每条运河的建设管理经营权。公司系非营利性的半官方公司，政府投资不用偿还，所获盈利投入新的航道建设项目，因此在罗讷河水系航道航运建设方面发挥了极其重要的作用。法国目前的通航里程达到了8533公里，其中运河4326公里，是综合交通运输体系中的重要力量。

2. 美国

美国内河航运的发展史就是美国水资源综合开发历史的缩影。1787年，大陆会议在西北法中宣布：美国内河航道是“公用航道，永远是免费的，不收任何税费或关税”。1820年，国会通过相关法案，并建立基金，明确规定航道建设资金由国家主要负责；1824年，国会通过了《改善俄亥俄河和密西西比河航道条件法》，规定了对每条河流清障、疏浚、渠化航道的相关条文，并组建陆军工程兵团负责航道的建设管理，这是完整意义上的现代航道航运史上的第一部法律。1930年，罗斯福总统为复苏大萧条时期的美国经济而实施新政，对水资源进行系统开发，采取了一系列措施为内河航运及航道的发展注入了强劲的活力。

历经200余年的发展，美国的内河航运航道已具有相当成熟的行业管理机制，发挥着良好的经济社会效益。全美4.1万公里的高等级内河航道体系，为11亿吨左右的内河运量提供了基础保障，促进了水利、发电、防洪、供水、灌溉以及水上娱乐活动等，年创150余亿美元的税收，为数十万人提供了就业机会，带动了沿江经济的发展，保障了国防军事需要。

（二）主要经验

1. 高度重视立法工作，具有完备的法律和标准体系

欧洲各国均十分注重航道航运立法工作，早在1861年便制定了《曼海姆—莱茵航道公约》，规定了莱茵河沿岸各国的权利和义务。20世纪70年代正式开始系统地制定航运法律政策，至20世纪80年代航运法律体系基本完成，在航道管理、航运安全、基础设施建设和环境保护等方面制定了一整套较为健全的法律法规体系。美国1824年通过了第一个航道管理类专门法律《改善俄亥俄河和密西西比河航道条件法》。100多年来，美国先后颁布实施了40余项有关防洪和航运的法律法规，使得内河航运开发计划的制订、工程项目的实施，航道的管理等各个环节都有相应的法律法规。1998年美国国会通过的《面向21世纪的交通运输平衡法案》对内河航运及航道的使用予以肯定，并对其继续开发治理提出了较为明确的要求。

2. 在保证航运的前提下，统筹兼顾，实行综合开发

水资源综合利用受到欧洲各国的普遍重视，虽各国情况有所区别，但在河流的综合开发中都十分重视内河航运的发展需要。德国在河流开发中，把航运放在首位，同时兼顾防洪、灌溉、发电等其他效益。法国确定并成功实施了“航运第一、发电第二、灌溉第三”的罗讷河综合开发原则。莱茵河流域自1861年《曼海姆—莱茵航道公约》制定以来，沿岸各国一直享有在航道的免税自由航行权，并承担其整治、维护的相应义务，尤其是在保证全线航道畅通和遵守《欧洲水资源使用法》的前提下可以开发水电、灌溉项目。在欧洲各国的河流开发中，均把航运放在优先位置。进入21世纪后，为了解决欧盟交通拥挤和环保问题，为经济发展提供可靠的运输保障，欧盟委员会于2001年9月通过的《2010年欧盟运输政策白皮书》，制定了60多项具体的交通运输发展政策，鼓励发展铁路运输、内河航运、近海航运和多式联运经营，减缓公路运输发展的速度，达到各种运输方式之间的协调平衡发展，以减轻环保的压力。

3. 社会重视，政府负责，为航运发展提供了充分保障

在欧美国家，社会、政府对项目的认可程度直接关系到公益性投资的实现程度。德国政府一直认为，航道应由政府承担建设与维护的责任，尤其是开挖运河航道更是由政府负责规划、投资、建设与管理。法国为了治理罗讷河而成立的国家罗讷河公司，其建设资金全由国家提供并且无须偿还，保证了人工运河的开挖、自然河流整治的经费来源。欧洲各国在进入21世纪后更是明确了

政府在航运航道方面的三个共同职能：一是基础设施建设；二是不同运输方式的转换；三是运输法律法规的制定与监督执行。同时采取了免收船舶燃油税、加收汽车税等经济政策，保护航运的开发和发展。美国对航运航道基础设施的建设也比较重视，在主要依靠各级政府预算拨款的同时，注重多渠道融资，如利用银行贷款或信托基金、征集与水路运输有关的税费、发行建设债券和股票以及利用私人投资等，有效地解决了资金的筹措问题。

4. 机构健全，具有较为合理的综合性运输管理体制

欧洲在全区域范围内成立了欧洲交通运输委员会，负责制定欧洲航道及船型的统一分级，推动各国实施一系列运河工程，扩大了内河运输的服务范围，缩短水系内主要航道的航程，使航道布局更趋合理，把原本互不相同的莱茵河、塞纳河、罗讷河、多瑙河等水系沟通成一个统一的内河航道网。此外，欧洲建立了内河航运市场监测体系，该体系可通过提供市场信息及时控制内河航运市场的状况，使社会及时调整自己的运力。欧洲各国还设有本国的航运航道管理机构，具有代表性的是：德国成立了交通建设与城市发展部，对各种运输方式进行综合管理，并通过委托州政府实现其政策目标。部内设7个司，涉及航道航运的有3个司；司下设13个高级专业管理局，设有联邦航道建设管理局；联邦航道建设管理局按区域又下设了7个航道航运管理局，各自管理一定区域；低级机构共有39个航道分局和7个新建局(专门从事建设的临时机构)。7个航道航运局、15000名雇员根据《联邦德国航道法》的授权，统一管理全德境内航道的安全、规划、建设等事宜。法国的交通由法国公共工程住宅国土规划与运输部管理，部里设有内河航运管理局，专司全境内河航道建设、维护管理。按水系进行管理，大的通航河流由国家级机构管理，小的航道由省级以下的航道管理机构负责。特别是为了协调水资源综合管理，成立了四部参加的水资源管理委员会，负责制定江河治理的大政方针和调解各部门矛盾。荷兰的航运业由运输、公共工程和水管理部负责管理，这是荷兰较大的一个部，由公共工程和水管理总司、货运总司、客运总司、民航总司、通信和邮电司、战略协调司和荷兰皇家气象研究所组成，影响最大、对荷兰航运发展起主要作用的是货运总司，其负责全境的航道航运管理。荷兰水上安全有三支执法队伍：一是国家交通监察，二是荷兰航监，三是水上警察。它们职责明确，分工协作，设备先进，人员充足，形成了一个强有力的水路运输行政执法体系，有力地维护了水运市场的秩序。

二、海洋运输

目前全球在海运领域具有较高地位和发展水平的国家和地区主要以欧盟、美国和日本为主。3 个国家和地区的发展历程有所差异，但都在全球海运市场占据了较高的地位。

(一)欧盟

作为大航海时代的主要起源地，欧盟拥有着丰富的海洋运输和管理经验，集聚了绝大多数的海洋运输强国。欧盟长时间的海运霸主地位，为其国际影响力和话语权的提升起到显著的支持作用。近 30 年，随着全球化的不断深入以及一些后发国家的加速进步，尽管欧盟国家在全球已经没有绝对领先的海军强国，但欧盟作为一个整体的海运实力仍是当今世界上最强大的。经过数百年的历史积淀和经验积累，欧盟已经形成发达的海运文化，完善的配套政策以及与其他产业相关的完整配套合作关系。依托强大的政治、经济、技术和军事影响力，欧盟积极参与世界主要海运通道的建设与维护，具有较大的世界影响力。此外，欧盟船队的规模长期处于世界前列，前 10 位海洋运力大国中，有 4 个属于欧盟成员国。

欧盟在海运上的主要贡献与地位集中体现于航运规则、航运技术规则、航运服务标准、航海文化等方面。从早期的《海牙规则》《海牙—维斯比规则》，到后来的《鹿特丹规则》、航运碳排放标准等，欧盟在促进世界航运事业的规范化以及先进理念和先进发展方向的引领上贡献巨大。欧盟拥有以马士基、地中海、达飞等为代表的一批著名的航运企业。其中，马士基航运是全球集装箱运输领域的领头羊，2017 年其集装箱运力已经高达 356 万 TEU，市场份额高达 16. 6%。欧盟还拥有一批世界著名的航运中介、咨询、服务公司，在航运信息的交换、咨询、航运金融、航运保险和仲裁服务上，培育了一大批具有世界权威性的航运金融机构、咨询信息公司和全球航运仲裁组织。同时，世界航运服务的通用合同文本、仲裁规则等也多出自欧盟。欧盟在世界航运领域具有较高的话语权和规则制定权。

(二)美国

美国作为一个典型的海洋国家，长期以来高度注重海运事业的发展。凭借其强大的军事、政治、经济和科技实力，美国在世界主要海洋通道、战略节点等均部署有军事基地或租用补给点，为其全球航运网络提供了强大的支撑。与此同时，美国在国内也建立了国家安全船队，同时辅以货运保留、航运补贴等政策来促进国内海运业的健康发展。

美国除了拥有全球最强大的海军力量，对全球主要水运通道具有较高的控制能力和话语权，还拥有着较为强大的国家安全船队和完善的海运政策，以滚装船、油船和散货船为依托打造了专业化的国家安全船队。同时，出台商船法保留沿海运输权，以安全保障、商船扶持和市场管理为导向，以法律形式形成了完善的运输保障和政策体系，保障了对重要物资运输和关键船队的维护。美国所制定的水运法律法规以及相应的水运规则对全球都具有较高的导向性和引领性，并凭借其强大的综合技术实力，在世界水运技术规则、标准制定和技术发展方向上具有较大的影响力和话语权。例如，美国是全球最早将卫星导航系统运用于海洋运输领域的国家，引领了全球海洋航运技术发展，其制定的相关技术标准和规则目前仍是全球海洋运输的主要遵循。

（三）日本

日本海运事业起步较晚，但发展速度迅猛，与此同时，日本高度重视海运事业与国家安全、国家经济利益和产业利益的衔接与融合，以全行业合作共赢作为其最终发展目标。日本政府充分发挥财团在日本经济发展中的重要地位，以财团作为整合企业内部不同部门利益的主要方向，形成内部的钢铁、石化、电力、造船、金融、航运等的产业链的打造和良性互动的培育。

尽管第二次世界大战之后，日本海军发展受到了限制，但日本高度重视发展海上自卫队。日本为了促进海运事业发展，通过两个方面的工作强化海洋权益的保障。一方面，日本通过参与国外投资，掌握港口、码头等相关海洋资源，提升对海外海运资源的掌控能力。另一方面，日本高度重视远洋船队的建设，建立了规模长期位居全球第二的运输船队，并保持运输技术水平的先进性，以日本邮船、商船三井、川崎汽船等为代表的日本远洋船队，具有较强的国家竞争力。航运服务贸易出口也长期位居世界前列，进出口重要物资中的2/3通过日本船队运输。日本同时也高度重视对于世界重要航道保护的参与工作，例如以打击海盗、海上恐怖活动等名义参与马六甲海峡的通航安全保护工作。日本依托其巨大的海运需求、雄厚的工业实力、先进的造船技术、规模庞大的运输团队以及重要海运企业，在世界海运规则、技术标准制定以及新技术应用等方面发挥了积极作用，在部分领域处于世界领先水平。

第四节　民航交通

一、主要发达国家民航交通概况

（一）美国

美国是世界现代航空运输的发源地，也是目前全球民航运输最为发达的国家。1903 年莱特兄弟驾驶飞机试飞成功，开启了美国现代航空的新纪元。此后十余年，美国民航以通用航空为主，直至第一次世界大战，美国开始出现定期民航班次。1925 年，美国联邦政府出台《航空邮政法》，确定了美国邮政系统全面负责航空邮运的相关事宜。1926 年，出台《航空商务法》，该项法律明确了航路建设、航空导航等促进民航发展的相关措施，并在商务部内成立航空商务局，实施飞机、飞行员、航路等许可管理。1930 年，对《航空邮政法》进行修正，确定政府拨款为机场建设资金的主要来源。1938 年，美国联邦政府通过《民用航空法》，并首度设立民用航空局（CAA），开始对航空安全、航线准入、价格等进行管制，核心内容包括严格限制新企业准入、禁止企业合并及控制运价与收入。1944 年，美国通过了首个“国家机场计划”（NAP），该计划确定了美国以联邦政府作为民航机场建设和发展的主要资金来源。

第二次世界大战爆发前后，美国启动了国防起降区建设计划，开始通过 CAA 拨款维修和建设大量的军用机场。第二次世界大战结束之后，美国联邦政府将大量机场转交地方或州政府管理使用，直至 20 世纪 70 年代，美国机场建设处于较为严格的管制时期。为了促进民航事业的快速发展，应对第二次世界大战结束之后迅猛增长的航空需求，美国政府 1946 年通过《联邦机场法》，确定了联邦、州和地方政府共同出资建设机场的资金来源格局。1955 年《联邦机场法》修正，进一步提高了联邦政府资助机场建设的预算额度。与此同时，出于提高民航发展安全性的考虑，1957 年出台的《航路现代化法》要求加快更新国家民航导航系统及空中交通管理设施，并成立了航路现代化委员会。1958 年，美国民用航空管理局和航路现代化委员会重组成为联邦航空署（FAA）。1970 年美国联邦政府通过了为期 10 年的《机场与航路发展法》（AADA），将因航空扩容而产生的投资从公共财政转移至旅客、托运人和飞机所有者等直接受益人。同时制定了两个资金配套的支持项目，即“机场发展计划”（ADAP）和“规划拨款大纲”（PGP）。ADAP 资金对大中型航空枢纽的投资占比为 50%，对小型航空枢纽的投资占比则高达75%。1976年，进一步出台《机场与航路发展修正案》，确定了扩大ADAP资助范围，设立“通勤机场”，提高联邦政府资金在ADAP、PGP资金中的比例等举措。

此后，直至20世纪90年代，美国政府开始逐渐放松对于民航运输的管控，大大推进了民用航空的发展。1977年，联邦政府通过《航空货运放松管制法》，确定了放松航空货运业的准入要求，取消机型大小限制，全货运企业可自行定价，并首次允许客运业务实行折扣票价。1978年通过《航空客运放松管制法》，明确了放松产业进入和退出管制，运价规制、企业合并审批权由美国交通部负责等。与此同时，开始实施“基本航空服务(EAS)”计划，加强对支线航空运输的管制，为经营小城镇航线的航空公司提供补贴，以确保这些地区的居民享受定期航班服务。1980年通过的《国际航空运输竞争法》要求“最大限度减少对经营业务与市场销售的限制”，使“国内国际航空运输一体化”。

20世纪90年代以来，美国开始大力推进全球民航运输的“开放天空”战略，强化民航发展的全球化趋势，以保持其在全球航空运输领域的领先地位。早在1992年，美国就与荷兰签订了第一个“开放天空”协定。1997年，出台《航空竞争促进法》，进一步规范了航空运输业的竞争行为，并通过《关于航空运输领域不公平竞争和独占行为的执法政策》(1998)、《航空运输竞争恢复法》(2001)、《航空公司竞争和旅客权利法》(2001)等逐步完善了航空运输的竞争制度体系。此外，为了应对20世纪90年代航空客货运量的迅猛增加而造成的延误和拥堵现象，2000年通过的《21世纪航空投资与改革法案》授权增加机场改造计划的投资额和比例。2008年，美国遭遇次贷危机进而诱发全球金融危机，造成美国航空运输业的显著衰退。出于刺激经济的目的，2009年，美国出台《美国复苏与再投资法》加大对民航基础设施的投资。2010年通过的《航空公司安全和联邦航空行政扩展法》除了继续延伸“机场与航空信托基金”及“机场改造计划”资助外，还强化了航空安全等相关领域的政策。

(二)英国

英国飞机首飞起源于1908年，1924年英国4家航空公司合并共同组建了英国皇家航空公司，1935年通过与澳洲航空公司合作开辟了英国至澳大利亚的航线。1935年，部分规模较小的航空公司通过合并组建形成英国航空公司。1939年，在英国政府的主导下，英国皇家航空公司和英国航空公司合并组建形成国有化的英国海外航空公司(BOAC)。

20世纪60年代开始，英国民航运输全面发展，逐渐成为大众化的交通运输方式，并出现了垄断等不利于航空发展的现象。这一时期，英国开始加强了对于民航运输的管制，1960 年英国成立空运牌照局，实施许可证经营方式，部分规模较小的航空公司被英国欧洲航空公司(BEA)或 BOAC 整合。20 世纪 70 年代开始，大型喷气式客机开始逐渐被应用于民航领域促使英国民航运输迅猛发展。1971 年，英国成立民航管理局，强化了对于民航的安全监管，并进一步扩大许可，增强服务竞争。1974 年，英国政府将 BOAC 与 BEA 等 4 家航空公司合并为英国航空公司，开启了这一时期航空公司合并及国有化的历程。

从 20 世纪 80 年代开始，英国开始逐渐推进航空公司私有化，1980 年实施《民航法》，启动了英国航空公司私有化的进程。1985 年，英国国家机场管理局(BAA)开始进行私有化改革，调整形成 7 家机场控股公司，其他机场则由地方管理局负责。至 20 世纪 90 年代末，英国民航公司基本实现了私有化运营，其中英国航空公司整合形成英国金狮航空公司、丹纳尔航空公司，成为英国最大的航空公司。

从 20 世纪 90 年代末开始，英国航空运输业开始逐渐放开政策，并更加强化机场的配套服务与人性化配置。1998 年，英国出台交通白皮书《交通新政：更好为大家》，提出鼓励地方机场开通国际航线，改善枢纽机场公交衔接，提升轨道交通配套服务能力。2004 年，英国出台新的交通白皮书《交通运输业的未来：2030 年的运输网络》，提出在注重提升机场运输能力，提高服务能力的基础上，将航空运输对于周边社区和环境造成的负面影响最小化。

(三)德国

德国航空运输业兴起于第一次世界大战之后。德国魏玛政府积极支持商业航空发展，1919 年德国开通了国内第一条商业航线，即汉堡至阿莫瑞卡的航线。1926 年，德国政府组建汉莎航空公司(DLH)，并提供资助及垄断运输权以确保其未来发展。由于德国政府的大力支持以及国际上对德国商业航空发展限制的解除，到 20 世纪 20 年代末，汉莎航空公司的客运量超过了欧洲其他所有国家之和。20 世纪 30 年代，德国率先和中国建立航空交通联系。第二次世界大战之后，德国被分为东西两部分，经济进入缓慢恢复时期。20 世纪 50 年代后较长一段时间，联邦德国实施“重公路，轻铁路”的发展政策，将航空运输重点放在国际客运事业。1955 年民主德国恢复民航运输，1963 年和 1983 年通过的航空法为其民航运输发展提供了法律保障。

柏林墙倒塌之后，联邦德国和民主德国合并，统一后的德国继承了之前的交通发展思路，于1993年出台了统一后的第一个“联邦交通网发展规划”。对于航空运输，则将重点放在了提高航空运输能力，建立现代化的交通管制和信息系统，并开启了航空运输业领域的私有化进程。2003年，德国联邦政府出台第二次“联邦交通网发展规划”(规划年限为2015年)。航空运输方面，重点加强机场地区联系，即在保证现有机场运输能力的基础上，进行合理改扩建，并加强与铁路、公路、水运等交通方式的联运能力。

(四)日本

日本是亚洲地区民航事业最为发达的国家之一。日本民航事业起源于20世纪20年代初。1928年，即日本航空运输研究所与其他两家航空公司合并组建形成唯一的航空公司，日本航空运输株式会社，第二年即开辟定期航班业务。日本航空运输株式会社接受政府补贴，并为政府及军队提供无偿服务。1931年投入使用的东京羽田机场是日本首个民航机场，1936年日本整合扩充了以东京和大阪为中心的地区航线。伴随第二次世界大战开启，20世纪30年代，日本政府开始逐渐将民航扩展为军事发展服务。1938年建立日本帝国航空公司(GJA)垄断了包括日本航空运输株式会社在内的所有航空运输业务。伴随1941年年底太平洋战争的爆发，日本取消了GJA的所有商业航空。

第二次世界大战结束后，日本民航开始逐渐进入快速发展期。1967年，日本制定了第一个《机场现代化建设五年计划》，加大了对民航发展的资金支持，并出台相关的扶持政策，如免除政府投资分红；日航(JAL)购买飞机给予低息补贴，政府担保偿还债务；设立机场特别会计制度，采用“使用者负担”的机场建设费用模式等。1970年出台的航空法更进一步加强了对航空运输业的保护与排他性措施，如限制新企业进入航空领域，强制性地排除竞争，推动企业合并，形成适度经营规模。1972年，日本开始实施“航空宪法”，明确了政府确定运价并划分航线经营范围，日航和全日本空输株式会社共享国内干线运输等相关政策。一直到20世纪80年代中期，日航长期独家垄断日本国际航空运输。

进入20世纪80年代，为适应全球航空运输放松管制的发展趋势。1985年，日本修改航空法，确立多家公司经营国际航线和国内航线以促进竞争和航空完全民营化，并对航线经营企业做出规定。1987年，废除《日本航空公司法》，逐步放松价格管制，但从当时日本航空业的发展来看，仍保持着高度的垄断结构，没有真正实现市场竞争。1995年，日本开始对国际航线运价放松管制，引入价格浮动机制。2001年，日本通过了新的航空运输法案，完全放松了对运输价格的严格管制。

21 世纪以来，日本运输市场逐渐进入成熟期，航空运输市场受国内国际环境变化的影响日趋增强，特别是在日本经济增长长期衰退的背景下，日本政府制订了新的航空发展规划。2008 年，日本制定的《国家空间战略：国家规划》在其航空运输的发展重点上强调了以下 3 个方面：一是建立综合国际运输系统，增强国际航运综合竞争力，建立东亚地区的快速交流圈和亚洲综合物流运输网络。二是建设国土干线系统，发展高效的国内航空网络。三是建设区域运输系统，支持开发支线及岛屿航线。

二、主要发展经验

(一)注重顶层设计，以国家战略引导民航发展

由于民航对于国家发展和国际竞争力具有重要影响，因此各国都高度重视民航事业的规划与设计。如美国早在 1994 年就出台了《国家机场计划》指导战后机场的建设发展，20 世纪 80 年代以来制定了《综合机场体系国家规划》引导国家机场体系的发展，并定期更新规划至今。英国将民航发展纳入国家战略指引的交通发展白皮书《交通新政》《交通运输业的未来》。德国将民航事业的发展纳入《联邦交通网发展规划》。日本将航空纳入国土战略规划中。各国通过高层次定位来确定航空运输发展的战略地位、作用及支持发展的重点方向。

(二)注重发挥政府对于航空基础设施建设的支撑作用

早期航空用途主要集中于军事领域，并且其效用得到了广泛认可，随之得到了政府的大力支持。1930 年后，美国政府即成为机场发展资金的主要提供者。第二次世界大战期间，美国联邦政府为机场建设拨付了大量资金，战后政府对机场及相关辅助设施的资金投入占比高达 50%。1960—2009 年，美国联邦各级政府相关部门对美国民航的资助资金(主要是用于机场建设)累计达到 3521 亿美元，约占交通领域总投资的 26.4%，历年资助额也长期处于第二位。同时政府加大了对空域等相关基础设施的建设及管理，如 1920 年，美国联邦政府就着手投资建设导航、空管、气象等系统，甚至之后美国空管系统永久由联邦政府建设及维护运营。

(三)注重发挥市场作用，稳步推进民航领域的市场化改革

民航发达国家均根据各国民航的发展阶段及自身条件稳步推进市场化的改

革，逐步发挥市场对资源配置的主导作用，如市场准入、运价调整、航班时刻资源、航权资源、航空器制造、空域开放等领域的市场化程度不断增强。美国20世纪70年代开始放松民航管制，日本20世纪80年代进行了民营化改革，同时期的英国、德国也大力推进民航领域的私有化改革。与此同时，欧美等国政府高度重视对于民航公共服务的均等化推进，保障偏远地区的航空服务。

（四）注重民航法律规则标准的制定和完善

欧美发达国家作为航空运输领域的先行者，在民航法律规范的制定和推广上长期处于引领性地位。美国是民航法治的典范，从初期的《航空邮政法》开始，美国陆续制定了《航空商务法》《民用航空法》等规范性的法律规范，在机场发展方面则先后出台《国家机场计划》《联邦机场法》，在航路方面出台《航路现代法》，以及综合性的《机场与航路发展法》《机场与航路安全及扩容法》。20世纪70年代之后，出于推动美国民航全球化，增强民航全球竞争力的考虑，美国又出台了《航空货运放松管制法》《航空客运放松管制法》等，引导其他国家放松对于全球航空的管制，同时通过制定《国际航空运输竞争法》《航空安全和消除噪音法》《航空安全和扩容法》等，增强对于行业的规制。除此之外，各国也在不断完善行业数据、航空安全、信息管理等领域的透明化与公开化，同时积极促进民航支撑科学的发展。如美国自1926年《航空商务法》之后，就开始公开发布专业统计资料，包括航空规制、航路管理、航行信息、航路制图、航空研究等，并且构建了实时更新的专业化网站。

（五）注重科技创新对民航发展的强大推动作用

民航业是一个技术含量高、产业关联多、资金投入大、成本回收慢同时带动能力较强的产业，已经成为推动现代科学基础理论创新及实践应用的重要通用产业。因此，欧美众多国家均高度重视民航业的创新发展，并以此为契机带动其他行业发展，甚至形成新的经济增长点。美国在第二次世界大战前就通过国防资金支持航空业发展，之后大量的科技创新成果被应用于民航业，奠定了美国在民航领域的全球领先地位。美国拥有全球两大民航飞机制造商之一的波音公司，全球三大民航发动机制造商中的两家（普惠和通用）以及全球应用最为广泛的定位系统即GPS全球定位系统。与此同时，利用其在民航领域的全球领先地位，美国联邦航空局（FAA）制定了大量在世界上具有普适性的标准和规范，奠定了其在全球航空运输业的领导性地位。

第七章　长江经济带交通基础设施建设的发展路径

从长江经济带 2014—2019 年交通基础设施的演进过程来看，交通基础设施建设布局的广度和深度都有明显的提升。从交通网络覆盖的广度来看，网络的覆盖度分形维数从 1.752 增大至 1.788，空间展布上更加深入地理空间的细部，东西部交通基础设施建设布局的空间均衡度有所提高，大大提升了长江经济带内各城市的交通通达性，其平均局部通达时间从 2014 年的 5.48 小时降低至 2019 年的 5.19 小时，平均全局交通通达性也从 7.58 小时降低至 7.21 小时。与此同时，交通联系网络的紧密程度也不断提升，网络连通性、连接性和稳定性均有大幅度进步，少数关键枢纽城市的地位也明显增强。同时也要看到，长江经济带交通基础设施建设仍存在明显问题，要进一步加快长江经济带综合立体交通走廊的建设步伐，真正构建形成长江黄金水道。

第一节　加快发挥长江黄金水道功能，提升综合交通运输能力

长江航道的最大优势，就是水运成本低、运量大、消耗小、污染轻。目前长江航运平均成本为每吨公里 3 分钱，而同样的货物铁路运输成本约为每吨公里 1 角 8 分，公路则要 5 角。事实上，自《关于依托黄金水道推动长江经济带发展的指导意见》颁布实施以来，长江航道建设取得了显著进步。5 年来，长江干线 2687.8 公里航道条件得到了大幅提升，改善航道里程 1284 公里，基本建成了“畅行鄂赣皖，通达江浙沪”：2000 吨级船舶直达宜宾，3000 吨级船舶直达重庆，5000 吨级船舶直达武汉，5 万吨级海轮直达南京。2016 年，长江中游“荆江工程”顺利竣工，其对长江中游湖北至湖南境内 280 公里航道 9 大滩段 13 处浅滩进行了系统治理，荆江河段维护水深提高至 3.8 米，3000 吨级货船可昼夜通航。2018 年，长江中下游“武安段工程”开工建设，工程区域横跨湖北、江西、安徽 3 省 8 市。2020 年年底武安段工程已进入收尾，武汉至

安庆段航道水深从 4.5 米即将提升到 6 米，万吨巨轮可由海入江直达武汉。2019 年，长江南京以下 12.5 米深水航道全线正式运行，形成了长江入海口至南京新生圩港口 431 公里的 12.5 米“黄金立体高速”深水航道，5 万吨级海轮直达南京港，10 万吨级海轮可减载抵达。2020 年 6 月，长江上游“九朝段工程”全面建成投入试运行。

但就目前来看，长江航道仍存在诸多问题，如三峡枢纽过坝能力不足、航道网建设仍有待加强等。集疏运体系建设滞后、航运技术体系不能适应黄金水道战略要求等。因此长江黄金水道建设的核心就是要尽力提升长江航道的综合运输能力，加快航运设施标准化和服务标准化的建设进程，增强多式联运服务能力，构建形成体系成熟、衔接顺畅、节点功能完善的长江黄金水道。

一、加快构建长江干线航道为主，干支航线相结合的综合航道网

推进航道区段标准统一，加快推进干支航道系统建设。积极推动实施三峡枢纽水运新通道和葛洲坝航运扩能工程，打通瓶颈制约。重点推进武汉至安庆 6 米水深航道、芜裕河段航道整治工程和长江口南槽航道治理一期工程等长江干线航道系统治理，加快推进岷江龙溪口、汉江雅口、赣江新干等长江支流重要航电枢纽建设，提升干支联动能力。加快长江干线水上服务区规划建设。加快推进长江干线航道扩能提升工程，实现长江干线 3000 吨级船舶直达宜宾、5000 吨级船舶直达重庆、万吨级船舶直达武汉、5 万吨级船舶直达南京。结合长江上游水库群联合调度，提高通航保证率。推进支流千吨级航道提升工程，加快实施京杭运河扩能工程，建设适应长三角一体化发展的高等级航道网络，研究推进湘桂运河、赣粤运河等水系沟通工程，加强贫困地区水运通道建设。

加大长江干线及长三角地区高等级航道网建设规划实施力度，加强航道整治。加快推进苏北地区、苏锡常、杭嘉湖等地区江海直达集装箱运输通道建设。加强主要港口集疏运体系建设，促进沿江枢纽港、支线港的协同发展，不断提升江海直达运输覆盖范围和服务能力。积极推动宁波—舟山港、上海港洋山港区等江海直达运输配套码头、锚地等设施的升级改造，减少船舶待泊时间。优先发展长江干线至宁波—舟山港干散货、长三角地区至上海港洋山港区集装箱江海直达运输，积极推动直达运输班轮化发展，不断提高航班密度，创建直达航线品牌。完善江海直达运输网络，积极发展铁水联运，引导运输方式合理分担，推动形成与国际海运、陆海联运、国际班列等有机结合的联运服务模式，促进上海国际航运中心、舟山江海联运服务中心和重庆长江上游航运中

心、武汉长江中游航运中心、南京区域性航运物流中心联动发展。

二、继续推进公铁水的有效衔接及功能匹配，加快构建完善的多式联运系统

统筹考虑各种运输方式规划的有效衔接及功能匹配，加快铁路、高等级公路等与重要港区的连接线建设，有效解决“最后一公里”问题，实现港口与铁路、公路运输衔接互通，提升运输服务一体化水平。

优先支持枢纽港口。围绕上海国际航运中心、武汉长江中游航运中心、重庆长江上游航运中心、南京区域性航运物流中心和舟山江海联运服务中心建设。加强上海港、宁波—舟山港、南京港、武汉港、重庆港等枢纽港口铁路、公路连接线和内河支线航道建设，实现重要港区与铁路、高等级公路高效衔接。

积极支持重点港口。加强连云港港、南通港、苏州港、温州港、马鞍山港、芜湖港、九江港、岳阳港、泸州港、宜宾港等重点港口集疏运通道建设，重要港区要规划建设铁路专用线，鼓励设计年通过能力达到500万吨(内河)、1000万吨(沿海)的一般港区建设铁路专用线，铁路专用线应当集中设置。提升完善疏港公路，实现所有港区与二级以上公路衔接。

适度支持一般港口。适度支持嘉兴内河港、杭州港、湖州港、无锡港、扬州港、镇江港、泰州港、徐州港、铜陵港、安庆港、池州港、合肥港、蚌埠港、南昌港、长沙港、黄石港、荆州港、宜昌港、襄阳港、永川港和水富港等一般港口集疏运通道建设，鼓励设计年通过能力达到500万吨(内河)、1000万吨(沿海)的一般港区建设铁路专用线。进一步强化疏港公路，实现所有港区均有等级公路衔接。

加快推进多式联运信息化建设。积极推广沿海港口集装箱海铁联运信息平台经验，依托铁路95306平台以及既有港口EDI中心或地方电子口岸平台，加强集装箱电子数据报文标准的制定，推动建立各种运输信息资源开放与共享机制，促进船、车、班列、港口、场站等动态信息的交换共享和互联互通，实现业务协同联动。抓紧研究适合多式联运换装设施设备、运载工具等领域的标准规范，加快制定并推广多式联运标准合同范本及适用于国内铁路、公路、水路运输的联运单证。进一步加强规划统筹，强调港口与铁路、公路、货场的高效衔接，并为建设实施预留发展空间。

三、加快推进港航一体化建设步伐，完善配套港口设施与船型标准化

加强沿江港口与沿海港口联动，发挥上海港、宁波—舟山港的龙头带动作用和重庆港、武汉港、南京港的区域集聚作用。发挥南通港通州湾港区江海联运和宜宾港的干支中转作用。加强国际交流与合作，发挥港口“一带一路”支点作用，推进长江航运与国际班列的有机衔接。强化政府部门公共服务，统筹锚地、水上服务区等公共资源建设和管理。加快智慧港口建设，完善功能布局，推进专业化、规模化、现代化港区建设。加强资源整合，深化区域港口一体化改革，推进长三角区域港口协同发展。完善集疏运体系，实施重点港区铁路、高等级公路进港工程，打通“最后一公里”。提升港口辐射服务功能，促进港产城协同发展。

推进船舶标准统一，提高运输质量和效率。完善内河标准船型指标体系和验证方法，推进长江航运船舶船型优选，引导现有非标准船舶逐步退出市场。制定实施内河过闸运输船舶船型主尺度强制性国家标准，全面推进长江航运过闸运输船舶船型标准化。推进江海直达船型研发和推广应用，根据特定海域、特定航线的实际情况，制定实施长江经济带特定航线江海直达船舶(船长 65 米至 150 米)法定检验暂行规则及建造规范。加强经验总结和科学论证，不断完善江海直达船舶法规规范，进一步开展总长 65 米以下江海直达船舶规范研究。完善京杭运河等长江水系江海直达过闸船舶主尺度等船型技术要求。

四、打通过江通道，解决跨区域互联互通障碍

发展长江上游云南水富至湖北宜昌段过江通道。针对山区河道江面较窄、生态保护区覆盖范围大、城镇化发展进程较快等特点，以建设一跨过江、一孔跨过通航水域的桥梁形式为主，重点加强重庆主城区过江通道建设，采取切实有效措施避免或减缓不良生态环境影响，提升通道机动灵活性，形成疏密有度、运转有效、保障有力的过江通道系统。

完善长江中游湖北宜昌至江西湖口段过江通道。针对河道生态敏感点多、荆江河段局部河势尚不稳定、过境运输占比高、主要城镇化地区拥堵凸显等特点，深化生态环境影响、洪水影响和航道通航条件影响评价。加强过境交通通道和武汉城市圈过江通道建设，在通道密集地区、航道易变的河段优先选用隧道过江形式，形成通行便捷、航运畅捷、衔接有序的过江通道系统。

优化长江下游江西湖口至长江入海口段过江通道。针对平原河道、江面开阔、航运繁忙和沿线地区经济发达、人口密集、城镇化发展水平较高等特点，

根据长江三角洲地区一体化发展要求，推进多种方式合并过江。沿江人口、产业密集和港航活动繁忙地区主要采用隧道或一孔跨过通航水域的桥梁形式过江，其中南京以下新开工过江通道可采用隧道过江形式，提升区域综合交通运输网络整体效率，形成绿色生态、规模适当、运行高效的过江通道系统。

五、落实新发展理念，发展绿色循环低碳航运

推进绿色航道建设。优先采用生态影响较小的航道整治技术与施工工艺，积极推广生态友好型新材料、新结构在航道工程中的应用，加强疏浚土等资源综合利用。在航电枢纽建设和运营中采取修建过鱼设施、营造栖息生境和优化运营调度等生态环保措施。推动开展造成显著生态影响的已建航道工程与航电枢纽工程生态修复。推进三峡枢纽水运新通道建设，解决三峡枢纽瓶颈制约。加强航道水深测量和信息发布，充分利用长江航道水深资源，引导船舶进行科学配载。建设智能化、绿色化水上服务区。

开展绿色港口创建。完善港口集疏运体系，强化主要港区与干线铁路、高等级公路的连接，打通港口集疏运“最后一公里”。完善绿色港口创建制度，深入开展长江经济带港口绿色等级评价，高标准建设新建绿色码头，因地制宜制订老旧码头的升级改造方案，鼓励整体创建绿色港区(港口)。推进港口和船舶污染物接收设施建设，做好与城市公共转运、处理设施的衔接，促进港口环保设施高效稳定运营，确保污染物得到合规处理。全面推进主要港口既有大型煤炭、矿石码头堆场建设防风抑尘等设施。

持续提升船舶节能环保水平。严格执行船舶强制报废制度，加快淘汰高污染、高耗能的客船、老旧运输船舶、单壳油轮和单壳化学品船。深入推进内河船型标准化，调整完善内河运输船舶标准船型指标，加快推广三峡船型、江海直达船型和节能环保船型，开展内河集装箱(滚装)经济性、高能效船型、船舶电力推进系统等研发与推广应用。进入内河的国际航线船舶加装压载水处理装置或者其他等效设施。鼓励船舶改造油气收集系统，加装尾气污染治理装备。鼓励400总吨以下内河船舶安装生活污水收集存储或收集处理装置。加快推进清洁能源船舶开发应用，完善船舶能效管理体系。

大力推广靠港船舶使用岸电。完善船舶检验法规和建造规范，积极推进新建船舶建设岸电受电设施，鼓励既有集装箱船、客滚船等客船改造岸电受电设施。新建码头必须建设岸电设施，引导现有码头增加或改建岸电设施。推进水上服务区、待闸锚地等船舶密集区建设岸电设施。完善岸电供售电机制，健全船舶使用岸电的激励机制，积极推进靠泊船舶优先使用岸电。

强化港口机械设备节能与清洁能源利用。加强港口节能环保技术改造，加快淘汰能耗高、污染重、技术落后的设备，积极推广清洁能源和可再生能源在机械设备和港口生产生活中的应用。提高码头前沿装卸设备、水平运输车辆、堆场装卸机械等关键设备的自动化水平，进一步提升港口装卸作业效率。开展智慧港口示范工程建设，优化港口物流流程和生产组织，促进港口物流服务网络化、无纸化和智能化。

第二节　优化交通基础设施建设布局，构建区域平衡的综合交通运输网络

一、立足国际国内双循环，建立完善“两横三纵”的交通网络格局

在已经初步形成综合交通网络框架的基础上，精准发力，分类优化内部、对外以及国际等多层次综合运输通道布局。对外强化与“一带一路”沿线设施联通与衔接。推动西向和南向陆路通道、内陆跨国境水运通道、东部海空门户建设。横向围绕长江黄金水道，以南北岸的沪汉蓉通道、沪昆通道为支撑，完善沟通南北方的过江通道布局与功能。重点实施沿江高铁、川藏铁路等一批战略性工程。研究推动跨区域双层集装箱等专业性货运通道布局，促进东中西、上中下游要素流动。纵向依托东部沿海和京沪(京台)通道、中部京广和京九通道、西部丝绸之路通道和西部陆海新通道，加强南北方跨地区联系。

二、以城市群为空间载体，构建东西协调的城际交通网络

推动重点城市化地区交通实现更高质量发展，加快城市群都市圈高品质交通运输网建设。稳步推动长三角、长江中游、成渝双城等区域城际铁路建设。打破行政边界和部门壁垒，吸引社会资本，大力发展都市圈市域(郊)铁路。以轨道交通为重点，健全城市群、都市圈交通基础设施，围绕中心城市构建高品质“同城交通网”“通勤交通网”“同城配送网”。以长江三角洲区域一体化发展、成渝双核经济圈建设等为重点推动轨道交通多网融合。以提升中心城市综合承载能力和区域辐射能力为核心，优化提升城市交通设施网络和运输组织网络。加快完善高效串接长三角、长江中游、成渝以及黔中、滇中等地区的复合型快速运输通道，实现上下游地区人员物资的畅捷联系。以长三角、长江中游、成渝等地区为重点，优化并精准对接京津冀、粤港澳、黄河流域等地区的综合运输通道布局。

三、统筹城乡交通一体化发展步伐，补齐农村地区和特殊地区交通短板

围绕乡村振兴战略实施以及农村农业现代化发展，加快补齐农村地区、林区、库区、湖区、革命老区、民族地区、贫困地区以及其他特殊困难地区交通设施和服务短板。拓展延伸川滇地区铁路、公路网络，推动川藏铁路、滇藏铁路等战略工程建设，提高国防保障和灾害应对能力。继续提高农村公路通达深度，提升基本公共服务均等化水平，加强"四好农村路"建设，进一步提升农村公路通达深度和通畅水平。继续推动农村公路提档升级，与乡村资源开发，产业发展等有机融合，加强特色农产品优势区交通建设。加快农村公路升级改造，并有机连通乡村各产业经济节点，推进旅游景区、特色小镇、农牧业产业园、农家路集聚地等的公路建设，促进资源顺畅流通，推动产业振兴。加强城乡公路互联互通，促进城乡融合发展，推进乡村地区对外快速通道建设，促进城镇交通基础设施向乡村延伸。支持沿江国际黄金旅游带建设，建立国家风景道体系，挖掘交通遗迹遗存文化价值，促进交通与旅游深度融合。

四、加快发展城市公共交通，提升公共交通服务能力

大力响应公交优先的号召，积极布局重大交通基础设施。有序发展城市轨道交通，积极探索中心城市轨道交通布局，推动特大城市和大城市轨道交通发展，全面推进特大城市轨道交通规划建设。加快武汉、南京、成都、重庆等特大城市轨道交通建设步伐，积极创新投融资机制，将城市交通投资建设重点转到轨道交通建设上来。重点保证各省会城市轨道交通建设速度，确保建成覆盖城市主要商业中心、居民集中居住区的城市轨道交通网络，提高出行便捷程度，同时可充分利用现有的铁路资源，积极推进城郊铁路建设。要加快提升公共交通枢纽场站的规划建设水平，基本实现大城市中心城区公共交通站点 500 米全覆盖。强化城市主干道建设，完善城市路网结构，改善交通微循环系统。引导公众和企业优先选择新能源和清洁能源汽车，进一步推动城市步行和自行车交通系统建设。与此同时，要进一步提升交通运输系统发展韧性。提升交通运输全周期、全体系发展质量，增强应对突发事件的系统快速修复恢复能力。重点围绕本次新冠肺炎疫情暴露的交通、物流等问题，精准补齐发展短板，完善应急组织与协调机制，全面提升交通物流应急保障能力。

第三节　加快综合交通枢纽建设，构建层次合理结构完善的综合枢纽体系

一、依托交通枢纽城市功能地位，打造不同层次的综合交通枢纽

建设综合交通枢纽集群、枢纽城市及枢纽港站“三位一体”的综合交通枢纽系统。打造形成以上海、杭州、南京为中心，联动合肥、宁波等城市的长三角枢纽集群，以成都、重庆为中心的成渝地区双城经济圈枢纽集群。建设上海、南京、杭州、武汉、成都、重庆、昆明等7个国际性综合交通枢纽城市。加快建设国际性综合交通枢纽港站，以上海、重庆、成都、武汉、长沙、义务、苏州为中心，打造具有较强国际运输服务功能的铁路枢纽场站。发挥上海港、连云港、宁波—舟山港等国际枢纽海港作用，巩固上海国际航运中心地位，加快建设辐射全球的国际航运枢纽。巩固上海、成都、昆明、重庆等城市国际航空枢纽地位，推进合肥、鄂州等国际航空货运枢纽建设。与此同时，要加快提升航运中心价值链组织功能，推动内陆口岸与枢纽联动发展。依托重点枢纽积极研究探索自由贸易港、内陆自由贸易港等发展模式。研究推动依托专业货运枢纽的国际国内航空货运网络布局与建设。

二、加快完善综合交通枢纽规划设计一体化

要强化综合交通枢纽的顶层规划设计，特别是多种运输方式的换乘换装设施和集疏运系统，要强化一体化设计、同步建设、协同管理。加强各种运输方式之间、对外交通与城市交通之间的高效衔接，实现枢纽站点之间的快速连通，达到客运“零距离换乘”，货运“无缝化衔接”。

对于客运枢纽，要以零距离换乘为指导原则开展设施一体化规划设计，推动中转换乘信息互联共享和交通导向标志连续、一致，积极引导立体换乘，同台换乘。推动发展高铁车站与重要枢纽机场的零距离换乘和一体化服务，构建具有中国特色的“民航+高铁”的快捷交通运输服务模式。完善运输服务组织，打破民航与其他交通方式的信息和服务障碍，率先完成航空与城市轨道、高铁等交通方式的“无缝隙、零换乘”，实现综合运输服务一体化发展。

对于货运枢纽，要以无缝衔接为指导原则开展货运枢纽布局，特别是要注意开展多式联运和干支衔接型的货运枢纽(物流园区)建设。加快推进一批铁

路物流基地、港口物流枢纽、航空转运中心、快递物流园区等规划建设和设施改造，提升口岸枢纽货运服务功能，鼓励在西部省市发展内陆港。要进一步加快港口、铁路、公路和货运站场、运输装备、装卸设施等多式联运设施设备建设，推进铁路装卸线向港口码头延伸，推进"港站一体化"，实现铁路货运站场与港口码头无缝衔接。

三、完善多种交通方式的衔接配套设施建设

要注意加快对于综合交通枢纽站场设施资源的综合利用和升级改造，加强货物多式联运、旅客联程运输服务。研究完善综合交通枢纽站场建设和运营服务标准规范，加强不同运输方式的配套衔接。

对于铁路配套设施建设，要以资源富集区、主要港口、物流园区为重点，建设疏港型、园区型支线铁路，构建多式联运的现代铁路集疏运系统。要统筹规划铁路物流基地，实现已有物流基地与新建铁路物流基地在建设布局、功能定位上的优势互补。完善现代化仓储、多式联运转运、邮政快递运输、国际联运以及集疏运等"一站式"服务设施，健全末端配送服务设施，提高物流作业效率。开行班列的铁路物流基地配套整列到发条件。配套建设公路分拨设施，加强铁路衔接，实现传统货源场站向城市物流配送中心、现代物流园区转型发展。

对于公路配套设施建设，要注意加强重要港区与干线公路通道之间的集疏运公路建设，鼓励交通制约较大的重要港区建立专用公路，实现重要港区连通二级以上公路，缓解交通拥堵和港城发展矛盾。加快推进高等级公路与机场、铁路站场连接。加强铁路、航空货运枢纽的公路集运和分拨站点的配套建设，优化"最后一公里"配送通道。

对于港口配套设施建设，要以主要港口和航运中心为重点，加强铁路、公路集运系统建设，强化集疏运服务功能。畅通重要港区与干线铁路网的连接，加快打通铁路公路进港"最后一公里"，提高铁路集疏港能力和比例。积极发展以港口为枢纽的联运业务，以铁路联运、江海联运为重点，大力发展集装箱、煤炭、矿石等铁水联运。做好港口后方的铁路场站、集装箱铁路中心站的衔接，完善口岸功能配套。在有条件的地区，加快发展水水中转体系，做好大小泊位的配套衔接，实现高效运转。强化港口与物流大通道的衔接，推进港口腹地向中西部地区拓展，形成陆海内外联动、东西双向互济的运输系统格局。

第四节　坚持生态优先创新驱动理念，推动交通绿色可持续发展

一、统筹交通基础设施布局，优化客货运运输结构

统筹交通基础设施布局。在国土主体功能区和生态功能保障基线要求下，进一步优化铁路、公路、水运、民航、邮政等规划布局，扩大铁路网覆盖面，加快完善公路网，大力推进内河高等级航道建设，统筹布局综合交通枢纽，完善港口、机场等重要枢纽集疏运体系，提升综合交通运输网络的组合效率。

优化旅客运输结构。推进铁路、公路、水运、民航等客运系统有机衔接和差异化发展，提升公共客运的舒适性和可靠性，吸引中短距离城际出行更多转向公共客运。加快构建以高速铁路和城际铁路为主体的大容量快速客运系统，形成与铁路、民航、水运相衔接的道路客运集疏网络，稳步提高铁路客运比重，逐步减少 800 公里以上道路客运班线。

改善货物运输结构。按照“宜水则水、宜陆则陆、宜空则空”的原则，研究制定相关政策，调整优化货运结构，促进不同运输方式各展其长、良性竞争、整体更优。提升铁路全程物流服务水平，理顺运价形成机制，提高疏港比例，发挥铁路在大宗物资中远距离运输中的骨干作用。大力发展内河航运，充分发挥水运占地少、能耗低、运能大等比较优势。逐步减少重载柴油货车在大宗散货长距离运输中的比重。

二、创新运输形式，提升信息化与综合物流能力

推广高效运输组织方式。大力发展多式联运、江海直达、滚装运输、甩挂运输、驼背运输等先进运输组织方式。依托铁路物流基地、公路港、沿海和内河港口等，推进多式联运型和干支衔接型货运枢纽（物流园区）建设。统筹农村地区交通、邮政、商务、供销等资源，推广“多站合一”农村物流节点建设，推广农村“货运班线”服务方式。积极推动快递“上车上船上飞机”，鼓励发展铁路快运产品。积极推进铁水联运示范工程，将集装箱铁水联运示范项目逐步扩大到内河主要港口。

提高物流信息化水平。鼓励“互联网+”高效物流等业态创新，深入推进道路货运无车承运人试点，促进供需匹配，降低货车空驶率。推进国家交通运输

物流公共信息平台建设，推动跨领域、跨运输方式、跨区域、跨国界的物流信息互联互通。

发展高效城市配送模式。加快推进城市绿色货运配送，优化城市货运和快递配送体系。在城市周边布局建设公共货运场站或快件分拨中心，完善城市主要商业区、校园、社区等末端配送节点设施，引导企业发展统一配送、集中配送、共同配送等集约化组织方式。鼓励发展智能快件箱等智能投递设施，协调公安等部门保障快递电动车辆依法依规通行。

三、集约利用交通运输资源，提升交通系统运行效率

集约利用通道岸线资源。推动铁路、公路和市政道路统筹集约利用线位、桥位等交通通道资源，改扩建和升级改造工程充分利用既有走廊。加强港口岸线使用监管，严格控制开发利用强度，促进优化整合利用。深入推进区域港口协同发展，促进区域航道、锚地和引航等资源共享共用。

提高交通基础设施用地效率。推进交通基础设施科学选线选址，避让基本农田，禁止耕地超占，减少土地分割。积极推进取土、弃土与造地、复垦综合施措，因地制宜采用低路基、以桥代路、以隧代路等措施，严格控制互通立交规模，提高土地节约集约利用水平。

促进资源综合循环利用。积极推动废旧路面、沥青等材料再生利用，推广钢结构的循环利用，扩大煤矸石、矿渣、废旧轮胎等工业废料和疏浚土、建筑垃圾等综合利用。推进钢结构桥梁建设，提升基础设施品质和耐久性，降低全生命周期成本。推进快递包装绿色化、减量化、可循环，鼓励降低客运领域一次性制品使用强度。继续推动高速公路服务区、客运枢纽等开展水资源循环利用。

推广应用节能环保先进技术。制定发布交通运输行业重点节能环保技术和产品推广目录。继续对港口、机场、货运枢纽（物流园区）装卸机械和运输装备实施“油改电、油改气”工程，开展机场新能源综合利用示范。积极推广温拌沥青等技术应用，在桥梁、隧道等交通基础设施中全面推广节能灯具、智能通风控制等新技术与新设备。提高铁路机车牵引能效水平，推广车船节能技术改造，全面规范实施飞机辅助动力装置（APU）替代。

四、改造升级高效清洁运输装备，降低装备运行消耗

推进运输装备专业化标准化。加快推进内河船型标准化，严格执行船舶强

制报废制度，加快淘汰高污染、高耗能船舶、老旧运输船舶、单壳油轮和单壳化学品船。调整完善内河运输船舶标准船型指标，加快推广三峡船型、江海直达船型和节能环保船型。继续深化车辆运输车治理，全面推进货运车辆标准化、厢式化、轻量化。加快推进敞顶集装箱、厢式半挂车等标准化运载单元的推广应用。

推广应用新能源和清洁能源车船。在港口和机场服务、城市公交、出租汽车、城市物流配送、汽车租赁、邮政快递等领域优先使用新能源汽车，加大天然气等清洁燃料车船推广应用。严格落实国家、行业有关能耗等标准限值要求，鼓励支持节能环保车辆优先使用，推动运输装备升级进档。研究制定鼓励新能源汽车使用的差异化政策措施。

五、推广交通基础设施全过程生态保护

推进绿色基础设施创建。把生态保护理念贯穿到交通基础设施规划、设计、建设、运营和养护全过程。强力开展绿色铁路、绿色公路、绿色航道、绿色港口、绿色机场等创建活动。在铁路、公路沿线开展路域环境综合整治。积极推行生态环保设计，倡导生态选线选址，严守生态保护红线。完善生态保护工程措施，合理选用降低生态影响的工程结构、建筑材料和施工工艺，尽量少填少挖，追求取弃平衡。落实生态补偿机制，降低交通建设造成的生态影响。

实施交通廊道绿化行动。落实国土绿化行动，大力推广公路边坡植被防护。在铁路、公路、航道沿江沿线大力开展绿化美化行动，提升生态功能和景观品质，支撑生态廊道构建。健全交通服务设施旅游服务功能，打造国家旅游风景道，促进交通旅游融合发展。

开展交通基础设施生态修复。针对早期建设不能满足生态保护要求的交通基础设施，推进生态修复工程建设。重点针对高寒高海拔、水源涵养生态功能区、水土流失重点治理区等重点生态功能区，结合国省道改扩建项目推进取弃土场生态恢复、动物通道建设和湿地连通修复。针对涉及自然保护区、世界自然文化遗产、风景名胜区的国省道改扩建项目，推进路域沿线生态改善和景观升级。在长三角等港航产业应用滩涂湿地恢复、生境营造、增殖放流等生态修复技术。在长江经济带内河高等级航道等实施生态护岸、人工鱼巢等航道生态恢复措施。

第五节 完善交通基础设施建设管理体制机制，发展综合交通运输体系

一、推进重点领域管理机制改革，创新交通运输体制机制

进一步健全提升铁路企业的现代化治理体系和治理能力。从建立健全铁路企业现代治理体系和治理能力入手，构建与市场经营导向相适应的现代企业制度和经营机制，聚焦运输市场发展需要，推进科技产品和管理创新，实施股份制改造。引进战略合作伙伴，加快推进优质资产和重点企业股份制改革和上市。加快铁路体制机制改革创新，构建符合市场经济要求的现代企业法人治理体系和运行机制。

进一步打破区域封锁，清理修订阻碍区域交通要素合理流动的法律政策，消除对交通运输价格的不适当行政干预，推动建立综合交通市场体系，打破城乡分割，加快建设构建城乡一体化的交通运输市场体系。深化公路水路管理体制改革，建立科学的运输责任制。结合中央财税体制改革的实施和放宽放管的要求，加强公路水路管理精简，有效整合和合理划分省、市、县三级交通运输部门的职责。建立与现代项目管理相适应的道路建设管理体系，探索项目管理专业化模式。推进水运、港口物流园区、港口产业一体化水运体系，积极探索连接江海、水运体系和旅游业发展的合作机制。

加快建立健全综合交通运输管理体制机制，把长江经济带建设成为综合交通运输体系建设试点示范区。发挥好省部级联席会议机制作用，加强沟通协调，共同推进重大项目建设。完善综合运输服务跨区域联动机制，率先提供综合运输服务。加强高铁、民航、水路客运和城市公共交通的有效衔接，建立完善的网上客票系统，积极推进客运“一票制”。打造货运交通“一站式”公共旅游信息服务平台。在“大通道、大枢纽、大节点、大网络”的指导下，着力加强综合交通枢纽建设。建立多种交通运输方式监管机构定期磋商机制和重点任务合作推进机制，提高综合交通运输服务能力和水平，促进多种交通运输方式协调发展。

二、进一步推进长江航运管理体制优化改革，理顺管理事权关系

推进长江航运行政管理体制改革，推进长江航道局逐步实现政事企分开、

长江海事局政事分开，理顺长江通信和长江引航管理体制；推动建立长江经济带交通运输发展部省联席会议制度，协调解决重大问题；整合航道、海事、通信等执法职能，建立长江航运综合执法体制；发挥长江航务管理局的统筹作用。

加强长航局系统单位管理。长航局受部委托管理长江海事局、江苏海事局、长江航道局、长江口航道管理局、长江航运公安局、长江通信管理局、长江三峡通航管理局等单位，建立"长航局统一领导、系统单位各司其职、基层单位整体联动"的管理格局。

统一长江航道管理。长江航道局统一负责长江干线宜宾至长江口段(含长江口北支水道)航道建设、运行、维护工作。调整长江航道行政管理和现场执法职责。长江航道局航道行政管理职责由长航局承担。按照长江干线水上综合执法改革有关要求，长江航道局现场执法职责由长江干线海事机构承担。强化公益职责。

统一长江海事管理。长江海事局统一负责长江干线重庆至江苏浏河口段水上安全监督工作。推进长江海事局与长江通信管理局政事分开。进一步理顺长江海事局与长江通信管理局管理关系，实现政事分开，实行分类管理。推进长江海事局与长江引航中心政事企分开。进一步理顺长江海事局与长江引航中心管理关系，实现政事分开、事企分开，实行分类管理。长江引航中心委托长江海事局按照公益事业单位管理。

整合长江干线海事、航道、通信等现场执法职责。长江海事局统一承担长江干线海事、航道、通信等现场执法职责，实现长江干线重庆至江苏浏河口段水上综合执法。建立长江干线海事机构和长江航运公安机关的联动机制，开展全局性、区域性的专项联合整治，发挥长江航运执法机构综合效能。建立执法机构与相关业务单位之间定期磋商协调机制，提高执法服务水平。

三、完善港口岸线管理体制和运行机制，提高监管能力和监管力度

港口岸线准入审批环节精细化。在长江港口现有岸线准入审批制度基础上，长江沿线各省市要结合本省市港口发展和港口岸线资源开发利用实际，使港口岸线准入审批环节精细化。符合港口总体规划的建设项目应探索采用"触发制"方式进行准入审批，有效把控建设节奏，即通过设定合理的岸线使用强度(百米岸线吞吐量、泊位利用率等)，严控港口岸线准入，对岸线使用强度未达到规定要求的不予审批。"触发制"审批置于目前长江港口岸线审批的前

置环节，由省港口管理部门进行审核，对不合理的岸线使用申请予以否决，同时避免市港口管理部门受地方政府的过多干预。

加强港口岸线使用事中监管。充分发挥各市港口管理部门在岸线使用监管中的主体作用以及各省港口管理部门在全省港口岸线使用事中监管中的抽查作用。建议各市政府组成联合工作组，由市级港口行政管理部门牵头联合各相关部门(海洋、国土、公安、水利、渔业、海事、城管、急救等部门)每年定期开展港口岸线使用检查工作；每年由各省港口管理部门不定期开展港口岸线使用抽查工作，提高岸线使用事中监管的效率和质量；充分发挥长江航务管理局在沿江港口岸线使用事中监管中的抽查作用。

探索建立港口岸线退出机制。针对港口岸线利用强度长期低于标准值(由各省制订并动态调整)的码头企业，采用征收“岸线有偿使用费”(由各省根据本省情况制定具体标准)等经济手段迫使码头企业退出岸线使用，或迫使码头企业通过资产重组、合作经营等方式，提高岸线利用率；针对违反港口规划建设和未批先建的项目，一经查明立即拆除；针对“小散弱”码头，尤其是危险品码头，建议港口所在地政府拨出一定的财政资金，鼓励上述码头集中搬迁后进行统一管理。

参 考 文 献

[1]宋英杰. 交通基础设施的经济集聚效应[D]. 济南：山东大学，2013.

[2]G L. 克拉克，M P. 费尔德曼，M S. 格特勒. 牛津经济地理学手册[M]. 北京：商务印书馆，2005.

[3]来逢波，耿聪. 高速交通网络发展与区域空间格局演变[M]. 北京：人民交通出版社，2019.

[4]吴文华，等. 中国交通基础设施产业升级战略研究[M]. 北京：人民交通出版社，2018.

[5]Arrow K J. The economic implication of learning by doing[J]. The Review of Economic Studies，1962，29(3)：155-173.

[6]Riverabatiz L A，Romer P M. Economic integration and endogenous growth[J]. Quarterly Journal of Economics，1991，106(2)：531-555.

[7] Lucas R E. On the mechanics of economic development [J]. Quantitative Macroeconomics Working Papers，1999，22(1)：3-42.

[8]胡煜. 中国交通枢纽的空间溢出效应研究[D]. 北京：北京交通大学，2017.

[9]Long G Y. Measuring the spillover effects：some Chinese evidence[J]. Papers in Regional Science，2010，79(1)：75-89.

[10]Audretsch D B，Feldman M P. R&D spillovers and the geography of innovation and production[J]. American Economic Review，1996，86(3)：630-640.

[11]Conley J，Dix M. Optimal and equilibrium membership in clubs in the presence of spillovers[J]. Journal of Urban Economics，2005，46(2)：215-229.

[12]Hulten C R. Infrastructure，externalities，and economic development：a study of the indian manufacturing industry[R]. World Bank Economic Review，2006：291-308.

[13] Duffy-Deno K T，Eberts R W. Public infrastructure and regional economic

development: a simultaneous equations approach [J]. Journal of Urban Economics, 1991, 30(3): 329-343.

[14] Hsieh C. Productivity growth and factor prices in East Asia[J]. The American Economic Review, 1999, 89(2): 133-138.

[15] Pereira A M, Roca-Sagalés O. Spillover effects of public capital formation: evidence from the Spanish regions[J]. Journal of Urban Economics, 2003, 53(2): 238-256.

[16] Da A. Highway capacity and the quality and quantity of highway[J]. Economic Perspectives, 1990, 14(5): 4-24.

[17] Caschauer D. Is public expenditure productive [J]. Journal of Monetary Economics, 1989, 23(2): 177-200.

[18] Munnell A H. Policy watch: infrastructure investment and economic growth[J]. The Journal of Economic Perspectives, 1992, 6(4): 189-198.

[19] 张学良．中国交通基础设施促进了区域经济增长吗——兼论交通基础设施的空间溢出效应[J]．中国社会科学，2012(3)：60-77.

[20] 刘勇．交通基础设施投资、区域经济增长及空间溢出作用——基于公路、水运交通的面板数据分析[J]．中国工业经济，2010(12)：37-46.

[21] 戴特奇，张玉韩，赵娟娟．中国民用运输机场的可达性溢出效应研究[J]．地理学报，2013，68(12)：1668-1677.

[22] 蒋海兵，张文忠，祁毅，等．基于可达性分析的高速公路投资空间溢出效应[J]．地理研究，2014，33(1)：71-82.

[23] 徐国平，宗蓓华．交通运输中网络效应问题探讨[J]．综合运输，2007(9)：12-15.

[24] 李煜伟，倪鹏飞．外部性、运输网络与城市群经济增长[J]．中国社会科学，2013(3)：22-42.

[25] 刘玉海．交通基础设施的空间溢出效应及其影响机理研究[D]．天津：南开大学，2012.

[26] 邓丹萱．交通基础设施的网络效应及溢出效应的实证研究[D]．北京：对外经济贸易大学，2014.

[27] 约翰·冯·杜能．孤立国同农业和国民经济的关系[M]．北京：商务印书馆，2004.

[28] 阿尔弗雷德·韦伯．工业区位论[M]．北京：商务印书馆，1997.

[29] Barton, Gordon. Corporate strategy: useful perspective for the of capital structure? [J]. Academy of Management Review, 1987: 67-75.

[30] Hoover E M. The measurement of industrial localization [J]. The Review of Economics and Statistics, 1936, 18(4): 162-171.

[31] 董晓霞，黄季焜，Scott Rozelle，等. 地理区位、交通基础设施与种植业结构调整研究[J]. 管理世界，2006(9)：59-63.

[32] 林理升，王晔倩. 运输成本、劳动力流动与制造业区域分布[J]. 经济研究，2006(3)：115-125.

[33] 符淼. 地理距离和技术外溢效应——对技术和经济集聚现象的空间计量学解释[J]. 经济学(季刊)，2009，8(4)：1549 1566.

[34] 张华，贺灿飞. 区位通达性与在京外资企业的区位选择[J]. 地理研究，2007(5)：984-994.

[35] 严鳃，刘毅，陈吉宁，等. 道路交通系统对区域工业布局的影响[J]. 经济地理，2009，29(5)：746-751.

[36] Janelle D G. Central place development in a time-space framework [J]. Professional Geographer, 1968, 20(1): 5-10.

[37] 刘贤腾，周江评. 交通技术革新与时空压缩——以沪宁交通走廊为例[J]. 城市发展研究，2014，21(8)：56-62.

[38] 魏巍，李强，张士杰. 交通基础设施、产业聚集与经济增长——基于省级面板数据的经验研究[J]. 地域研究与开发，2014，33(2)：46-50.

[39] Mandebrot B B. How long is the coast of Britain? Statistical self-similarity and fractional dimension[J]. Science, 1967, 156(3775): 636-638.

[40] 朱华，姬翠翠. 分形理论及其应用[M]. 北京：科学出版社，2011.

[41] Mandelbrot B B. Fractals: form, chance and dimension[J]. Physics Today, 1979, 32(5): 65-66.

[42] Mandelbrot B B. The fractal geometry of nature [M]. New York: Freeman, 1982.

[43] Mandelbrot B B. Self-affine fractal sets, I: the basic fractal dimensions[J]. Fractals in Physics, 1986(1): 3-15.

[44] Dauenhauer E C. Exact self-similarity solution of the Navier-Stokes equations for a porous channel with orthogonally moving walls[J]. Physics of Fluids, 2003, 15(6): 1485-1495.

[45] Budd C J, Peletier M A. Approximate self-similarity in models of geological folding[J]. Siam Journal on Applied Mathematics, 2000, 60(3): 990-1016.

[46] Andrle R. Complexity and scale in geomorphology: Statistical self-similarity vs. characteristic scales[J]. Mathematical Geology, 1996, 28(3): 275-293.

[47] Krug J. Origins of scale invariance in growth processes [J]. Advances in Physics, 1997, 46(2): 139-282.

[48] Matsushita M, Ouchi S. On the self-affinity of various curves[J]. Physica D Nonlinear Phenomena, 1989, 38(1): 246-251.

[49] Voss R F. Random fractals: Self-affinity in noise, music, mountains, and clouds[J]. Physica D Nonlinear Phenomena, 1989, 38(1): 362-371.

[50] 刘甲雪, 孔祥木. 无标度立体 Koch 网络的建立及其结构性质研究[J]. 物理学报, 2010, 59(4): 2244-2249.

[51] 李刚, 徐人平. 基于 Peano 曲线的几何条纹形建筑纹样设计[J]. 重庆建筑大学学报, 2007, 29(5): 49-52.

[52] 邢长明, 刘方爱. 基于 Sierpinski 分形垫的确定性复杂网络演化模型研究[J]. 物理学报, 2010, 59(03): 1608-1614.

[53] Thibault S, Marchand A. Institu national des sciences appliquées de Lyon[M]. Paris: Billeurbanne, 1987.

[54] Frankhouser P. Aspects fractals des structures urbanes [J]. L'Espace Géographique, 1990, 19(1): 45-69.

[55] Kim K S, Benguigui L, Marinov M. The fractal structure of Seoul's public transportation system[J]. Cities, 2003, 20(1): 31-39.

[56] Song C, Havlin S, Makse H A. Self-similarity of complex networks [J]. Nature, 2005, 433(7024): 392-395.

[57] Zhang H, Li Z. Fractality and Self-Similarity in the Structure of Road Networks [J]. 2012, 102(2): 350-365.

[58] Lu Z, Zhang H, Southworth F et al. Fractal dimensions of metropolitan area road networks and the impacts on the urban built environment[J]. Ecological Indicators, 2016(70): 285-296.

[59] Pavón-Domínguez P, Ariza-Villaverde A B, Rincón-Casado A et al. Fractal and multifractal characterization of the scaling geometry of an urban bus-transport network [J]. Computers, Environment and Urban Systems, 2017, 64:

229-238.

[60]刘妙龙，黄佩蓓．分形理论在城市交通网络时空演变特征研究中的应用——以上海市为例[J]．武汉大学学报(信息科学版)，2003，28(06)：749-753.

[61]朱少卿，董锁成，李泽红，等．基于分形维数测算的西安古城道路网研究[J]．地理研究，2016，35(3)：561-571.

[62]王秋平，张琦，刘茂．基于分形方法的城市路网交通形态分析[J]．城市问题，2007(6)：52-55.

[63]冯永玖，刘妙龙，童小华．广东省公路交通网络分形空间特征研究[J]．地球信息科学，2008，10(1)：26-33.

[64]丁胜仁．公路网结构优化理论与方法研究[D]．西安：长安大学，2009.

[65]孙壮志．城市交通网络形态特征分形计量研究[J]．交通运输系统工程与信息，2007，7(1)：29-38.

[66]刘沙沙．城市轨道交通枢纽地区的分形网络连接研究[D]．大连：大连理工大学，2011.

[67]赵伟，何红生，林中材，等．中国铁路客运网网络性质的研究[J]．物理学报，2006，55(8)：3906-3911.

[68]王燕，李想，吕程．基于分形模型的京津冀铁路网络协同发展——与长江三角洲、珠江三角洲的比较分析[J]．中国流通经济，2015(8)：47-54.

[69]刘宏鲲，周涛．中国城市航空网络的实证研究与分析[J]．物理学报，2007，56(1)：106-112.

[70]刘妙龙，黄蓓佩．上海大都市交通网络分形的时空特征演变研究[J]．地理科学，2004，24(2)：144-149.

[71]朱洪栓．基于 GIS 的河南省公路交通网络分形研究[D]．开封：河南大学，2008.

[72]陈彦光，罗静．河南省城市交通网络的分形特征[J]．信阳师范学院学报(自然科学版)，1998，11(2)：68-73.

[73]李文华，杨兆升，王希伟．基于分形几何学的区域公路网布局评价指标的研究[J]．交通运输系统工程与信息，2005，5(5)：54-57.

[74]陈黎．长江三角洲城市群扩展动态、腹地变化和分形特征[D]．南京：南京农业大学，2011.

[75]方大春，杨义武．高铁时代长三角城市群交通网络空间结构分形特征研究

[J]. 地域研究与开发，2013，32(2)：52-56.
[76]刘承良，段德忠，余瑞林，等. 中国四大都市圈城乡道路网分形的多尺度比较分析[J]. 经济地理，2013，33(3)：52-58.
[77]聂伟. 都市圈道路网络优化及其评价理论研究[D]. 北京：北京交通大学，2007.
[78]丁以中，楼勇. 分形理论在交通运输网络评价中的应用[J]. 上海海运学院学报，1998，19(4)：9-14.
[79]张竟竟. 县域聚落体系与交通网络分形特征——以灵宝市和柘城县为例[J]. 热带地理，2013，33(4)：465-472.
[80]唐建桥，左大杰，王慈光. 基于分形维数的交通路网覆盖形态特性研究[J]. 公路交通科技，2014，31(4)：114-119.
[81]刘继生，陈彦光. 交通网络空间结构的分形维数及其测算方法探讨[J]. 地理学报，1999，54(5)：471-478.
[82]姚灿中，杨建梅. 复杂网络分形的盒维数改进算法[J]. 计算机工程与应用，2010，46(8)：5-7.
[83]刘荧. 交通网络空间形态定量分析方法研究与应用[D]. 泰安：山东农业大学，2013.
[84]许志海，张昭云. 分形理论在交通网络分布形态研究中的应用[J]. 测绘工程，2006，15(1)：27-30.
[85]李畅，李桂娥，朱昱佳. 城市交通网络分形维数的不确定性估计、控制与分析[J]. 遥感学报，2017，21(1)：74-83.
[86]何晶. 道路网结构复杂性定量测度方法研究[D]. 成都：西南交通大学，2016.
[87]曹炜威. 城市道路网结构复杂性定量描述及比较研究[D]. 成都：西南交通大学，2015.
[88]沈惊宏，陆玉麒，兰小机. 基于分形理论的公路交通网络与区域经济发展关系的研究[J]. 地理科学，2012，32(6)：658-665.
[89]Benguigui L, Czamanski D, Marinov M et al. When and where is a city fractal? [J]. Environment and Planning B: Planning and Design, 2000, 27(4): 507-519.
[90]Hansen W G. How accessibility shapes land use[J]. Journal of American Institute of Planners, 1959, 25(1): 73-76.

[91] Pirie G H. Measuring accessibility: a review and proposal[J]. Environment and Planning A, 1979, 11(3): 299-312.

[92] Allen W B, Liu D, Singer S. Accesibility measures of U. S. metropolitan areas [J]. Transportation Research Part B Methodological, 1993, 27 (6): 439-449.

[93] Mackiewicz A, Ratajczak W. Towards a new definition of topological accessibility[J]. Transportation Research Part B Methodological, 1996, 30 (1): 47-79.

[94] Wachs M, Kumagai T G. Physical accessibility as a social indicator[J]. Socio-Economic Planning Sciences, 1973, 7(5): 437-456.

[95] Black J, Conroy M. Accessibility measures and the social evaluation of urban structure[J]. Environment & Planning A, 1977, 9(9): 1013-1031.

[96] Shen Q. Location characteristics of inner-city neighborhoods and employment accessibility of low-wage workers[J]. Environment & Planning B Planning & Design, 1998, 25(3): 345-365.

[97] Shen Q. Spatial technologies, accessibility, and the social construction of urban space [J]. Computers Environment & Urban Systems, 1998, 22 (5): 447-464.

[98] Bruinsma F R, Rietveld P. The accessibility of european cities: theoretical framework and and comparison of approaches[J]. Environment and Planning A, 1998, 30(3): 499-521.

[99] Hamerslag R. Spatial development, developments in traffic and transportation, and changes in the transportation system [M]//J. B. Polak, J. B, van der kamp. Changes in the field of transport studies. Berlin: Springer Netherlands, 1980.

[100] Wilson A G. Transport, location and spatial systems: planning with spatial interaction models and related approaches [D]. Leeds: University of Leeds, 1983.

[101] Morris J M, Dumble P L, Wigan M R. Accessibility indicators for transport planning[J]. Transportation Research Part A General, 1979, 13 (2): 91-109.

[102] Linneker B J, Spence N A. Accessibility measures compared in an analysis of

the impact of the M25 London Orbital Motorway on Britain[J]. Environment & Planning A, 2008, 24(8): 1137-1154.

[103] Linneker B J, Spence N A. An accessibility analysis of the impact of the M25 London Orbital Motorway on Britain[J]. Regional Studies, 1992, 26(1): 31-47.

[104] Kwan M, Murray A T, O'Kelly M E et al. Recent advances in accessibility research: Representation, methodology and applications [J]. Journal of Geographical Systems, 2003, 5(1): 129-138.

[105] 钟业喜. 基于可达性的江苏省城市空间格局演变定量研究[D]. 南京: 南京师范大学, 2011.

[106] 王继峰. 基于可达性的交通规划方法研究[D]. 北京: 清华大学, 2008.

[107] Ingram D R. The concept of accessibility: a search for an operational form [J]. Regional Studies, 1971, 5(2): 101-107.

[108] Savigear F. A Quantitative measure of accessibility[J]. The Town Planning Review, 1967, 38(1): 64-72.

[109] Allen W, Liu D, Singer S. Accesibility measures of U. S. metropolitan areas [J]. Transportation Research Part B Methodological, 1993, 27(6): 439-449.

[110] Wilson A. A family of spatial interaction models, and associated developments [J]. Environment and Planning, A, 1971, 3(1): 1-32.

[111] O Kelly M E. Models for spatial interaction data: computation and interpretation of accessibility[J]. 2012, 7334: 249-262.

[112] Joseph N P. Discrete choice analysis: theory and application to travel demand [J]. Transportation Research Part A: General, 1988, 22(1): 71-72.

[113] Chorus C G, de Jong G C. Modeling experienced accessibility for utility-maximizers and regret-minimizers[J]. Journal of Transport Geography, 2011, 19(6): 1155-1162.

[114] Gauthier H L. Transportation and the growth of the Sao Paulo economy[J]. Journal of Regional Science, 1968, 8(1): 77-94.

[115] Wheeler D C, O'Kelly M E. Network topology and city accessibility of the commercial internet[J]. 1999, 51(3): 327-339.

[116] Jiang B, Claramunt C, Batty M. Geometric accessibility and geographic

information: extending desktop GIS to space syntax [J]. Computers, Environment and Urban Systems, 1999, 23(2): 127-146.

[117] önder D E, Gigi Y. Reading urban spaces by the space-syntax method: a proposal for the South Haliç Region[J]. Cities, 2010, 27(4): 260-271.

[118] Kozina J. Transport accessibility to regional centres in Slovenia [J]. Acta geographica Slovenica, 2010, 50(2): 231-251.

[119] Biosca O, Spiekermann K, Stępniak M. Transport accessibility at regional scale[J]. Europa XXI, 2013, 24: 5-17.

[120] Vickerman R, Spiekermann K, Wegener M. Accessibility and economic development in Europe[J]. Regional Studies, 1999, 33(1): 1-15.

[121] Geurs K T, van Wee B. Accessibility evaluation of land-use and transport strategies: review and research directions [J]. Journal of Transport Geography, 2004, 12(2): 127-140.

[122] Gutiérrez J. Location, economic potential and daily accessibility: an analysis of the accessibility impact of the high-speed line Madrid - Barcelona - French border[J]. Journal of Transport Geography, 2001, 9(4): 229-242.

[123] Li S, Shum Y. Impacts of the national trunk highway system on accessibility in China[J]. Journal of Transport Geography, 2001, 9(1): 39-48.

[124] Mazzeo G. Impact of high speed trains on the hierarchy of European cities[J]. Jahrbuch für Regionalwissenschaft, 2012, 32(2): 159-173.

[125] van Wee B, Hagoort M, Annema J A. Accessibility measures with competition [J]. Journal of Transport Geography, 2001, 9(3): 199-208.

[126] Coppola P, Papa E. Accessibility planning tools for sustainable and integrated land use/transport (LUT) development: an application to rome [J]. Procedia-Social and Behavioral Sciences, 2013, 87: 133-146.

[127] Grengs J. Job accessibility and the modal mismatch in Detroit[J]. Journal of Transport Geography, 2010, 18(1): 42-54.

[128] Reggiani A, Bucci P, Russo G et al. Regional labour markets and job accessibility in city network systems in Germany [J]. Journal of Transport Geography, 2011, 19(4): 528-536.

[129] Zhang C, Man J. Examining job accessibility of the urban poor by urban metro and bus: a case study of Beijing [J]. Urban Rail Transit, 2015, 1(4):

183-193.

[130] Mcgrail M R, Humphreys J S. Measuring spatial accessibility to primary care in rural areas: Improving the effectiveness of the two-step floating catchment area method[J]. Applied Geography, 2009, 29(4): 533-541.

[131] Neutens T. Accessibility, equity and health care: review and research directions for transport geographers [J]. Journal of Transport Geography, 2015, 43: 14-27.

[132] Lum I D, Swartz R H, Kwan M Y W. Accessibility and use of primary healthcare for immigrants living in the Niagara Region[J]. Social Science & Medicine, 2016, 156: 73-79.

[133] Kilinc M S, Milburn A B, Heier Stamm J L. Measuring potential spatial accessibility of home healthcare services [J]. Socio-Economic Planning Sciences, 2016(59).

[134] Pajankar V D. A case study on accessibility of school in tribal areas and its implications on educational inclusiveness [J]. Journal of Education and Practice, 2016, 7(19): 10-13.

[135] Hanushek E, Sarpca S, Yilmaz K. Private schools and residential choices: accessibility, mobility, and welfare[J]. B. e. journal of Economic Analysis & Policy, 2011, 11(1): 44.

[136] Wright Wendel H E, Zarger R K, Mihelcic J R. Accessibility and usability: green space preferences, perceptions, and barriers in a rapidly urbanizing city in Latin America [J]. Landscape and Urban Planning, 2012, 107 (3): 272-282.

[137] Dai D. Racial/ethnic and socioeconomic disparities in urban green space accessibility: where to intervene? [J]. Landscape and Urban Planning, 2011, 102(4): 234-244.

[138] Comber A, Brunsdon C, Green E. Using a GIS-based network analysis to determine urban greenspace accessibility for different ethnic and religious groups[J]. Landscape and Urban Planning, 2008, 86(1): 103-114.

[139] Gulhan G, Ceylan H, özuysal M et al. Impact of utility-based accessibility measures on urban public transportation planning: A case study of Denizli, Turkey[J]. Cities, 2013, 32: 102-112.

[140] Rubulotta E, Rofè Y, Ignaccolo M et al. Accessibility and centrality for sustainable mobility: regional planning case study [J]. Journal of Urban Planning and Development, 2013, 139(2): 115-132.

[141] Bertolini L, le Clercq F, Kapoen L. Sustainable accessibility: a conceptual framework to integrate transport and land use plan-making. Two test-applications in the Netherlands and a reflection on the way forward [J]. Transport Policy, 2005, 12(3): 207-220.

[142]杨涛，过秀成．城市交通可达性新概念及其应用研究[J]．中国公路学报，1995，8(02)：25-30.

[143]金凤君，王成金，李秀伟．中国区域交通优势的甄别方法及应用分析[J]．地理学报，2008，63(8)：787-798.

[144]曹小曙，薛德升，阎小培．中国干线公路网络联结的城市通达性[J]．地理学报，2005，60(6)：25-32.

[145]陈洁，陆锋，程昌秀．可达性度量方法及应用研究进展评述[J]．地理科学进展，2007，26(5)：100-110.

[146]沈惊宏，陆玉麒，兰小机，等．区域综合交通可达性评价——以安徽省为例[J]．地理研究，2012，31(7)：1280-1293.

[147]张兵，金凤君，于良．湖南公路网络演变的可达性评价[J]．经济地理，2006，26(5)：776-779.

[148]李沛权，曹小曙．广佛都市圈公路网络通达性及其空间格局[J]．经济地理，2011，31(3)：371-378.

[149]孟德友，陆玉麒．高速铁路对河南沿线城市可达性及经济联系的影响[J]．地理科学，2011，31(5)：537-543.

[150]钟业喜，黄洁，文玉钊．高铁对中国城市可达性格局的影响分析[J]．地理科学，2015，35(4)：387-395.

[151]陶卓霖，杨晓梦，梁进社．高速铁路对长三角地区陆路可达性的影响[J]．经济地理，2016，36(8)：40-46.

[152]汤晋．高速铁路影响下的长三角时空收缩与空间结构演变[D]．东南大学，2016.

[153]杜超，王姣娥，莫辉辉．中国集装箱航运网络空间格局及复杂性研究[J]．长江流域资源与环境，2016，25(2)：190-198.

[154]徐涛，王黎明，张大泉．中国民用航空机场的可达性研究[J]．地理与地

理信息科学，2008，24(4)：88-91.
[155]焦敬娟，王姣娥．近10年来海南航空网络空间格局及演化研究[J]．地理科学，2014，34(5)：571-579.
[156]杨忠振，宫之光，陈东旭．基于区域航空运输可达性的机场空间布局[J]．热带地理，2015，35(2)：258-266.
[157]周群，马林兵，陈凯，等．一种改进的基于空间句法的地铁可达性演变研究——以广佛地铁为例[J]．经济地理，2015，35(3)：100-107.
[158]孟天奇，刘卓，周彤，等．基于网络分析的大城市轨道交通特征对比——以北京和上海为例[J]．现代城市研究，2015(6)：20-25.
[159]张莉，陆玉麒．基于陆路交通网的区域可达性评价——以长江三角洲为例[J]．地理学报，2006，61(12)：1235-1246.
[160]徐维祥，陈斌，李一曼．基于陆路交通的浙江省城市可达性及经济联系研究[J]．经济地理，2013，33(12)：49-53.
[161]冯立新，杨效忠．基于陆路交通网络的跨界旅游区可达性测度及空间格局优化研究[J]．长江流域资源与环境，2013，22(9)：1172-1179.
[162]贾鹏，刘瑞菊，杨忠振．基于陆域和空域运输系统的空港可达性评价方法研究[J]．经济地理，2013，33(6)：91-97.
[163]顾秋丽，李亚飞．中国区域综合交通可达性研究关注点与方法评述[J]．云南地理环境研究，2016，28(4)：22-30
[164]吴威，曹有挥，曹卫东，等．开放条件下长江三角洲区域的综合交通可达性空间格局[J]．地理研究，2007，26(2)：391-402.
[165]刘传明，曾菊新．县域综合交通可达性测度及其与经济发展水平的关系——对湖北省79个县域的定量分析[J]．地理研究，2011，30(12)：2209-2221.
[166]吴威，曹有挥，曹卫东，等．区域高速公路网络构建对可达性空间格局的影响——以安徽沿江地区为实证[J]．长江流域资源与环境，2007，16(6)：726-731.
[167]蒋海兵，徐建刚，祁毅．京沪高铁对区域中心城市陆路可达性影响[J]．地理学报，2010，65(10)：1287-1298.
[168]封志明，刘东，杨艳昭．中国交通通达度评价：从分县到分省[J]．地理研究，2009，28(2)：419-429.
[169]王成金，王伟，张梦天，等．中国道路网络的通达性评价与演化机理[J]．

地理学报，2014，69(10)：1496-1509.

[170]钟业喜，陆玉麒，卢晓旭．江苏省城镇间可达性及其格局演变研究[J]．经济地理，2011，31(11)：1817-1821.

[171]蒋晓威，曹卫东，罗健，等．安徽省公路网络可达性空间格局及其演化[J]．地理科学进展，2012，31(12)：1591-1599.

[172]李一曼，修春亮．浙江省陆路交通可达性与经济社会协调性研究[J]．长江流域资源与环境，2014，23(6)：751-758.

[173]李红，李晓燕，吴春国．中原城市群高速公路通达性及空间格局变化研究[J]．地域研究与开发，2011，30(1)：55-58.

[174]白永平，陈博文，吴常艳．关中—天水经济区路网空间通达性分析[J]．地理科学进展，2012，31(6)：724-732.

[175]刘承良，余瑞林，曾菊新，等．武汉城市圈城乡道路网的空间结构复杂性[J]．地理科学，2012，31(4)：426-433.

[176]朱佳翔．都市圈交通体系结构演化与优化研究[D]．南京航空航天大学，2010.

[177]蔡安宁，梁进社，李雪．江苏县域交通优势度的空间格局研究[J]．长江流域资源与环境，2013，22(2)：129-135.

[178]潘裕娟，曹小曙．乡村地区公路网通达性水平研究——以广东省连州市12乡镇为例[J]．人文地理，2010，25(01)：94-99.

[179]段德忠，刘承良．基于城市腹地的乡镇通达性的时空格局及其演化——以湖北荆州市112个乡镇为例[J]．长江流域资源与环境，2014，24(4)：548-556.

[180]宋明洁，王宏志，邵奇慧，等．小城镇可达性及其与农村聚落空间格局的关系——以荆州市93个小城镇为例[J]．人文地理，2013，22(5)：54-60.

[181]庞瑞秋，侯春蕾，满文君，等．长春城市广场空间结构特征与可达性研究[J]．经济地理，2015，35(10)：88-93.

[182]王永超，吴晓舜，刘洋，等．基于可达性的沈阳经济区中心地空间结构演变[J]．地域研究与开发，2013，32(1)：56-60.

[183]吴建军，孔云峰，李斌．基于GIS的农村医疗设施空间可达性分析——以河南省兰考县为例[J]．人文地理，2008，23(5)：37-42.

[184]宋正娜，陈雯，张桂香，等．公共服务设施空间可达性及其度量方法[J]．

地理科学进展，2010，29(10)：1217-1224.
[185]刘安生，赵义华．基于可达性分析的常州市乡村地区基本公共服务设施布局均等化研究——以教育设施为例[J]．江苏城市规划，2010(6)：6-8.
[186]熊娟，罗静，彭菁，等．基于可达性的县域医疗服务均等化分析——以湖北省松滋市为例[J]．人文地理，2012，27(5)：25-29.
[187]韩艳红，陆玉麒．教育公共服务设施可达性评价与规划——以江苏省仪征市高级中学为例[J]．地理科学，2012，32(7)：822-827.
[188]潘竟虎，李俊峰．中国A级旅游景点空间结构的计量地理分析[J]．经济地理，2013，33(9)：154-160.
[189]杨效忠，冯立新，张凯．交通方式对跨界旅游区景区可达性影响及边界效应测度——以大别山为例[J]．地理科学，2013，33(6)：693-702.
[190]潘竟虎，李俊峰．中国A级旅游景点空间分布特征与可达性[J]．自然资源学报，2014，29(1)：55-66.
[191]张琪，谢双玉，王晓芳，等．基于空间句法的武汉市旅游景点可达性评价[J]．经济地理，2015，35(8)：200-208.
[192]浩飞龙，王士君，谢栋灿，等．基于互联网地图服务的长春市商业中心可达性分析[J]．经济地理，2017，37(2)：68-75.
[193]孙中伟，贺军亮，金凤君．世界互联网城市网络的可达性与等级体系[J]．经济地理，2010，30(9)：1449-1455.
[194]汪明峰，宁越敏．城市的网络优势——中国互联网骨干网络结构与节点可达性分析[J]．地理研究，2006，25(2)：193-203.
[195]陈少沛，丘健妮，庄大昌．基于潜力模型的广东城市可达性度量及经济联系分析[J]．地理与地理信息科学，2014，30(6)：64-69.
[196]张超亚，张小林，李红波．快速交通对区域中心城市日常可达性影响——以长江三角洲地区为例[J]．长江流域资源与环境，2015，24(2)：194-201.
[197]陈博文，陆玉麒，柯文前，等．江苏交通可达性与区域经济发展水平关系测度——基于空间计量视角[J]．地理研究，2015，34(12)：2283-2294.
[198]罗鹏飞，徐逸伦，张楠楠．高速铁路对区域可达性的影响研究——以沪宁地区为例[J]．经济地理，2004，24(3)：407-411.
[199]刘秉镰，杨晨．基础设施影响城市规模分布的作用机理及实证研究[J]．

经济与管理研究，2016，37(3)：20-28.

[200] Derudder B，Witlox F. Mapping world city networks through airline flows：context，relevance，and problems [J]. Journal of Transport Geography，2008，16(5)：305-312.

[201] Mahutga M C，Smith D A. Globalization，the structure of the world economy and economic development [J]. Social ence Research，2011，40(1)：257-272.

[202] Wang J，Jin F，Mo H et al. Spatiotemporal evolution of China's railway network in the 20th century：An accessibility approach [J]. Transportation Research Part A：Policy and Practice，2009，43(8)：765-778.

[203] 金凤君，王成金. 轴-辐侍服理念下的中国航空网络模式构筑[J]. 地理研究，2005(5)：774-784.

[204] 王成金. 城际交通流空间流场的甄别方法及实证——以中国铁路客流为例[J]. 地理研究，2009，28(6)：1464-1475.

[205] 周一星，胡智勇. 从航空运输看中国城市体系的空间网络结构[J]. 地理研究，2002(3)：276-286.

[206] 宋伟，李秀伟，修春亮. 基于航空客流的中国城市层级结构分析[J]. 地理研究，2008(4)：917-926.

[207] 于涛方，顾朝林，李志刚. 1995 年以来中国城市体系格局与演变——基于航空流视角[J]. 地理研究，2008(6)：1407-1418.

[208] 武文杰，董正斌，张文忠，等. 中国城市空间关联网络结构的时空演变[J]. 地理学报，2011，66(4)：435-445.

[209] 钟业喜，陆玉麒. 基于铁路网络的中国城市等级体系与分布格局[J]. 地理研究，2011，30(5)：785-794.

[210] 冯长春，谢旦杏，马学广，等. 基于城际轨道交通流的珠三角城市区域功能多中心研究[J]. 地理科学，2014，34(6)：648-655.

[211] 顾朝林，Chaolin G. U. 城市群研究进展与展望[J]. 地理研究，2011，30(5)：771-784.

[212] 张荣天. 长三角城市群网络结构时空演变分析[J]. 经济地理，2017，37(2)：46-52.

[213] 吴康，方创琳，赵渺希. 中国城市网络的空间组织及其复杂性结构特征[J]. 地理研究，2015，34(4)：711-728.

[214]赵渺希，黎智枫，钟烨，等. 中国城市群多中心网络的拓扑结构[J]. 地理科学进展，2016，35(3)：376-388.

[215]甄峰，王波，陈映雪. 基于网络社会空间的中国城市网络特征——以新浪微博为例[J]. 地理学报，2012，67(8)：1031-1043.

[216]汪小帆. 复杂网络理论及其应用[M]. 北京：清华大学出版社，2005.

[217]郜舒竹. 欧拉究竟是怎样解决“七桥问题”的[J]. 数学通报，2009，48(7)：56-58.

[218]Erdos P，Renyi A. On the evolution of random graphs[J]. Publ. Math. Inst. Hung. Acad. Sci.，1960(5)：17-60.

[219]周涛，柏文洁，汪秉宏，等. 复杂网络研究概述[J]. 物理，2005，34(1)：31-36.

[220]Milgram S. The small world problem[J]. Psychology Today，1967，1(2)：60-67.

[221]Granovetter M S. The strength of weak ties [J]. American Journal of Sociology，1973，78(6)：1360-1380.

[222]Watts D J，Strogatz S H. Collective dynamics of “small-world” networks[J]. Nature，1998，393(6)：440-442.

[223]Barabúsi A，Albert R. Emergence of scaling in random networks[J]. Science，1999，286(5439)：509-512.

[224]曾映敏. 多空间尺度道路网结构分形与自相似特性分析[D]. 西南交通大学，2018.

[225]吴建军，高自友，孙会君，等. 城市交通系统复杂性-复杂网络方法及其应用[M]. 北京：科学出版社，2010.

[226]孙玺菁，司守奎. 复杂网络算法与应用[M]. 北京：国防工业出版社，2015.

[227]刘晓庆，陈仕鸿. 复杂网络理论研究状况综述[J]. 现代管理科学，2010(9)：99-101.

[228]Costa L D F，Rodrigues F A，Travieso G et al. Characterization of complex networks：a survey of measurements[J]. Advances in Physics，2007，56(1)：167-242.

[229]Jiang B，Claramunt C. Topological analysis of urban street networks[J]. Environment and Planning B：Planning and Design，2004，31(1)：

151-162.

[230] Porta S, Crucitti P, Latora V. The network analysis of urban streets: a dual approach[J]. Physica A: Statistical Mechanics and its Applications, 2006, 369(2): 853-866.

[231] Musso A, Vuchic V R. Characteristics of metro networks and methodology for their evaluation[M]. Transp. Res. Rec, 1988.

[232] Lämmer S, Gehlsen B, Helbing D. Scaling laws in the spatial structure of urban road networks [J]. Physica A: Statistical Mechanics and its Applications, 2006, 363(1): 89-95.

[233] Sienkiewicz J, Holyst J A. Statistical analysis of 22 public transport networks in Poland[J]. Phys Rev E, 2005, 72(046127): 2-4.

[234] Crucitti P, Latora V, Porta S. Centrality measures in spatial networks of urban streets[J]. Phys Rev E, 2006, 73(36125): 2-3.

[235] Latora V, Marchiori M. Is the Boston subway a small-world network? [J]. Physica A: Statistical Mechanics and its Applications, 2002, 314(1-4): 109-113.

[236] Miyagawa M. Hierarchical system of road networks with inward, outward, and through traffic [J]. Journal of Transport Geography, 2011, 19(4): 591-595.

[237] Oliveira E L D, Portugal L D S, Porto Junior W. Indicators of reliability and vulnerability: similarities and differences in ranking links of a complex road system[J]. Transportation Research Part A: Policy and Practice, 2016, 88: 195-208.

[238] Wu J, Gao Z, Sun H. Optimal traffic networks topology: a complex networks perspective[J]. Physica A: Statistical Mechanics and its Applications, 2008, 387(4): 1025-1032.

[239] Soh H, Lim S, Zhang T et al. Weighted complex network analysis of travel routes on the Singapore public transportation system [J]. Physica A: Statistical Mechanics and its Applications, 2010, 389(24): 5852-5863.

[240] Yang Y, Liu Y, Zhou M et al. Robustness assessment of urban rail transit based on complex network theory: a case study of the Beijing subway[J]. Safety Science, 2015(79): 149-162.

[241] Mohmand Y T, Wang A. Weighted complex network analysis of Pakistan highways[J]. Discrete Dynamics in Nature and Society, 2013: 1-5.

[242] Villas Boas P R, Rodrigues F A, Da F. Costa L. Modeling worldwide highway networks[J]. Physics Letters A, 2009, 374(1): 22-27.

[243] Sen P, Dasgupta S, Chatterjee A et al. Small-world properties of the Indian railway network[J]. Phys. Rev. E, 2003, 67(36106).

[244] Guimera R, Mossa S, Turtschi A et al. The worldwide air transportation network: Anomalous centrality, community structure, and cities' global roles [J]. PNAS, 2005, 102(22): 7794.

[245] Bagler G. Analysis of the airport network of India as a complex weighted network[J]. Physica A: Statistical Mechanics and its Applications, 2008, 387(12): 2972-2980.

[246] Guida M, Maria F. Topology of the Italian airport network: a scale-free small-world network with a fractal structure? [J]. Chaos, Solitons & Fractals, 2007, 31(3): 527-536.

[247] Fremont A. Global maritime networks[J]. Journal of Transport Geography, 2007, 15(6): 431-442.

[248] Quium A, Hoque S A. The completeness and vulnerability of road network in Bangladesh[J]. Engineering Concerns of Flood, 2002: 59-72.

[249] De Montis A, Barthelemy M, Chessa A et al. The structure of inter-urban traffic: A weighted network analysis[J]. 2005.

[250] von Ferber C, Holovatch T, Holovatch Y et al. Network harness: metropolis public transport[J]. Physica A: Statistical Mechanics and its Applications, 2007, 380: 585-591.

[251] Chen Y, Li N. The randomly organized structure of urban ground bus-transport networks in China[J]. Physica A: Statistical Mechanics and its Applications, 2007, 386(1): 388-396.

[252] Amaral L A N, Ottino J M. Complex networks-Augmenting the framework for the study of complex systems [J]. The European Physical Journal B-Condensed Matter, 2004, 38(2): 147-162.

[253] Peng W, Dong G, Yang K et al. A random road network model and its effects on topological characteristics of mobile delay-tolerant networks [J]. IEEE

Transactions on Mobile Computing, 2014, 13(12): 2706-2718.

[254] Jr J S A, Shibusa Y, Arai Y et al. A random network model for electrical transport in conducting polymers [J]. Synthetic Metals, 1998, 55 (68): 167-172.

[255] Demeulemeester E, Vanhoucke M, Herroelen W. RanGen: A random network generator for activity-on-the-node networks[J]. Journal of Scheduling, 2003, 6(1): 17-38.

[256] Ma K, Wang Z, Jiang J et al. Power law and small world properties in a comparison of traffic city networks[J]. Chinese Science Bulletin, 2011, 56 (34): 3731-3735.

[257] Xu Z, Sui D Z. Small-world characteristics on transportation networks: a perspective from network autocorrelation [J]. Journal of Geographical Systems, 2007, 9(2): 189-205.

[258] Zheng J, Gao Z, Zhao X. Properties of transportation dynamics on scale-free networks[J]. Physica A: Statistical Mechanics and its Applications, 2007, 373: 837-844.

[259] Shen B, Gao Z. Dynamical properties of transportation on complex networks [J]. Physica A: Statistical Mechanics and its Applications, 2008, 387(5-6): 1352-1360.

[260] Wu J J, Sun H J, Gao Z Y. Dynamic urban traffic flow behavior on scale-free networks[J]. Physica A: Statistical Mechanics and its Applications, 2008, 387(2-3): 653-660.

[261] 常鸣，马寿峰．我国大城市公交网络结构的实证研究[J]．系统工程学报，2007，22(4)：412-418.

[262] 宗跃光，陈眉舞，杨伟，等．基于复杂网络理论的城市交通网络结构特征[J]．吉林大学学报(工学版)，2009，39(4)：910-915.

[263] 李菲，肖洪祥．城市交通路网数据模型的构建及其拓扑结构的研究[J]．科学技术与工程，2009，9(8)：2211-2214.

[264] 马嘉琪，白雁，韩宝明．城市轨道交通线网基本单元与复杂网络性能分析[J]．交通运输工程学报，2010，10(4)：65-70.

[265] 胡波，乐阳，李清泉．基于复杂网络指标的路网结构形态评价与分析[J]．测绘地理信息，2013，38(3)：5-8.

[266]高自友，赵小梅，黄海军，等．复杂网络理论与城市交通系统复杂性问题的相关研究[J]．交通运输系统工程与信息，2006，6(3)：41-47.
[267]曾明华，李夏苗．基于层次性的交通网络资源优化配置方法[J]．中南大学学报(自然科学版)，2011，42(1)：247-253.
[268]刘庆法，陈红，周继彪，等．基于复杂网络理论的高速公路网抗毁性研究[J]．公路，2014(6)：214-219.
[269]宗刚，陈先婷．突发事件对城市轨道交通网络的影响研究——以北京市为例[J]．中国安全科学学报，2015，25(8)：106-110.
[270]毕京浩．基于多层复杂网络理论的交通网络脆弱性研究[D]．济南：济南大学，2016.
[271]王志强，徐瑞华．基于复杂网络的轨道交通路网可靠性仿真分析[J]．系统仿真学报，2009，21(20)：6670-6674.
[272]张勇，杨晓光．城市路网的复杂网络特性及可靠性仿真分析[J]．系统仿真学报，2008，20(2)：464-467.
[273]李莉莉．基于复杂网络理论的城市道路交通网络可靠性研究[D]．兰州：兰州交通大学，2016.
[274]王丰元，潘福全，张丽霞，等．基于交通限制的路网最优路径算法[J]．交通运输工程学报，2005，5(1)：92-95.
[275]高松，陆锋．基于弧段标记的交通网络时间最短路径算法[J]．地球信息科学，2008，10(5)：604-610.
[276]苏兵，徐寅峰，肖鹏．交通网络最优安全路径选择模型与算法[J]．西安交通大学学报，2008，42(4)：395-398.
[277]段宗涛，Wang Wei-Xing，康军，等．面向城市交通网络的K最短路径集合算法[J]．交通运输系统工程与信息，2014，14(3)：194-200.
[278]王爱虎，匡桂华．区域高速公路网络结构的通达性演化分析[J]．工业工程与管理，2014，19(4)：1-7.
[279]杨超，王燚，曾鹏．城市道路网络演变模型[J]．同济大学学报(自然科学版)，2011，39(4)：534-539.
[280]叶彭姚．城市道路网拓扑结构的复杂网络特性研究[J]．交通运输工程与信息学报，2012，10(1)：13-19.
[281]苗亚楠．城市道路网络演化特性与生长模型研究[D]．北京：北京交通大学，2015.

[282]唐芙蓉，杨先清，唐刚，等．中国铁路交通网络的拓扑研究及客流分析[J]．中国矿业大学学报，2010，39(6)：935-940.

[283]王倩，曾俊伟，钱勇生，等．基于复杂网络的西北地区铁路换乘网连通可靠性分析[J]．铁道运输与经济，2016，38(3)：57-61.

[284]俞桂杰，彭语冰，褚衍昌．复杂网络理论及其在航空网络中的应用[J]．复杂系统与复杂性科学，2006，3(1)：79-84.

[285]曾小舟，唐笑笑，江可申．基于复杂网络理论的中国航空网络抗毁性测度分析[J]．系统仿真技术，2012，8(2)：111-116.

[286]党亚茹，彭丽娜．基于复杂网络中心度的航空货运网络层级结构[J]．交通运输系统工程与信息，2012，12(3)：109-114.

[287]任启龙，王利，秦沅村．东北经济区高速公路网络通达性研究[J]．地理空间信息，2014，12(4)：127-129.

[288]陈春，王秉德，沈昊婧．重庆市公路网络通达性格局研究[J]．长江流域资源与环境，2016，25(5)：702-707.

[289]刘承良，段德忠，余瑞林，等．武汉城市圈城乡道路网结构演化及复杂性研究[J]．地理科学，2014，34(4)：401-410.

[290]段德忠，刘承良．随机故障、蓄意攻击与城乡路网空间稳定性——以武汉城市圈为例[J]．长江流域资源与环境，2013，22(9)：1123-1132.

[291]姜巍，高卫东，张敏．中国煤炭资源铁路流通网络结构特征及其演变[J]．经济地理，2013，33(1)：98-104.

[292]王姣娥，莫辉辉，金凤君．中国航空网络空间结构的复杂性[J]．地理学报，2009，64(8)：899-910.

[293]彭语冰，周莹莹．我国航空客运网络结构研究[J]．经济地理，2009，29(11)：1850-1854.

[294]王海江，苗长虹．中国航空联系的网络结构与区域差异[J]．地理科学，2015，35(10)：1220-1229.

[295]Newman M E，Girvan M. Finding and evaluating community structure in networks[J]．Physical Review E，2004，69(26113)：2.

[296]Newman M E. Fast algorithm for detecting community structure in networks[J]．Phys Rev E，2004，69(66133)：2-6.

[297]Newman M E. Modularity and community structure in networks[J]．2006：8577-8582.

[298] Raghavan U N, Albert R, Kumara S. Near linear time algorithm to detect community structures in large-scale networks[J]. Phys Rev E, 2007, 76(036106): 53-60.

[299] Palla G, Derenyi I, Farkas I et al. Uncovering the overlapping community structure of complex networks in nature and society[J]. Nature, 2005, 435(7043): 814-818.

[300] Blondel V D, Guillaume J, Lambiotte R et al. Fast unfolding of communities in large networks [J]. Journal of Statistical Mechanics: Theory and Experiment, 2008(10): 10008-10012.

[301] Girvan M, M. E J N. Community structure in social and biological networks [J]. Proceedings of the National Academy of Sciences of the United States of America, 2002, 99(12): 7821-7826.

[302] Albert R, Jeong H, Barabasi A. Error and attack tolerance of complex networks[J]. Nature, 2000, 340(1): 378-382.

[303] 汪小帆，李翔，陈关荣. 复杂网络理论及其应用[M]. 北京：清华大学出版社，2006.

[304] Zhou B, Feng C. Graph-structured sparse optimization for connected subgraph detection: Proceedings of IEEE 16th International Conference on Data Ming [C]. Barcelona: IEEE, 2016.

[305] Porta S, Crucitti P, Latora V. The network analysis of urban streets: A dual approach[J]. Environment and Planning B-Planning & Design, 2006, 33(2): 853-866.

[306] Nagurney A, Qiang Q. A network efficiency measure with application to critical infrastructure networks[J]. Journal of Global Optimization, 2008, 40(1): 261-275.

[307] 胡一竑. 基于复杂网络的交通网络复杂性研究[D]. 上海：复旦大学，2008.

[308] Babaei M, Ghassemieh H, Jalili M. Cascading failure tolerance of modular small-world networks[J]. IEEE Transactions on Circuits & Systems II Express Briefs, 2011, 58(8): 527-531.

[309] Jenelius E, Mattsson L, Transportvetenskap et al. Road network vulnerability analysis: conceptualization, implementation and application[J]. Computers,

Environment and Urban Systems, 2015, 49: 136-147.

[310] Jenelius E, Mattsson L, Transportvetenskap et al. Road network vulnerability analysis of area-covering disruptions: a grid-based approach with case study [J]. Transportation Research: Part A: Policy and Practice, 2012, 46(5): 746-760.

[311] Luathep P, Sumalee A, Ho H W et al. Large-scale road network vulnerability analysis: a sensitivity analysis based approach[J]. Transportation, 2011, 38 (5): 799-817.

[312] Nagurney A, Qiang Q. A network efficiency measure with application to critical infrastructure networks[J]. Journal of Global Optimization, 2008, 40(1-3): 261-275.

[313] Jajodia S, Noel S, O Berry B. Topological analysis of network attack vulnerability Proceedings of the 2006 International Conference on Privacy, Security and Trust: Bridge the Cap between PST Technologies and Business [C]. New York: ACM, 2006.

[314] Petter H, Beom Jun K, No Y C et al. Attack vulnerability of complex networks [J]. Physical Review E Statistical Nonlinear & Soft Matter Physics, 2002, 65(2): 56109.